21 世纪高职高专“十二五”规划教材

体育与健康

主编　严文荣
参编　徐云鹏　张仕德　张明全

天津大学出版社
TIANJIN UNIVERSITY PRESS

内容提要

本教材编写的出发点立足高职教育，紧密联系高职教育的特点，以不同岗位群对身体素质的要求为特征构建教学内容。在内容上体现理论“够用”的原则，突出实践性、针对性和职业性，融“教、学、做”为一体，强化学生能力培养。在教材编写结构上，采用情境和任务单元的形式，以课程项目教学为主导，以培养体育能力、开展素质养成教育为主线，采用图文结合的形式，体现了教材的活泼性和直观性。全书分为3个学习情境、6个任务单元、17个项目和10个子项目。

本书适合作为高职高专各专业的核心能力教材，也可作为体育运动项目的培训用书，还可供从事体育教学和研究的人员参考。

图书在版编目(CIP)数据

体育与健康/严文荣主编. —天津：天津大学出版社，2013.9（2015.8重印）

21世纪高职高专“十二五”规划教材

ISBN 978-7-5618-4810-4

Ⅰ.①体… Ⅱ.①严… Ⅲ.①体育－高等职业教育－教材 ②健康教育－高等职业教育－教材 Ⅳ.①G807.4

中国版本图书馆CIP数据核字(2013)第235434号

出版发行 天津大学出版社
地　　址 天津市卫津路92号天津大学内（邮编：300072）
电　　话 发行部：022-27403647
网　　址 publish.tju.edu.cn
印　　刷 天津泰宇印务有限公司
经　　销 全国各地新华书店
开　　本 185mm×260mm
印　　张 17
字　　数 424千
版　　次 2013年10月第1版
印　　次 2015年8月第3次
定　　价 36.00元

前　言

高职院校专业性较强，实际操作较多，各专业特点迥异。高职院校各专业学生除了所具备的共同体质、体能外，针对其专业特点还应有特殊的要求。因此在实施体育教育过程中要有针对性，结合不同专业的生产实践特点要有所侧重地进行教学和训练活动。本书结合不同专业群对身体素质的要求，在课程编排体系上便于教师有针对性地开展教学和训练安排。

不同专业群对身体素质的要求对应高职院校的专业大体分为以下三类：站立型职业为主（机械设计制造类专业、化工技术类专业、生物技术类专业、农业技术类专业、建筑类专业、经济类专业、旅游类专业）、体力型职业为主（交通与建筑类专业、餐饮类专业、旅游类专业）、伏案型职业为主（计算机信息工程类专业、经济管理类专业）。不同岗位群对身体素质的要求如下。

一、站立型职业为主的岗位对身体素质的要求

发展上肢绝对力量和下肢耐力，培养动作的协调性、动作的准确性、顽强的意志品质和注意的转换能力。可选择有氧类健身项目进行锻炼，如健身跑、篮球、排球、足球、乒乓球、轮滑等项目。

二、体力型职业为主的岗位对身体素质的要求

发展肩带肌、躯干肌和脚掌肌的力量，培养动作的协调性、复杂的反应能力、身体的平衡性和顽强的意志品质。可选择有氧类健身项目进行锻炼，如网球、轮滑、跆拳道、太极拳等项目。

三、伏案型职业为主的岗位对身体素质的要求

发展小肌肉群的力量，培养手指的灵敏性、反应速度、爆发力、动作的准确性以及与人沟通的能力、抗挫折能力。可选择有氧类健身项目进行锻炼，如乒乓球、太极拳、健美操、瑜伽等项目。

本书在编写过程中，参考了大量相关文献资料和研究成果，为了便于教学，我们对一些资料做了一定的修改或直接引用，在此对于所涉及的专家学者表示衷心的感谢。由于编者水平有限，加之编写时间仓促，书中难免存在不妥和疏漏之处，殷切希望广大师生和同人提出宝贵意见，以便今后完善。

编　者

目　录

学习情境一　体育理论基础

任务一　体育概论

【任务描述】

通过相关知识点的学习和资料查询,培养学生自主学习的能力,并了解和掌握体育发展历史和起源以及体育锻炼与身心健康的关系。

【任务要求】

(1)了解体育的概念和构成。

(2)了解体育锻炼与身心健康的关系。

【技能目标】

(1)掌握资料查询的方法。

(2)能正确识别常见的体育锻炼与身心健康的关系。

【相关知识点】

一、体育的概念和构成

(一)体育的概念

体育的概念有广义和狭义之分。广义的体育亦称体育运动,是人们根据社会生产和生活的需要,遵循人体生长发育和机能活动规律,以身体运动为基本手段,为增强人民体质、提高运动技术水平、丰富社会文化生活而进行的一种有目的、有意识、有组织的身体运动和社会活动。它属于社会文化教育的范畴,受一定社会政治经济的影响和制约,也为一定社会的政治经济服务。从广义体育的内涵来看,体育包括两个基本部分和基本属性:一是作为体育方式、手段和方法的人体运动部分,具有继承、交流、借鉴、吸取的自然属性;二是运用这种手段和方法,来实现社会所规定的体育的目的、法令和制度部分,具有社会属性。体育的本质就是这两种属性相结合的产物。体育既作用于人体,使人身心俱健,又作用于社会,促进社会的物质文明和精神文明的发展,这是体育的自然属性和社会属性统一作用的结果。

狭义的体育习惯称学校体育,也叫体育教育。它是现代体育的基础,也是现代教育的重要组成部分;是全面发展人的身体,增强体质,传授体育基本知识、技术、技能,提高运动技术水平,培养良好意志品德的一种有目的、有计划、有组织的教育过程;是与德、智、美、劳密切配合,培养体育兴趣,养成锻炼习惯,造就一代新人的一个重要的教育活动过程。

（二）体育的构成

广义体育的概念充分表明，不同内容和范围的“体育”的构成都以身体运动为基本手段，都要全面发展身体和增强体质，都包含教育、教学和竞赛等因素。由于体育是人类特有的一种社会文化活动，其内容十分广泛，并随着社会的进步和人们对现代体育认识的不断深化而使活动内容越来越丰富。从现代体育的不同属性或关系比较出发，根据目的、对象和社会予以的影响不同，对现代体育进行分类。目前普遍认为，体育（现代体育运动）主要由学校体育、竞技体育和大众体育三个部分构成。

1. 学校体育

为了达到教育及发展身体的目的，不同层次的学校体育按不同教育阶段和年龄特征，通过体育课和课外体育活动这两种基本组织形式，围绕“增强体质”这一中心，全面实现学校体育的各项任务。

随着人类社会向知识经济时代的发展，人才的竞争成为时代的主旋律。人类的生活如同竞技场上的比赛，人要与自然竞争，与对手竞争，与智力资源的占有者竞争。这必将对当今社会的生产、生活、工作、学习、思维方式以及教育、经营管理、领导决策诸项活动产生深远的影响，同时促使体育教育向着社会化、娱乐化、终身化及竞技化的方向发展。因此，现代学校体育要考虑如何增强学生体质，如何培养学生的竞争意识，如何培养学生在走向社会后仍然坚持参加体育锻炼，注重身体养护的终身体育思想，使学生树立现代健康观，为国家和人民的事业努力工作。学校体育除了促进受教育者全面发展教育之外，还必须对民族素质的提高起积极的推动作用，同时为学生的终身体育思想、卫生保健意识奠定良好的基础。

2. 竞技体育

竞技体育又称为竞技运动，也有人称之为精英体育。这里所指的是高水平竞技体育，并根据规则和以取胜为目的的竞赛性和娱乐性的体育活动。竞技体育是为了最大限度地发挥和提高个人和集体在体格、体能、心理、运动能力等方面的潜力，以取得优异成绩为目的而进行的科学的、系统的训练和竞赛。这种竞赛具有激烈的对抗性、竞争性和高度的技艺性，必须按照一定的规则进行，竞赛成绩应为社会所承认。高水平竞技体育使体育的一种特殊形态成为一种专业化或职业化的社会体育现象，世界各国都把很大的力量投入到奥运会比赛上，其目的不仅仅是为了夺取金牌，而是其中所体现出的奥林匹克精神和理想，为了“和平、友谊、进步”，在“更快、更高、更强”的口号下，进行公正比赛，促进人类的友谊，增强人类的体质，提高运动技艺和精神境界，从而推动人类社会不断发展与进步。

3. 大众体育

大众体育又称为群众体育或身体锻炼，是指以健身、医疗、娱乐为目的，内容丰富、形式多样、因人而异的一种群众性健身的体育活动。大众体育主要有以下类型。

（1）医疗康复体育

它以治疗伤病、恢复人体机能为目的，并采用恢复身体功能的保健医疗体操、防病治病的太极拳、导引养生功等体育活动的方法和理论进行康复治疗。

（2）娱乐、休闲体育

它是在闲暇时间里提高、充实人的精神境界的体育活动。它以休闲、娱乐为目的，如打高尔夫球、康乐球，下棋、打牌、钓鱼等。

(3)矫正体育

它用以矫正人的身体的各种不正确姿态，如坐、立、行走等及身体各部分不平衡现象，促使身体各部分协调发展，保持体态优美，如各种特殊体操、健美操等。

(4)民间体育

各族人民根据本民族自身的特点，在生产劳动和日常生活中创造了各种各样的体育活动和健身方法，形成了具有民族特色的体育运动形式。民间体育活动方法简便易行，规则简单且富有趣味性，在田间、地头、场院，在劳动之余、课间休息均可进行。它对于提高人体的基本活动能力和发展力量、耐力、灵敏等身体素质，掌握劳动技能产生了积极的影响，同时对娱乐身心、促进人际关系的发展起到了积极的推动作用。民间体育形式有民间举重、马术、拔河、跳板、爬竿、荡秋千、跳绳、打陀螺、骑射、叼羊，等等。

二、体育的功能

(一)体育的生物功能

从生物学的观点分析，体育的本质是促进人的身体向良好、健壮的方向变化。因此，体育的生物功能主要体现在健身、健美、保健、延年益寿几个方面。

体育是通过运动的方式来进行的，而运动对完善体格、发展体能、提高适应能力均有着显著作用，这决定了体育具有健身功能。体育锻炼能促进脊柱、胸廓和骨盆等支撑器官的发育，使人的体型达到“健、力、美”的和谐结合，故体育具有健美功能。体育活动过程中，大脑处于兴奋和抑制的交替状态，而且运动能促进大脑血糖和氧的供应，提高大脑反应的灵活性、准确性和大脑工作的持久性、稳定性，这是体育的益脑功能。体育还具有医疗保健功能，只有加强体育锻炼，并结合药物调理，才能预防和治疗疾病。另外，体育还可以防止生理衰老的过早来临，避免病理性衰老的发生。

(二)体育的社会功能

1. 体育的教育功能

体育的教育功能，就其广泛性而言，对社会所产生的影响是巨大的，各种社会现象都孕育着教育的因素。体育的教育功能集中表现在学校教育体系之中，体育与德育、智育紧密配合并促进教育的发展，使青少年通过学校教育成为一代全面发展的、能胜任自己职业并能为社会的发展作出贡献的新人。

另外，由于体育运动具有群众性、国际性、技艺性和礼仪性的特点，所以它成为了传播体育价值观的一种理想载体，在激发人们的爱国热情、振奋民族精神以及培养社会公德等方面具有非常重要的意义。运动竞赛场上的竞争与拼搏，往往能激励人的荣誉感、责任感和奋发向上的进取精神，使人们受到极大的教育和鼓舞。例如，在第27届奥林匹克运动会上，我国体育健儿奋勇拼搏，体育成绩和精神文明获得双丰收，极大地激励了全国各族人民的爱国热情，增强了全国各条战线争创一流的现代化意识，同时也提高了我国的国际威望。

2. 体育的娱乐功能

随着社会的发展，人们生活中的余暇时间增多，如何善度余暇，已成为一个社会问题。

丰富多彩的余暇生活,不仅可以使人们在繁忙劳动之后获得积极性休息,而且还可以陶冶情操、愉悦身心、培养高尚的品格。体育运动娱乐功能的客观依据是体育能够满足人们的精神需要。体育运动由于其技术的高难性、造型的艺术性、配合的默契性和易于接受的朴素性,已成为现代人余暇生活的一个重要组成部分。

体育的娱乐功能是通过观赏和参与两个途径来实现的。现代体育运动,特别是竞技运动,技术动作日益向难、新方向发展,表现出高超的技艺,使健、力、美高度统一,加上和谐的韵律、鲜明的节奏、绝妙的配合,观赏体育比赛和表演,犹见优美的舞蹈、线条明快的雕塑、明暗和谐的艺术摄影一般,给人以美的享受。体育运动的这种魅力,常常在运动场上产生一种移情作用,在观众和运动员之间扩散开来,使人消除紧张和疲劳,情绪得到积极性的调节,给人带来愉快。特别是大学生,学习、生活、考试等压力较大,适当地参加体育活动,能使他们的业余文化生活更加丰富,能更有效地缓解疲劳,促进知识的掌握。

人们通过参加体育运动,特别是参加那些自己喜爱和擅长的运动项目,能在各种复杂的练习中,在与同伴的默契配合中,在与对手斗智斗勇的过程中体验到一种美妙的快慰和心理上的满足。这种心理状态可以激发人的自尊心、自信心、成就感,满足人们交往、合作的需要。同时,由于各种运动项目的特点不同,能使人们在实践中获得各种不同的情感体验。例如,气功可使人感到悠然自得,乐在其中;跑步能使人感到有条不紊,勇往直前;打球能使人感到视野开阔,豁达合群;旅游则可以使人饱览名山大川,赏心悦目,心旷神怡。现代奥运会的创始人皮埃尔·德·顾拜旦在他的名作《体育颂》中也满腔热忱地歌颂了体育的这一功能,他写道:“啊!体育,你就是乐趣!想起你,内心充满欢喜,血液循环加剧,思路更加开阔,条理更加清晰。你可使忧伤的人散心解闷,你可使快乐的人生更甜蜜!”因此,体育不愧是一种最积极、最健康的娱乐方式,它能使人善度余暇,身心健康。

3. 体育的经济功能

经济是一个国家的物质基础,体育的发展依赖于经济,受经济的制约。一个国家的体育运动,尤其是竞技运动开展得好坏,反映了这个国家的经济水平;体育运动又反作用于经济,体育作为第三产业越来越多地发挥着对国民经济的促进作用,并和商品经济的关系日益密切。在发达国家,体育的经济功能、经济效益已得到充分的挖掘,而我国现在正处于起步阶段。体育运动的经济收益主要有两个途径:一是大型运动会,通过出售电视转播权、门票、广告和发售纪念币、邮票、体育彩票来获得;二是日常体育活动,体育设施的利用,热门项目的组织和比赛,娱乐体育活动的开展,体育服装、设施、器械的买卖,体育知识咨询和旅游都是获取体育经济效益的有效途径。

4. 体育的政治功能

体育运动作为一种社会现象,它既有不属于上层建筑范畴的部分(如运动技术、战术、教学训练的原则、方法、器材、场地设施等),也有相当一部分属于上层建筑范畴(如体育的目的、任务、政策法令、制度等)。因此,从整体来看,体育是与政治紧密相连的,并受着政治的影响、指导和制约,为本国的政治制度服务。体育的政治功能主要表现为:第一,由于体育是一种超越语言和社会障碍的“国际语言”,通过国际体育交往,可以促进世界各国人民之间的了解、友谊和团结,加强国际体育文化交流,为外交服务;第二,参加国际比赛,能为国争光，提高民族威望和国际地位，振奋民族精神；第三，通过国内体育竞赛活动，特别是全国大型运动会，加强了各民族间的联系，增进了友谊和团结，激发了各族人民对祖国炽热的爱。

三、健康新概念

关于健康的定义，从古至今，不同的时期有不同的见解。本节就健康的概念做一简单介绍。

近半个世纪以来，根据WHO对“健康”的几次论定，可以认为：自1948年提出“三维”健康观，并改变健康的唯生物医学含义之后，人们对健康的认识已拓宽到生理、心理和社会学领域，甚至还涉及道德与生殖健康等内容。

（一）生理健康

早期医学对疾病和健康的看法，更多是强调自然界对人体生理和病理的影响。尽管最初的医学，曾全力以赴研究由自然因素引起的健康受损，但仍无法对生理性疾病进行有效控制。比如，在20世纪初期，一场突如其来的流行性感冒，就使全世界3 000万人死亡；在其肆虐的10个月内，夺走了55万美国人的生命，造成全美农场、工厂、学校、教堂全部关闭，结果让所有人都生活在对死亡的极度恐惧中。而面对这场灾难，致力于生理健康的医学却始终束手无策，少数幸存者也只是依靠自身抗体而逃过劫难。为了不让这样的悲剧重演，一直到20世纪中叶，防治生理性疾病始终是医学界最重要的任务之一。

应该承认，引起生理性疾病的自然因素永远存在，包括受阳光、空气、水、气候与季节的影响，以及由病菌引起的抑制因素及自然界的生态平衡等。它们有的为人类健康与生存提供了必要的物质基础，有的则可能起危害作用。如果就目前自然环境的恶化状况看，鉴于更多因素仍朝着不利于人类生存的方向发展，及1996年国际联盟发表的《红色警报名单》，使许多科学家达成共识：地球正逐渐失去保证人类生活质量的能力，环境恶化趋势令人担忧。这些迹象表明，目前由自然因素使肉体受细菌或病毒感染，仍是影响人类生理健康的主要因素，我们必须继续给予高度的重视。

（二）心理健康

在过去相当长的一段时间里，医学在控制自然因素引起细菌或病毒感染方面，为维护人类健康作出了巨大贡献，今后仍任重道远。但随着诊断学的发展，医学专家又有惊人发现：经现代医学检查，有50% ~70%的人都有心理异常表现，而这些人尽管未达到须求助医生诊治的程度，但一旦环境稍有变化，或精神受到某种刺激，健康就会受到威胁。特别是当发现利用许多医学常规手段无法解决由精神引发的疾病时，医学研究开始根据人的社会属性又提出了生物—心理—社会医学模式，从而想到要把社会环境引起的心理活动也包括在健康诊断之中。

关于如何才能确定心理活动正常与否，心理学家提出了三条原则，即心理活动与外部环境是否具有统一性、心理现象自身是否具有完整性、个性心理特征是否具有相对稳定性。但必须指出，若按以上原则进行判断，就必须考虑具体的时间、地点和条件对心理活动的影响，而绝不能把日常生活中暂时出现的情绪反应都视为心理异常。因此，为了寻找更科学的判定手段，许多发达国家通过心理学和医学的结合，不仅研究异常心理产生的原因以及健康心理的形成过程，还把心理健康问题扩大至整个社会系统，具体包括生活方式、人生价值观、健康管理环境、健康教育者培训等内容，目的在于从各个方面研究与保证健康心理的形成。

（三）社会适应

社会适应对健康的影响是综合性的，主要来自社会环境因素，具体包括社会为人类日常生活提供的衣食住行等物质条件，也受社会制度、文化传统、经济发展及与之有关的其他因素所制约。基于上述原因，若仅就局部而言，饮食营养、居住条件、医疗措施、家庭状况、卫生习惯、生活方式和行为规范等，都应视为是影响个体健康的社会因素。但从整体考虑，这种影响还取决于社会的发展程度以及不同国家为之提供的外部环境。

情况正是如此，因为面对知识经济时代，不但人们获取知识的方式和途径在悄然发生变化，而且随着生活节奏加快，人际关系变得复杂，导致在日趋激烈的社会竞争中，伴随各种不同价值取向而产生的迷惘、困惑、抑郁、孤独与失望情绪，都会在现代人的生活中弥漫。

处于这样的时代背景，人们为适应社会环境所做的努力，势必要以获得合理的社会定位，即学会选择适合自我的价值观和人生态度，并有效建立起促进个人发展的精神背景和自我引导机制，以便能够按社会运行法则，处理好个人遵循和社会条件之间的矛盾，具体包括对健康文化、健康观念、健康行为、健康产生和健康管理等知识的了解与遵循。

（四）道德健康

道德健康是人的一种“本质力量”，由思想品德和人格自我完善两部分构成。通常认为，思想品德是一种社会意识形态，它以善与恶、荣与辱、正义与邪恶等概念来评价人的各种行为，调整人与人之间以及个人与社会之间的关系。人格则反映人的基本的稳定的心理结构特质和过程，它融合着个体的经验，并形成个体特有的行为与对周围环境的反应。严格地讲，思想品德作为完善人格的基础，是决定精神健康的重要内容；而人格自我完善本身，就是不断提高自身素质的文化修养水平，使个体思想、品质与行为趋于理想化。据世界卫生组织监测中心统计：结核病、流感、肺炎、糖尿病、脑血管病、冠心病等常见病的死亡率，与个体道德、文化修养有着千丝万缕的联系。个体道德文化水准越高，则这些疾病的死亡率越低。

关于对个体道德水准与文化修养影响健康的认识，我国古代早有“君子坦荡荡，小人常戚戚”的说法。实践证明，凡与人为善，助人为乐，且具有高尚品德的人，总是心胸坦荡。人若处于无烦恼的心理状态，不仅能使人体分泌更多有益的激素、酶类和乙酰胆碱等，还可增强人体的抗病能力，这无疑对促进健康是有利的。与之相反，倘若一个人有悖于社会道德准则，由于其胡作非为导致的紧张、恐惧、内疚等不良情绪，就会给他带来沉重的精神负担，使之终日食不知味，夜不成寐，这样一来自然也就无健康可言了。

（五）生殖健康

世界卫生组织对生殖健康下的定义是：人类在整个生命过程中，与生殖有关的一切活动，应在生理、心理和社会适应诸方面处于良好的健康状态。这表明生殖健康不仅包括建立正确的性观念，避免未婚先孕、人工流产以及做好性病与艾滋病的防治工作，还涉及避孕节育、不孕不育、妇产科疾患、男性科疾患、夫妻性生活指导等性保健知识的教育。

至20世纪末，由于生态环境恶化与生活方式不当，以及生理、心理、病理和文化观念方面的原因，使男性生殖器官发育异常、生殖细胞变异等现象变得日趋突出与严重。据统计，由于生理、心理、病理和文化观念方面的原因，全球共有1亿多男性被性功能障碍（ED）所困扰，包括由此产生的个体生育能力下降，已直接影响家庭和睦和社会稳定，使一向被忽视的男性生殖健康开始引起世界各国的关注。面对这种状况，我国为了提醒男性公民，尤其是青少年要对生殖健康予以重视，国家计生委特地确定2000年10月28日为全国第一个“男性健康日”，并要求全社会都要关注男性的健康状况。

上海市1998年对8 968名青年婚检统计表明：生殖系统疾病的检出率，男性为10.82%，女性为4.03%。据北京等四个城市对青少年性生理、性行为调查显示：他们的性发育，如遗精、月经初潮，比10年前提早了近1岁，性观念、性行为更加开放。据我国权威的统计数字表明：现40岁以上男性，至少有8 000万人患有性功能障碍，已婚夫妇中约有10%患有不育症，其中因丈夫原因导致的不孕占50%。

现代健康观念突破了千百年来人们对健康认识的局限，使人的自然属性和社会属性得到统一，越来越多的研究证明，人的健康和疾病不但受到生物因素影响，而且越来越多地受到心理和社会因素的制约。

四、健康的标准

（一）世界卫生组织提出的十条健康标准

1）精力充沛，能从容不迫地应付日常生活和工作的压力而不感到过分紧张。

2）处事乐观、态度积极，乐于承担责任，事无巨细，不挑剔。

3）善于休息，睡眠良好。

4）应变能力强，能适应环境的各种变化。

5）能够抵抗一般性感冒和传染病。

6）体重得当，身材均匀，站立时头、肩、臂位置协调。能切合实际地不断进取，有理想和事业上的追求。

7）眼睛明亮，反应敏锐，眼睑不发炎。

8）牙齿清洁，无空洞，无痛感；齿龈颜色正常，不出血。

9）头发有光泽，无头屑。

10）肌肉、皮肤富有弹性，走路轻松有力。

（二）衡量健康的“五快”、“三良”

1. 肌肉健康可用“五快”来衡量

（1）食得快

不是狼吞虎咽，不辨滋味，而是吃饭时有很好的食欲，不挑食、不偏食，没有难以下咽的感觉，能快速吃完一餐饭，吃完后感到饱足，没有过饱或不饱的不满足感。说明口腔和胃的功能正常。

（2）便得快

有便意时，能很快排泄大小便，不强行憋便，便中和便后精神放松、轻松自如，没有疲劳之感，说明肠道功能良好。

(3)睡得快

晚间定时有自然睡意,上床能很快入睡,而且睡得深,睡眠质量好;醒后头脑清醒,精神饱满,说明中枢神经系统的兴奋、抑制功能协调,且内脏无病理信息干扰。如不能很快入睡,睡眠时间短、多梦易醒等,或睡的时间过多,且睡后仍感乏力不爽,则是不健康的表现。

(4)说得快

说话流利,语言表达正确,说话内容有中心,合乎逻辑,能根据话题转换随机应变,表示头脑清楚,思维敏捷,精力充足。精神疲劳或受疾病困扰的人常常有词不达意、反应迟钝的现象,如说话不时停顿、欲言又止、下意识重复、前言不搭后语、说话吃力、有疲倦之感等。

(5)走得快

行动自如、协调,迈步轻松、有力,转体敏捷,反应迅速,动作流畅,证明躯体和四肢状况良好,精力充沛旺盛。身体疲劳或衰弱往往先从下肢开始,在精神抑郁、心理状况欠佳时下肢常有沉重感,表现为步履沉重、行动不协调、反应欠灵活等。

2. 精神健康可用“三良”来衡量

(1)良好的个性

性格温和,言行举止能够被别人认可和接受,并且能够在适应环境中充分发挥自己的个性特点,没有经常性的压抑感。情感丰富,热爱生活,胸怀坦荡。

(2)良好的处世能力

看问题客观现实,具有自我控制能力,与人交往的行为方式能被大多数人所接受。适应复杂的社会环境,对事物的变迁能始终保持稳定而良好的情绪。

(3)良好的人际关系

有与他人交往的愿望,有选择地交朋友,珍视友情,尊重别人的人格。待人接物能大度和善,既能善待自己、自尊自爱、自信自强,又能与人为善、助人为乐、宽以待人。

任务二　有氧运动与健康

【任务描述】

通过对有氧运动的相关知识点学习,了解有氧运动对身心健康的作用,并能根据主客观条件选择其中 2 ~3 种,按运动处方进行锻炼,以促进身心健康。

【任务要求】

(1)了解有氧运动对身心健康的作用。

(2)熟悉科学的体育锻炼方法。

(3)掌握不同锻炼项目的营养特点。

【技能目标】

能根据主客观条件选择其中 2 ~3 种有氧运动,按运动处方进行锻炼,以促进身心健康。

【相关知识点】

一、有氧运动

有氧运动是指采用中、小强度，以有氧代谢供能为主的长时间运动，如走、跑、游泳、跳绳、骑自行车和健美操等。这种运动的特点是简便、易行，对技术要求不高，而且运动形式和运动负荷可以根据每个人的身体状况、体能水平、爱好和条件加以选择和控制，是一种安全而有效的健身方法。

（一）有氧运动的作用

有氧运动是一种有助于增强心肺功能、改善机体代谢、调节情绪、增强抗病能力并且能减肥的运动。尤其在当今信息时代，非体力劳动者数量日益增多，随之而来的是缺乏体力劳动或运动而造成的"现代文明病"或"运动不足综合征"，如肥胖、高血压、高血脂、糖尿病、骨质疏松症等日益增多。而有氧运动对预防这类疾病起着重要的作用。

（二）有氧运动的形式

有氧运动的形式是多种多样的，但是无论何种形式，都包括准备活动、运动过程、放松整理三个部分。

1. 准备活动

准备活动可以做一些伸展性活动、牵拉韧带的动作或适度的慢跑，要依个人身体情况和有氧运动的种类而定，一般进行 5 ~ 10 分钟即可。这样做的目的和好处在于：可以使肌肉变得有弹性，肌纤维舒展，能够更好地适应随后的有氧运动；能够活动关节和韧带，提高体表温度，以防运动中肌肉和关节的损伤。除此之外，做一些准备活动可以使身体内各器官，尤其是心肺器官做好准备，使其有一个逐渐适应的过程。

2. 运动过程

这是最重要的部分。为了达到健身效果，以下两点必须注意。

1）首先要有一定的运动强度，使身体充分伸展，使机体的各种功能得到有效锻炼。其检测标准是使运动中的心率要在有效心率的范围内，并一直保持这个水平。

2）运动必须要有一定的持续时间，每周进行三次左右，每次运动时间 20 ~ 60 分钟。

3. 放松整理

持续一段时间的运动后，人体各种功能都处于高速运转状态，这时如果突然停下来歇息，肌肉突然放松，血管中的血液就不能及时回流到心脏，就会造成大脑供氧量不足而导致头晕眼花，严重时还会晕倒。如果长期运动后不做放松活动会对人体健康造成损害。正确的做法是在运动结束时逐渐降低强度，并做一些比较轻松的伸展活动，持续 5 分钟左右，直到心率逐渐恢复正常水平。

二、有氧运动的内容

（一）有氧运动主要锻炼项目

有氧锻炼的主要运动项目有：健身走、健身跑、游泳、滑雪、骑自行车、跳绳、有氧韵律操、爬楼梯、登山等。另外,只要是速度慢,时间保持在30分钟左右的运动,如篮球、足球游戏或非正式的小强度比赛,都可以称为有氧锻炼,同样可以收到满意的锻炼效果。

(二)部分有氧运动锻炼简介

1.健身走

走步是人类最基本和最经常的活动方式。健身走是任何人在任何时间和任何地点都可以从事的锻炼。它的特点是动作柔和,不容易出现伤害事故,特别适合于体重过重的人群。实践证明,全力以赴的快步行走或竞走运动,甚至能比速度较慢的跑步消耗更多的能量,并获得更加明显的锻炼效果。

2.健身走的锻炼方法

(1)健身走的步法

由于人的腿形不同,步行的步法也不同。步法可以用步长、步宽和步角来进行分类。

1)按步长分类:正常的步长为80~90厘米,中步约为70厘米,短步约为60厘米。

2)按步宽分类:可分为分离步、并跟步、搭跟步、直线步和交叉步。

3)按步角分类:可分为外展步、内收步、直行步和非对称步。

(2)健身走的锻炼方法

健身走具有多种锻炼方法,一般有快步走、散步、赤脚行走、倒步走和踏步走五种。

1)快步走。

快步走是步幅适中、步频快、步速较快(130~250米/分钟)、运动量稍大的走步方法。

动作要领:身体适度前倾,抬头,肩背放松,挺胸、收腹、收臀。双臂在体侧自然摆动,摆幅随步幅的变化而变化。前摆腿的脚跟着地后迅速滚动至前脚掌,动作尽量柔和,后脚离地,双脚以脚内侧为准踩成一条较直的线。

练习要求:用脉搏控制运动量,脉搏以120~150次/分钟为宜。加快步频,锻炼时步幅不要过分加大,主要是加快步频。应做好准备活动,特别是使运动器官和心肺机能得到适应;冬天在快步走前应慢走,待脚发热后再快走。

2)散步。

散步是步幅最小(50~60厘米)、步速最慢(25~30米/分钟)、运动量最小的走步方法。

动作要领:身体正直、抬头挺胸、收腹、收臀,保持头部与脊柱成一条直线,双肩放松,两臂自然下垂。双腿交替屈膝前摆,足跟着地滚动至脚尖时,另一腿屈膝前摆,足跟着地,步幅一般为1~2脚。

练习要求:用脉搏控制运动量,以每分钟脉搏次数比安静时增加5~10次为宜;控制步速和步长,采取一定时间内走一定距离的方法。散步距离、速度和时间要逐步增加。

3)赤脚行走。

赤脚行走是如今提倡的一项有益于健康的锻炼方法。其要求与散步大体相似,不同之处是要注意足部的安全,应选择在草地、海滩、沙地、鹅卵石或人工路面上锻炼。在阳光充足的环境下锻炼效果更好。

4)倒步走。

动作要领:上体自然正直,眼睛平视前方。双臂协同双腿自然摆动。步幅一般为1~

2 脚。

练习要求:用脉搏控制运动量,健康人 90 ~ 100 次/分钟,肥胖者 100 ~ 140 次/分钟。持之以恒,循序渐进,每天早晚各 1 次,每天走 500 米以上。可结伴锻炼,一人正向走,一人倒步走,两人交替轮换。

5)踏步走。

踏步走是原地踏步或稍向前移动的特殊走法,不受年龄、性别、场地的约束,简易可行。

动作要领:踏步时,双臂协同双腿前后摆动。屈膝抬腿的最高点是大腿抬至髋高,直腿或屈腿落地均可。

练习要求:用脉搏控制运动量,健康者原地快速踏步时脉搏应达到 180 次/分钟,身体稍差或不适者应控制在 120 次/分钟以下。为提高运动量和达到减肥目的,可以进行变速原地高抬腿踏步走。

(二)健身跑

1. 健身跑简介

长期以来,人们对跑步的意义和作用进行了多种论述,都认为它是人体进行全面发展、全面锻炼最有效的方法之一,可以培养人们的力量、速度、耐力、灵敏性和协调性等身体素质,并且通过跑的锻炼能培养良好的意志品质。有氧健身跑的技术要求不高,不需要专门的用具和场地,只要有平整的道路和清洁的空气就能够进行锻炼。

2. 健身跑的锻炼方法

健身跑的方法一般有放松跑、变速跑、定时跑、跑跳交替、迂回跑、滑步跑、室内健身跑以及水中健身跑等。

(1)放松跑

放松跑的方法比较简单,其特点有二:一是跑速慢;二是心血管的负荷和全身的代谢功能以保持有氧代谢为前提。在跑的过程中心率以不超过(180 - 年龄)次/分钟为宜。跑步时一定要注意呼吸的“深、长、细、缓”,有节奏。

(2)变速跑

变速跑是指在跑的过程中快跑一段距离后,再慢跑一段距离,快跑和慢跑交替进行。这种方法比较适合体质较好的长跑爱好者,它不仅对一般耐力发展有好处,而且能提高机体的速度、耐力素质,对提高人体机能大有益处。

(3)定时跑

定时跑一般分为两类:一类是每天跑一定时间,不限速度和距离;另一类是在限定的某段时间内跑完一定的距离,对提高体力有益处。

(4)跑跳交替

跑跳交替是指跑一段之后跳三五下,再跑一段,再跳三五下。跑速一般采用慢跑或中速跑,或稍慢速跑,并保持良好的节奏,使人体在跑的同时又锻炼了弹跳素质。

(5)迂回跑

迂回跑是指在跑步路线的前方有许多障碍物,跑步时交替从障碍物的左、右侧跑过。这种跑步的方法非常适合于青少年,是一种游戏式的跑步,可增加跑步的趣味性,还可以锻炼身体的灵活性。

(6)滑步跑

滑步跑是指在跑的时候不是面朝前方,而是侧身而跑,即向左跑或向右跑。这种跑步方式适合于不同年龄的人群,多在其他跑步方式之间进行,可增加身体的灵活性、敏捷性、协调性及平衡能力。

(7)室内健身跑

室内健身跑一般有赤足原地跑、原地提足跑、踮脚退步跑等。

1)赤足原地跑:地上放一块洗衣板或用旧的塑料澡盆,铺上一些小鹅卵石,光脚在上面慢速原地跑,天冷可以穿软底鞋或厚袜子。

2)原地提足跑:原地站立后,双手半握拳,双脚轮流提起,双臂随之自然摆动,可以根据身体状况,选择提足的高度和跑步的速度。

3)踮脚退步跑:先测量来回的步数,然后背向目标,目视前方,头正身直,双手半握拳置于腰间,踮起双脚,小步跑向后退去,同时摆动双臂,默数步数。这种方法对于腰肌劳损,腰椎病,腰、腿、脚骨质增生等患者尤有益处。

(8)水中健身跑

水中健身跑是指练习者身体垂直浮于水中,头部露出水面,四肢如在陆地上跑步般前后交替运动。

三、健身走的安全和健康

(一)健身走的时机

健身走最好选择在早晨空气清新时进行,每天太阳升起以后、下午3点都是最佳的锻炼时间,也可选择在晚餐后、临睡前进行,但此时不宜快速步行。现代医学认为,饭后即行,四肢血流增多,胃肠血流减少,影响消化功能。进食后体内血液处于高凝状态,冠心病、心绞痛者此时运动,易形成血栓,诱发心肌梗死;高血压、脑动脉硬化和糖尿病者,饭后步行易出现体位性低血压,出现头晕、乏力、昏厥等症状;胃下垂者饭后步行,易出现腹胀、恶心呕吐等症状。因此患有上述疾病的患者,饭后应休息一会儿再步行。一般认为,饭后45分钟,以每小时5千米的速度步行28~30分钟为好。这样,热量消耗最快,最利于减肥。如果两小时后再步行20分钟,减肥效果更佳。

(二)健身走的运动量

健身走要循序渐进,持之以恒。运动强度应由小到大,运动时间由短到长。如果要“走”出健康来,在锻炼时要保证一定的频率、强度和持续时间。如果不了解自己的运动能力,开始时应尽量选择较低强度,若在练习后睡眠好、食欲佳,次日没有感到心慌、心悸、头痛、无力、心率加快等不适,可逐渐加大强度;否则,要降低强度。健身走不能等同于平常的走路、散步或逛街,每周要锻炼至少3次,并且每次不能少于30分钟。

不管选用何种方法,其运动量、运动强度应依练习者的体质、体力、体能等方面因素加以妥善安排,切勿操之过急。运动量的控制主要靠脉搏、睡眠、食欲及身体反应等自我感受来决定。如以心率为标准,步行时宜保持在100~120次/分钟,不要超过130次/分钟。每天至少5 000步~1万步,5 000步即3~4个或6~7个公共汽车站的路程,1万步约为6.7千米。步行后10分钟,心率应恢复到比运动前只多10~15次/分钟。

1. 健身走强度的衡量

健身走强度的衡量主要依据人体的脉搏次数来确定。从健身角度来讲,健身走时适宜的心率或脉率达到90~120次/分钟为宜。更易掌握的强度标准是身上微微出汗,同时还能够连续说出整句话。在频率上,每周至少走3~4次,最好每天走。每天走2次,每次15分钟;或以每小时3千米的速度行走1.2~1.5小时;或每天走1次,每次连续走30~60分钟。刚参加锻炼的人应该感到呼吸比较舒服,运动强度需逐步提高。由于健身走的时间一般都比较长,运动者可以一边走一边测量脉搏,及时掌握适宜的运动强度。

2. 健身走量的掌握

健身走的量以时间来衡量为好,而不是以行走的距离来衡量。对于一般锻炼者,连续行走时间以15~30分钟为宜。行走15分钟可以达到锻炼身体的最低要求,行走30分钟就能够达到比较好的锻炼效果。若锻炼者身体比较强壮,又有比较宽裕的时间,进行更长时间的健身走效果会更好,但一定要在自己身体能够承受的范围之内。

(三)健身走环境的选择

1)注意气温变化,根据气温选择适宜的运动服装。气温偏高时要穿透气、吸汗性好的运动服。冬天气温低时要外穿轻便、保暖性好的便于运动的服装,出汗前要脱去外衣,以免出汗过多。

2)要注意减少恶劣天气、空气对人体的污染。不要在大雾天、大风天及公路上进行健身走锻炼。要选择好天气,选择清晨和傍晚的时间进行健身走,以减少空气对人体的污染。

3)尽量选择平坦的土地或沙土地段,不要选择凹凸不平的硬地段(易崴脚、摔倒)。如果只能在硬地上走,必须穿软底运动鞋。倒退行走时,应选择人稀车少、地面平坦的广场、田径场,以及公园、车辆少的马路上,要注意方向和控制身体平衡。开始做健身走时,最好结伴而行,这样可以相互提醒,避免摔倒。

4)有条件的话,要选择在花园内进行锻炼。因为花园内空气清新,吸入氧气量比平时多8倍以上;空气中的阴离子还可以促进人体新陈代谢,改善呼吸功能,增强抵抗力。因此可预防神经衰弱、贫血等疾病。

5)冬季健身快走时,一定要先做好准备活动,如轻轻拉伸下肢肌肉和韧带,做一些下蹲运动等,使运动器官(特别是下肢)发热,以便克服内脏器官的惰性,加快呼吸频率,让自己的心脏和肌肉进入运动状态。也可采用先慢速走使脚发热后再快步走的方法,防止受伤,以达到健身的目的。

夏季由于室外温度较高,应选择早、晚时间到阴凉处进行健身走,并减少走的距离,降低走的速度,使体温不要超过38 ℃。可准备一壶清茶水,适当加些糖、盐,以防止流汗过多而引起体内电解质平衡失调;或多喝水,以防中暑。

(四)脚的保健

健身走始于足下,为此要注意脚的保健,以达到舒筋活血、增强关节韧带的灵活性和伸展度、减轻足底酸痛、消除疲劳的目的。要坚持健身走锻炼,必须坚持脚的保健法,二者缺一不可。

脚保健法一般有足浴和足底穴位按摩两种。足底穴位按摩是利用手力和热刺激脚的经络,加快血液回流,缓解足底疲劳,达到保健的目的。健身走后最好先足浴,再进行穴位按摩。平时也要勤洗脚勤换鞋袜,有脚病应及时进行医治。

四、健身跑的安全与健康

(一)了解身体状况

在健身跑前,应对自己的身体状况进行全面检查,特别是中老年人。检查是否患有不适宜跑步的禁忌证。有慢性病的中老年人更应在医生指导下进行健身跑锻炼。

(二)运动前后要注意热身、冷身和伸展运动

在做跑步运动时应该花费时间来做热身、冷身运动并做一些正确的伸展运动。避免在跑步中受到损伤。

1. 热身运动

热身的理由是它可以使你感觉跑步更加容易。纽约曼哈顿大学的一项研究结果表明,进行仅5分钟热身运动的跑步练习者能够比那些直接就开始练习的跑步者锻炼持续的时间长。

(1)热身运动的益处

1)热身运动能够提高肌肉的温度,这可以让肌肉变得更加柔软而不容易被拉伤。

2)热身运动能够降低滑膜液体(包围关节的物质,对运动起润滑作用)的黏稠度,让身体更多部位健康地参与运动。

3)热身运动能加快运动肌肉中的血液流动速度,更快地摄取氧气和营养成分并将代谢的人体排泄物排出体外。

4)热身运动能增加身体的温度,身体进行某些新陈代谢反应需要达到一定的温度,热身运动能够使这一临界状态更快形成。

5)热身运动能够增强神经肌肉的传导(连接肌肉和神经系统),因而能提高肌肉收缩的速度和效率。

6)热身运动让你在心理上对接下来的跑步任务做好准备,让你有正确的心理状态。

7)热身运动能够减少损伤的危险,这是根据对运动医学期刊上登载的大量有关热身运动的研究综合得出的。

总之,简单易行的热身运动会让跑步练习更加健康,能够在生理和心理上都为后面真正的跑步任务做好准备。热身运动应该不少于5分钟,甚至可长达20分钟。

(2)跑步者的热身运动

1)步骤1:仰卧。

在跑步之前稍微仰卧一下,能使脊骨得到减压,紧张的肌肉得到放松。仰卧时脸部朝上,双膝弯曲,双手放松置于腹部,两肘向外。坚持5分钟。

2)步骤2:卧姿(脸部朝下)踢腿。

这一动作对膝盖关节的所有表面起到了激发和润滑作用而不会造成任何影响,因为这

一动作让所有的关节完全得到了运动（有时当跑步的时候都不能做到这一点，除非是在冲刺中）。

它能够训练你在双腿单独运动时保持骨盆的稳定。俯卧，前额置于双手上，腹部里收，骨盆在中间位置保持水平。开始慢慢交替向上踢，脚后跟轻击臀部，要保证在两次抬脚之间双脚要完全落地伸直，而且骨盆要保持不动。继续进行时，加快踢腿的速度。坚持 1 ~ 2 分钟或是踢打 120 下。

3）步骤 3：放松跑。

因为跑步主要是一种下肢的运动，所以进行热身而且调动身体中所有的主要关节是很重要的，这样可以防止感到紧张和压力。柔和且有节奏地按照程序完成下面的动作。

①让一侧耳朵触及肩膀，保持另外一侧肩膀的放松。从左到右扭动头部共 8 次。

②向耳朵的方向耸起肩膀，然后向后绕肩回到原位。重复 8 次。

③双手在胸前交叉扣住，与臀部成直角，轻轻地从一侧向另一侧转动上身，尽力看自己的肩膀。重复 8 次。

④手臂沿大腿外侧向下，同时身体也倾向同一侧。臀部完全保持不动。两侧交替练习，共 8 次。

⑤臀部尽量做画圈运动：双手放在臀部上，将骨盆尽量转向一侧，向后再向前，保持双腿伸直但并不是完全不动。顺时针方向 4 次，逆时针方向 4 次。

⑥将一侧膝盖慢慢抬至胸部高度，放松，然后抬起另外一侧膝盖。交替抬举 8 次，在进行每一侧的最后一次时，转动脚踝，每个方向 4 次。

⑦向胸的方向低头，然后弯曲脊柱，双膝微微弯曲，直到能够触及地面。暂停，然后向后伸直脊柱，这能够大大改善脊椎骨的结构。

4）步骤 4：变换跑。

开始时快走，然后过渡到慢跑，再提高到平常跑步的速度。

2. 冷身运动

冷身运动是和热身运动相反的。它不是让身体做好锻炼的准备，而是做好停止运动的准备。

方法：慢慢将跑步速度放慢到慢跑，然后再过渡到走几分钟。让呼吸慢慢恢复到正常水平，如果有时间，可以再做几组伸展运动。

3. 伸展运动

伸展运动并不仅仅是拉长肌肉，还会让关节扩大运动范围。这对于保持软骨强壮和健康、减轻紧张程度并保持肌肉与骨骼的正确排列是很重要的。

（1）家庭伸展运动

在跑步时大腿、小腿和臀部并不是唯一的负荷部位。在家里就可以进行的伸展组合包括了双脚以上的所有运动中要用到的每块肌肉的伸展。

每个伸展动作坚持 20 ~ 30 秒，然后重复。在必需的时候要伸展两侧。如果没有太多时间，那就只重复那些让关节或是肌肉感觉到特别紧张的伸展动作。

1）双脚（足底筋膜）。

坐在椅子上（赤脚），双脚平放在地板上，向上提踵，完全伸展你的脚趾（脚趾应是完全展开的）。这一节运动伸展的是足底筋膜从脚后跟延伸到所有脚趾的纤维带状组织。

2）胫骨肌（前胫肌）。

跪在地板上，臀部坐在脚后跟上，脚面着地，双手在两侧稍微支撑身体。向上抬起你的左边膝盖，向地面的方向轻压右脚踝关节的前部和胫骨。坚持住，然后另一侧重复这一节运动。

3）跟腱和小腿下部（跟腱和比目鱼肌）。

站在一级较低的台阶或是踏板上，右脚后跟置于支持物的边缘。弯曲膝盖和臀部，将大部分重心放在左腿，轻轻向下压右后脚跟，同时用脚趾控制住。然后另一侧重复。

4）小腿上部肌肉（腓肠肌）。

站在一面墙或是横木前，左腿向前迈进一步，右腿伸直，脚跟完全着地。两脚脚尖的方向应该同时朝前或是脚趾微向里。利用墙的支撑作用，骨盆和背部保持在同一水平线上（千万不要撅臀）。为了增强这一伸展作用，要尽量伸展你的脚趾。然后另一侧重复。

5）腘绳肌（股二头肌、半腱肌、半膜肌）。

站立在支撑物前面，支撑物的高度在膝盖和臀部之间。伸出一条腿置于支撑物上，脚保持放松。应该与支撑物保持一定距离，以保证支撑腿与地面垂直。臀部以上身体向前倾，要保证骨盆水平而且支撑腿的膝盖要伸直。应感觉伸展的位置是抬起的那条腿的后侧。坚持住，然后在另一侧重复。

6）股四头肌（股直肌，股肌群——股内侧肌、股外侧肌和股中间肌）。

股四头肌之一的股直肌连接在髋关节的上方，这意味着要有效地伸展这一肌肉就必须伸展臀部。

伸展股直肌，身体处于站姿，背后摆放坐椅或是长椅，将右腿向后放在上面。弯曲左腿膝盖，背部挺直，向下轻压右侧大腿，直到你感到有伸展感为止，然后在另一侧重复上述动作。这一运动也可用于伸展臀部屈肌。

伸展另外三块四头肌，身体直立，双脚平行，然后抬起右脚脚后跟，右手在身后抓紧右脚。骨盆保持不动，向上轻拉右脚，双膝贴紧。伸展腿是否在支撑腿前方并不要紧（这样可能站得更稳）。坚持一会儿，然后换另一侧重复上述动作。

7）髋屈肌（髂腰肌和股直肌）。

身体呈跨姿，右脚向前，左膝调整好姿势以保持骨盆不动以及右腿能以合适的角度弯曲。可以用双手着地或是放在前面的大腿上（不是膝盖上）来支撑身体。能够感觉左侧大腿和臀部的前部有伸展感。坚持一会儿，然后换另一条腿重复上面的动作。

8）臀部肌肉（臀大肌、臀中肌和臀小肌）。

身体仰卧，右膝弯曲至胸部，双手抱住胫骨，膝盖完全弯曲。保持这一姿势，放松，然后尽力让膝盖贴近左边肩膀，保持一会儿。然后换另一侧重复这一运动。

9）臀部回旋肌（梨状肌）。

身体仰卧，用右膝触及右边肩膀。右手置于右膝上起稳定作用，用左手抓住右脚，朝左侧肩膀的方向轻压,直到感觉到臀部有强烈的伸展感。坚持一会儿,然后换另一侧重复这一动作。伸展臀肌,特别是梨状肌能够减轻坐骨神经疼痛等症状。

10)臀部外侧(髂胫束)。

髂胫束不易伸展,因为它基本是由不具伸展性的组织构成。在稍硬的表面脸朝下,身体呈俯卧姿,右膝弯曲,右脚置于左腿内侧胫骨处。想象你要尽力向上抬起右侧膝盖,缓慢而且轻柔地收缩肌肉。因为与髂胫束保持反作用的肌肉必须要运动起来完成这一动作,这就迫使髂胫束进行了放松。换另一侧重复上述动作。

11)大腿内侧(大腿内收肌群)。

靠墙或是背靠沙发身体呈坐姿,两腿分开伸直。调整自己的姿势坐在"坐"骨上(臀部下面的那块骨头),并向外旋转双脚,保证双膝相互各自向外。尽量分开双腿,直到大腿内侧感觉到伸展感。注意不要向前倾。

12)背部下侧(竖脊肌和多裂肌)。

身体仰卧在地面上,双手抱紧双膝,朝向肩膀的方向,双手放在两腿胫骨的上部。身体轻轻地从一边转向另一边,这一运动在这一伸展组合中是感觉最美妙的——就像是对腰部轻轻地按摩一样。

(2)户外伸展运动

在户外跑步时,可能会感到紧张或是肌肉紧绷,进行简单的伸展运动能够有助于跑得更加有效。下面的四个伸展运动,在户外跑步时利用双脚就可以做。

1)直髋和臀肌伸展。

将右脚放在左腿膝盖上,两手置于身体两侧以保持平衡,慢慢弯曲支撑腿的膝盖,直到你感觉到弯曲腿的髋部和臀部有拉伸感。交换另一侧,重复这一动作。

2)抱树减缓紧张伸展。

找一棵大树的树干或是一些栏杆,两腿分开,与臀同宽,呈站姿,双手抓住支撑物与肩膀的高度一致。旋转背部,向外拉伸上肢,保持下巴内收。

3)灯柱髂胫束伸展。

站立在灯柱旁边或是靠墙,将离灯柱最远的那条腿绕在另一条腿的后面,后面那条腿的髋部向后倾斜,保持躯干和身体在同一条直线上,并且向上伸直,而不是向髋部的方向下沉重心。交换另一侧,重复上面的动作。

4)路边小腿伸展。

左脚站在一处路边阶石上,右脚前半部落地,后面半部悬空,弯曲左腿,右腿伸直,向下压右脚脚后跟至台阶以下。弯曲臀部和膝盖,向下拉伸跟腱。交换另一侧,重复这一动作。

(三)掌握正确的健身跑方法

采用何种健身跑的方法,跑的距离(时间)、跑的速度和每周锻炼的次数,一定要根据锻炼者的体质及健康水平等个体实际情况而定。

1. 速度适中

健身跑的速度要适当，尤其是中老年人，一般可用每分钟跑120～130米的速度慢跑。主观感觉上以能边跑边和同伴聊天、不喘粗气、不面红耳赤为度。

2. 距离恰当

健身跑的距离可根据自己的身体状况自行掌握，以避免意外情况发生。美国慢跑医药协会会长巴斯勒博士说：慢跑在理想的情况下正当地进行是安全的；可是如果一天要勉强跑10千米那是很危险的。盲目地一次跑10千米，这对没有经过锻炼或体弱多病者来说显然过量，容易发生危险。因此，保证距离适当、循序渐进、量力而行十分必要。开始时可先跑数百米，适应后慢慢增至2～3千米，切忌操之过急。

3. 持之以恒

以健身跑为锻炼方式，切忌“三天打鱼，两天晒网”。要想达到强身健体的目的，应保证每周锻炼3～4次。每次健身跑的时间根据自身实际情况而定。要循序渐进，适当延长。

(四)选择适宜的锻炼场地与时间

可选择田径场、公路、土路或公园等场地进行健身跑的锻炼。并可选用路灯、电线杆、特征性强的建筑物、公园的拐弯处、树木、山坡等作为标记，帮助掌握跑的距离和速度。在公园里也可选择长度不同的多条路线，经常变换跑的路线，既能提高锻炼效果，又能增加锻炼兴趣。

每天锻炼的时间因人而异。一般来说，在早晨进行健身跑较为合适，如果由于某些原因，早晨不能锻炼，也可以安排在晚间进行，但要保证锻炼和睡眠之间间隔1.5～2小时。大、中、小学生除早晚外，还可以利用课外活动和放学后的时间进行锻炼。中老年人应在生活规律的前提下，安排锻炼时间。

任务三 体育锻炼与营养

【任务描述】

通过相关知识点的学习，了解体育运动与营养的关系，掌握体育运动对健康的作用。

【任务要求】

(1)熟悉体育运动与营养的关系。

(2)熟悉体育运动对健康的作用。

【技能目标】

掌握体育运动对健康的作用。

【材料用具】

图片、资料。

【相关知识点】

营养与体育运动的关系十分密切。营养和体育运动二者都是维持和促进人体健康的重要因素。营养是构成机体组织的物质基础,体育运动是增强人体机能的有效手段,二者的科学配合,可以有效地促进身体发育,改善健康状况和提高体质水平。如果只注意营养而缺乏体育运动,会使人肌肉松弛、肥胖无力、机能减弱;反之,进行体育运动而缺乏必要的营养,体内消耗的物质能量得不到应有的补充,也会使人的机能减弱,甚至引发营养缺乏症,有碍身体健康。因此,要想使体育运动获得良好效果,必须有适当的营养作为保障。可见,科学的营养是健康和长寿的重要因素,也是体育健身的必要条件。从这一观点出发,学者们总结出一个公式为:营养→运动→健康,即营养是运动的基础,运动是通向健康的道路。

一、肥胖者的锻炼与营养

肥胖是指脂肪在体内过量储存,表现为脂肪细胞增多和(或)细胞体积增大,即全身脂肪组织体积增大,与其他组织比例失调的一种状态。虽然肥胖常表现为体重超标,但超重不一定全都是肥胖。

(一)肥胖者锻炼的作用

1. 调节代谢,促进脂肪分解

在体育锻炼中,通过肌肉运动调节代谢功能,促进脂肪分解。肌肉运动可改善神经内分泌系统对新陈代谢的调节作用。肌肉运动需要大量的能量,短时间的剧烈运动主要由糖燃烧来提供能量,较长时间中等强度的运动主要由脂肪燃烧来提供能量。在运动时肌肉对血液内的游离脂肪酸的摄取和利用加强,血液则从脂肪细胞内加速释放游离脂肪酸来获得补充,结果体内脂肪减少,体重下降。肌肉运动还能提高血液内葡萄糖的利用率,防止多余的糖转化为脂肪,减少脂肪的形成。体内脂肪减少后,可避免因脂肪在实质性器官,如心脏、血管及肝脏内的沉积而引起这些器官的并发症。

2. 增加肺部肌肉活动,改善肺的通气功能

肥胖病人有相对的呼吸功能不全,开始运动时常出现气喘现象。通过适当的体育锻炼,特别是呼吸运动能增加胸廓和膈肌的活动范围,加深呼吸,改善肺的通气功能。

3. 改善心血管循环,提高心脏适应外界的能力

肥胖病人有相对的心功能不全,较轻微的活动就心跳加快,适当的体育锻炼可逐渐加强心肌收缩力量,改善心功能,增加血管的弹性和血循环的动力。肌肉运动还可改善血液循环的心外动力因素,如加快外周血液向心脏回流,因而减轻心脏的负担,改善心脏对体力活动的适应能力。

(二)肥胖者的体育锻炼

运动减肥主要以耐力性运动为主,辅以具有一定负荷的医疗体操及球类运动等,有条件的可配合水浴。可根据肥胖者的体质和个人爱好选择运动项目,每天最好早、晚各做一遍,

开始运动前要有5～10分钟的准备活动，运动后要有5分钟的整理活动。

1. 耐力性运动

耐力性运动的方式有步行、慢跑、划船、爬坡等，室内锻炼则常用功率自行车、跑台、划船器、上肢功率器等。常用的耐力运动方法如下。

(1)步行

200～600米平路：用30～50米/分钟的速度行走，每走100米休息5分钟；800～1 600米平路：用50～100米/分钟的速度行走，中途及结束时各休息5分钟；2 000米路程：用40～50米/分钟的速度走1 000米，休息8分钟；返回亦用相同速度走完1 000米，休息8分钟。

(2)慢跑

先以130～140米/分钟的速度慢跑1 000米，可分次完成；待适应后，每周或每两周增加1 000米，一般增至3 000～4 000米即可。

(3)功率自行车

功率可从20瓦开始，每5分钟增加20瓦，当心率达到要求后，再持续运动15～30分钟。

(4)球类运动

适合肥胖者参加的球类运动通常有羽毛球、乒乓球、网球、排球、篮球等活动。每次活动以20～30分钟为宜，活动时应避免体育比赛时那种紧张激烈的争夺。

2. 医疗体操

医疗体操主要进行躯干和四肢大肌肉群的运动。由于大多数肥胖者的脂肪沉积在腹部，所以广泛采用腹肌运动，可以优先消除此肌肉附近的脂肪积聚。常用的有以下几节。

(1)第一节——屈伸腿运动

预备姿势：仰卧位，两臂自然伸直于体侧。

动作：①屈曲右侧髋、膝关节，尽量用力，使膝贴近腹部(图1-1a)；②伸直右腿成预备姿势，然后屈伸左腿，左右交替各重复6～8次。

(2)第二节——抬头转体击掌运动

预备姿势：仰卧位，两手屈肘于体侧。

动作：①上体抬起45°，向左侧转，同时右掌向左前方击出(图1-1b)；②还原成预备姿势，然后反方向进行，击左掌，左右各重复6～8次。

(3)第三节——单直腿上抬运动

预备姿势：同第一节。

动作：①右腿上抬，膝关节保持伸直(图1-1c)；②还原成预备姿势，然后抬左腿，左右交替各重复6～8次。

(4)第四节——自行车式运动

预备姿势：同第一节。

动作：①两腿同时交替屈伸，好像蹬自行车(图1-1d)；②蹬10～12圈后休息片刻，再重复一遍。

(5)第五节——起坐抱膝运动

预备姿势:同第一节。

动作:①两臂侧平举,吸气,然后上体抬起,屈左腿,两手抱膝,呼气(图 1-1e);②还原成预备姿势,反向动作,抱右膝,左右各重复 6~8 次。

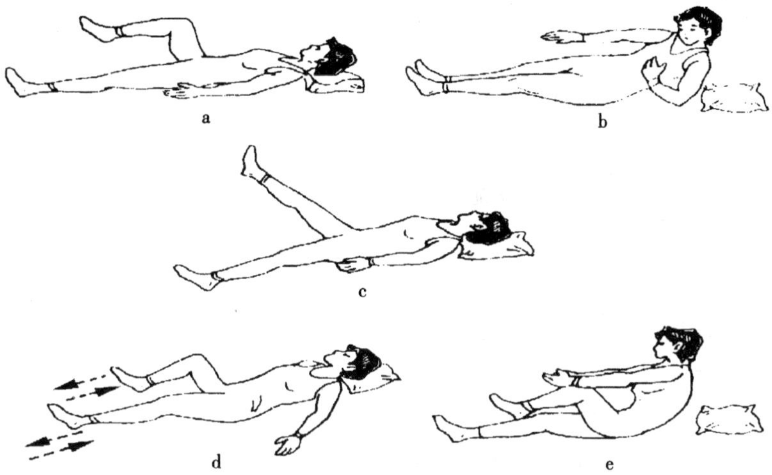

图 1-1

(6)第六节——屈伸双腿运动

预备姿势:同第一节。

动作:①两腿并拢用力屈曲,两膝尽量贴近腹部(图 1-2a);②还原成预备姿势,反复进行 10~12 次。

(7)第七节——直腿上下运动

预备姿势:同第一节。

动作:①直腿交替上下同时摆动 15~20 次,摆动幅度不宜太大(图 1-2b);②还原成预备姿势,休息片刻后再重复 15~20 次。

(8)第八节——双直腿上抬运动

预备姿势:同第一节。

动作:①两腿伸直并拢抬起坚持片刻(图 1-2c);②还原成预备姿势,重复 10~12 次。

(9)第九节——仰卧起坐运动

预备姿势:同第一节。

动作:①两腿伸直固定不动,上体抬起两臂前伸(图 1-2d);②还原成预备姿势,重复 10~12 次。

脂肪沉积在腰、背、肩部的肥胖者,在医疗体操中还可以进行哑铃和拉力器运动。

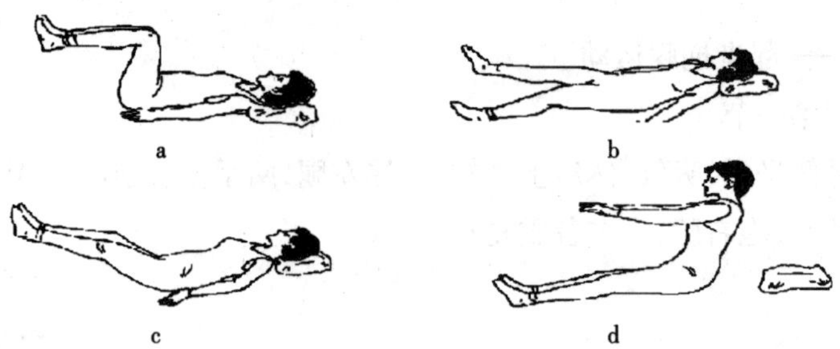

图 1-2

(三)肥胖者的营养补充

在运动减肥过程中合理饮食,减肥才会更有效。

1. 根据运动量确定营养补充

(1)运动量少于 1 小时

原则:短时间的运动不需要额外补充食物,但要补充水分。

推荐:每 15 分钟喝 150 ~ 300 毫升水。

(2)运动量为 1 ~ 3 小时

原则:中等时间的运动,最好及时给身体补充糖分以免出现低血糖。

推荐:可以补充含糖饮料,如体饮等运动饮料。或者喝白水,但要备有能够让糖分快速被吸收的食品,如果酱夹心饼干、水果干、谷物营养棒、果冻等。

(3)运动量超过 3 小时

原则:较长时间的运动,需要准备大量的水以及能提供慢糖的食物(糖分消耗较慢,逐步释放热量的食物)。

推荐:每小时补充 0.5 升水,以及小黄油饼干、杏仁糕、甜乳制品、新鲜水果等含慢糖的食物。

2. 根据运动时间确定营养补充

(1)清晨运动

原则:根据个人喜好,可以空腹运动或正常进食,但需在运动前、中、后补充足够的水分。

不发胖的选择:如果有点饿,可以喝些饮品,如牛奶、果汁、豆浆等,既能补充水分,又有饱腹感,加块含纤维丰富的饼干或面包也可以。

(2)下午运动

原则:在运动前 3 小时完成午餐,并补充水分。

不发胖的选择:米饭或其他谷物类含碳水化合物的食物,能使运动时精力充沛。如果做的是肌力训练,则应多吃含蛋白质的食物,如海鲜或低脂酸奶,能帮助肌肉组织生长。

(3)晚间运动

原则:饭后 1 小时内运动,容易感到疲劳,因为肌肉活动需要富含氧的血液,而此时血液都流向消化道了。晚餐后 3 小时再做运动比较好。可以在运动后适度补水,但不要再大量补充食品,以免影响消化及睡眠。

不发胖的选择:晚餐时可以选择谷物类、新鲜水果、淀粉类蔬菜等能维持体力又不致发胖的食物。但饭量应控制,因为晚上新陈代谢率较低,很容易囤积多余的卡路里。如果晚餐吃得很少或没吃,可以补充一点葡萄干、麦片等,或者是酸奶、一小片低脂面包。

3. 根据运动前后确定营养补充

(1)运动前

原则:以低脂的碳水化合物为主。这些食物很容易消化,又能提供糖类,可作为运动时的能量来源。

推荐:一道含淀粉的主菜(如米饭、通心粉、土豆)或其他谷类食物,两个水果。

(2)运动后

原则:补充碱性食品。因为运动后体内的糖、脂肪、蛋白质会大量分解而产生较多的酸,使人感到肌肉酸痛,疲劳倦怠。如果再吃肉类或喝可口可乐等含糖高的酸性食品,反而会增加血液酸度,从而加重人体肌肉的酸痛程度,使疲劳无法及时消除。

推荐:饮料可选择牛奶、豆浆、茶水、果汁(不加糖)、矿泉水或白开水。豆类食物也是好的选择。

二、消瘦者的锻炼与营养

消瘦者是指那些身体健康,但肌肉不发达,脂肪储备过少的人。

(一)消瘦者锻炼的作用

消瘦者除采取补充营养措施外,还应经常从事一些力量型锻炼,刺激肌肉细胞摄取氨基酸,合成蛋白质,使肌肉得以增长。俯卧撑、举哑铃等可使上臂肌群得到锻炼,蛙跳、挺举杯铃可使下肢肌群得到训练;平躺起坐则可锻炼腹背肌肉。参加这些锻炼必须做到有规律并持之以恒,才能有效地使肌肉获得增长。

(二)消瘦者的体育锻炼

1. 运动强度

消瘦者锻炼时应以中等强度(心率在 130 ~ 160 次/分)为宜;在选择器械重量时则应以中等负荷重量(人体最大肌力的 65% ~75%)为佳。所选动作每组次数要少,每个动作做 2 ~ 3 组,每组 6 ~ 9 次,每次选择 5 ~ 6 个动作。一般发展大肌肉群的动作做 3 组,发展小肌肉群的动作做 2 组。初练时应采用轻器械来做,以便于体会和掌握正确的动作要领,还可以预防人体组织损伤。当然,锻炼的量不是一成不变的,应该根据锻炼后身体的变化和反应进行调节,并随着锻炼水平的不断提高而变化。采用人体最大肌力 85% 的负荷重量是刺激肌肉生长、增加力量的理想强度。

2. 持续时间

运动持续的时间宜短,速度宜快,强度宜大,以消耗糖为主。不宜进行长时间的运动,一般应控制在 1 小时以内。连续完成一组动作应为 60 秒左右,组与组间歇为 20 ~ 30 秒钟,每种动作间歇 2 分钟。

3. 运动频率

对于消瘦的人来说,希望自己的肌肉能均匀地发达起来,每周进行 3 ~ 5 次对同一肌肉的刺激,是发达肌肉、增加力量的最佳频率。当经过初练阶段,练习中采用了超过最大重量的85%的强度时,肌肉至少需要72小时才能从大强度训练所产生的疲劳中恢复过来。

(三)消瘦者的营养补充

中医认为形体瘦弱之人常伴有脾胃虚弱。因为脾主运化而养肌肉四肢,胃主纳食而腐熟水谷。若脾胃虚弱,就不能很好地运化和消化饮食,化生精微的作用减低,肌肉得不到精微物质的营养则消瘦。故消瘦之人,当以健脾益胃为主,可选用人参、党参、黄芪、山药、莲米、猪肝、猪肉、香菇、糯米、羊乳等,常服食健脾益气类食疗膳。另外,"瘦人多阴虚火旺",也就是说形体瘦削之人往往有阴液不足和虚火上炎的表现,如常感口干舌燥、手足心发热、眠差心烦、大便干、食辛辣或油炸食品就口鼻明显发干等,这时就应给以养明滋液类食疗,可选食沙参、玉竹、百合、西洋参、木耳、黑豆、砂糖、牛奶、兔肉、白鸭肉、蜂蜜、龟肉、鳖肉、燕窝等。

三、心血管异常者的锻炼与营养

运动有益于促进人体健康。运动对人体健康的促进作用也是多方面的,包括增强体质、强壮身体、增强人的免疫力,等等。在心血管疾病方面,运动也能起到积极的作用。适量的运动能预防和帮助治疗心血管疾病。运动可减少血浆儿茶酚胺的水平,使心肌的氧耗量下降;运动可以维持或增加心肌氧的供应,增加冠脉直径和侧支循环,预防或延缓冠状动脉硬化的进展,直接改善心肌的血液灌注和分布。运动还能增加休息和运动时的脉搏输出量、射血分数,增加心肌收缩力,从而增加心肌的功能。各项研究均能证明体育运动能够降低心血管疾病的死亡率。体力活动还可以显著减少心血管病危险因素,如肥胖、高脂血症及糖尿病等。大量事实证明,缺乏运动的生活方式能够使心血管疾病的总发病率和总死亡率提高。缺乏运动的生活方式已成为心血管疾病一个很重要的危险因素。

(一)心血管异常者锻炼的作用

1.增强心血管系统的功能

(1)减轻心脏负荷

运动能增加氧的摄取和动静脉氧差(A-VO_2),使骨骼肌摄氧量增强,从而保证人体各组织的氧量供应。人体各组织供氧量基本上是通过血红细胞来传输供应的,而血液要靠心脏的搏动才能传输到人体的各个组织部位,因此,运动能保证人体各组织的氧量供应,减轻心脏的负荷。

(2)增加最大摄氧量

研究表明,经过冠状动脉旁路移植术的患者,如果通过一定的康复运动,3~6个月的时间便可以使最大摄氧量提高14%~66%。这对患者的日常生活活动的作用是不言而喻的,同时也是心脏功能得以康复增强的一个表现。

2.减少心血管疾病的危险因素

(1)运动有降低血压的作用

运动能够起到降血压的作用,对高血压患者的作用尤为明显。运动的这一作用是通过降低交感神经活性、降低血容量和外周血管阻力以及扩张局部血管等机制达到的。高血压是各种心血管疾病的主要诱发因素，血压一高，就很可能引发其他心血管疾病。因此运动的这一作用对减少心血管疾病的危险因素意义极大。

(2)运动有助于防治肥胖

运动能增加人体的能量消耗，促进机体的新陈代谢，提高基础代谢率，调节能量平衡，维持健康的体重。保持健康的体重是避免心血管疾病的有利要素之一。

(3)运动能够防止和延缓动脉粥样硬化

运动可以减少体内脂肪，改善脂肪代谢，降低血总胆固醇、极低密度脂蛋白、低密度脂蛋白和甘油三酯，增加高密度脂蛋白。通过这些作用，便能达到防止和延缓动脉粥样硬化发生的目的，从而减少了心血管疾病的危险因素。

(4)运动有防治糖尿病作用

糖尿病也是引发各种心血管疾病的主要因素，运动防治糖尿病就可以减少心血管疾病的危险因素。运动防治糖尿病的机理如下：①运动能提高葡萄糖的利用率和增加胰岛素的敏感性，提高胰岛素效能；②运动能降低Ⅰ、Ⅱ型糖尿病的血糖并减少治疗药物的剂量；③运动能增加肌细胞膜上胰岛素受体数量，增强葡萄糖转运，特别是提高血浆和骨骼肌中葡萄糖转运蛋白 GLUT4 水平。这三方面是运动防治糖尿病的主要原因。

(5)运动有助于心理健康

心理健康也能够防治心血管疾病，良好的心理因素对心血管疾病的防治有重大的意义。适度的运动有助于调节精神，促进心理平衡，还能有效地消除压力，增强信心，缓解抑郁和焦虑症状，改善睡眠，从而减少了心血管疾病的危险因素。

3. 对心脏的作用

运动能促进近端冠状动脉增粗，还能使冠状动脉的扩张能力增强，从而增加冠状动脉血流，使缺血心肌的血供得到改善，有益于心脏的功能。

4. 降低心脏病死亡率

有研究资料报道，心肌梗死患者参加康复运动，死亡率可降低 19% ~29%；研究发现，冠心病患者每天进行 30 ~60 分钟的中等强度活动，可预防发生心脏意外和死亡。运动能够降低死亡率与这些因素有关：增加缺血心肌的血供、运动改善冠脉侧支循环、心肌收缩能力增强及心血管工作效率提高。

(二)心血管异常者的体育锻炼

1. 运动强度

运动强度一般指的是运动时的剧烈程度，即负荷的大小，是衡量运动量的重要指标之一。运动强度是以功能的百分数来表示的，包含一个相对于个体运动水平的度量。运动强度可根据代谢当量 MET(1MET =1 千卡/(小时・千克) =3.5 毫升 O_2(分钟・千克))、最大吸氧量(VO_2 max)、心率(最大心率 =220 − 年龄)、自觉疲劳程度(RPE)来确定。日常运动中，常用衡量运动强度的指标如表 1-1 所示。

表 1-1 常用衡量运动强度的指标

运动强度	MET	相当于 VO_2 max	相当于最大心率	RPE
低强度	<3	<40%	40% ~60%	较轻
中强度	3 ~6	40% ~60%	60% ~70%	稍累
高强度	7 ~9	60% ~75%	71% ~85%	累
极高强度	10 ~11	>75%	>85%	很累

常见身体活动和体育运动的强度分类如表 1-2 所示。

表 1-2 常见身体活动和体育运动的强度分类

低强度(<3.0MET)	中等强度(3.0 ~6.0MET)	高强度(>6.0MET)
	行走和跑步	
散步、踱步,2.0	中速快走(4.8 千米/时),3.3 快速快走(6.4 千米/时),5	急行军走(7.2 千米/时),6.3 慢跑(8.0 千米/时),8.0 跑步(11.2 千米/时),11.5
	家务和职业活动	
坐位工作,1.5 站位工作,2.0 ~2.5	手洗衣服、擦窗户、洗车,3.0 拖地擦地、吸尘,3.0 ~3.5 搬运木头、修剪草坪,5.5	搬运重物如砖,7.5 重的农活,8.0 挖地沟,8.5
	休闲运动和体育运动	
打牌、刺绣,1.5 动力划船,2.5 垂钓,2.5	慢速舞蹈、手动划船,3.0 乒乓球、排球、高尔夫,4.0 羽毛球、篮球、快速舞蹈,4.5 游泳、自行车,6.0	足球、越野滑雪,7.0 篮、排、乒乓球比赛,8.0 足球比赛,10.0 中快速游泳,8.0 ~11.0 或更多

2. 运动时间

运动时间指一次锻炼的持续时间,它与运动强度紧密相关。运动强度大,运动时间便短;运动强度小,运动时间便长。不同的运动处方,运动时间是不同的。

3. 运动频度

运动频度指每周的锻炼次数。研究表明:1 周运动 1 次,肌肉酸痛和疲劳每次发生,运动后 1 ~3 天身体不适,效果不蓄积;1 周运动 2 次,酸痛和疲劳减轻,效果有点蓄积,不明显;1 周运动 3 次,无酸痛和疲劳,效果蓄积明显;1 周运动 4 ~5 次,效果更加明显。但每天进行高强度的运动,会引起身体疲劳。因此,1 周运动 3 次以上为好。具体的要根据情况而定。

(三)心血管异常者的营养补充

人们正常的营养元素基本上都来自于日常生活中的食物。如果饮食安排得好,从日常生活中就可以得到足量的营养元素供给。下面列出一些有益于防治心血管疾病的食物,这些食物在日常生活中混合使用,能够起到抗心血管疾病的作用。

1. 粮食类

常见的抗心血管疾病的粮食类食物有：燕麦、荞麦、玉米、山药、绿豆、山芋、黄豆、马铃薯、黑豆、花生、黑芝麻等。

2. 蔬菜类

常见的抗心血管疾病的蔬菜类食物有：茄子、大蒜、茼蒿、洋葱、苜蓿、荠菜、紫菜、黄瓜、竹荪、马齿苋、番茄、胡萝卜、冬瓜、竹笋、大白菜、豆腐、生姜、海带、魔芋、甜菜根、芹菜、甘蓝、蚕豆、韭菜等。

3. 水果类

常见的抗心血管疾病的水果类食物有：柑、橘、苹果、甜橙、山楂、香蕉、葡萄、柠檬、西瓜、桃子、刺梨、猕猴桃、草莓、白果、柚子、胡桃仁、松子、莲子、金樱子等。

4. 菌、肉、鱼类

常见的抗心血管疾病的菌、肉、鱼类食物有：银耳、黑木耳、香菇、蘑菇、灵芝、兔肉、鸽肉、鹌鹑肉、动物软骨、海参、海蜇、牡蛎、虾、含胆固醇较低的鱼等。

5. 饮品类

常见的抗心血管疾病的饮品类食物有：茶（特别是菊花茶、玫瑰花茶、罗布麻茶）、蜂蜜、豆浆、牛奶、葡萄酒等。

6. 药食同源类

常见的抗心血管疾病的药食同源类食物有：葛根、酸枣仁、甘草、金银花、栀子、薤白、槐花、桃仁、沙棘、玉竹、黄精、火麻仁、决明子、枸杞子、佛手、荷叶、桑叶、麦芽、肉桂等。

四、糖尿病患者的锻炼与营养

糖尿病是一种常见的代谢内分泌疾病，是由遗传和环境因素相互作用而引起的临床综合征，是由于机体胰岛素分泌绝对不足或相对不足，以及靶细胞对胰岛素的敏感性降低，而引起糖、蛋白质、脂肪和继发的水、电解质的代谢紊乱。临床上以口渴、多尿、多饮、多食、疲乏、消瘦等为主要表现，可发生急性感染、动脉粥样硬化、肾和视网膜微血管病变及神经病变等并发症。

（一）糖尿病患者锻炼的作用

1）通过肌肉运动首先改善神经系统对糖代谢的调节，促进机体对糖的利用。人在安静状态下，肌肉代谢的主要物质是游离脂肪酸，糖仅占极少量；肌肉运动时，能量的需要增加，通过血流量的增加，毛细血管开放的总表面积显著增加，肌肉对糖的利用也增多，这种作用是在胰岛素的作用下完成的。适当的身体运动能加强肌肉内参与代谢的酶的活性，促进糖的氧化，使葡萄糖迅速进入肌肉和其他组织内，从而使血糖浓度降低，尿糖减少。

2）体育运动可以加强胰岛素对葡萄糖的调节作用。一方面，运动有助于抑制非运动组织对糖的利用；另一方面，肌肉运动可促进局部血流增加，强化胰岛素与肌细胞膜上受体的结合能力，即使少量胰岛素也能使葡萄糖进入肌细胞。有规律的运动对胰岛素依赖型的糖尿病患者可减少胰岛素的用量，对非胰岛素依赖型的患者则可提高肌肉组织利用胰岛素的能力，减轻或消除“抗胰岛素”现象。

3)经常进行体育锻炼,可提高肌体对胰岛素的敏感性及胰岛素与受体的结合能力。由于调节机制的改善,使血糖的波动较小。

4)运动可提高游离脂肪酸的利用率,有利于降低血脂,促进脂肪代谢,减轻体重,有利于恢复整个肌体的代谢功能。

5)糖尿病患者一般身体抵抗力较弱,容易并发感染其他疾患。长期坚持体育锻炼能有效增强体质,增加全身抵抗力,防止或减少并发症的发生。

(二)糖尿病患者的体育锻炼

除病情尚未得到控制的重度糖尿病患者外,一般轻度和中度的糖尿病患者都可以进行锻炼,特别是肥胖型的患者。

糖尿病患者体育锻炼的要求之一是采用中等强度(运动时消耗的氧气约占本人最大吸氧量的50% ~60%)的运动锻炼。运动强度太小起不到降低血糖和减轻尿糖的作用,锻炼的强度过大反而会使血糖升高。对40岁以上的中老年患者,最好在锻炼前先进行某种形式的运动负荷试验,确定适合的运动后,再采用运动负荷量渐增的分级锻炼方案。要求之二是运动中全身肌肉都应得到锻炼,不要集中在某一部分肌肉,以便加强肌肉对葡萄糖的利用。

糖尿病的运动疗法首选的运动是耐力性运动,如步行、慢跑、游泳、划船、骑自行车等,其中步行是国内外最常用的方法。根据患者的具体情况,可采用各种不同速度的方案:全身情况良好,病情较轻的肥胖型患者可进行快速步行,步行速度控制在每分钟120 ~125步;一般情况尚可的患者可进行中等速度的步行,步行速度控制在每分钟110 ~125步;年老体弱或合并心肺功能不全的患者一般采用慢速步行,步行速度控制在每分钟90 ~100步。步行可以安排在清晨空气新鲜的地方进行,也可以在傍晚、饭前或饭后以及其他休息时进行(有人认为糖尿病患者饭后2小时血糖仍保持较高水平,所以饭后2小时内进行运动锻炼效果较好),每日至少2次,每次0.5 ~2小时,一天的总运动负荷达到数公里路程。

适合于糖尿病患者锻炼的运动项目还有保健体操、医疗体操、各种动功、太极拳,也可进行非比赛性球类运动,如乒乓球、羽毛球等。对症状较轻的肥胖型的年轻患者来说,还可以进行排球和篮球运动。

(三)糖尿病患者的营养补充

1.糖尿病患者怎样合理进食脂肪

脂肪是人体不可缺少的能量来源,平时储备在脂肪组织中,当饥饿时加速分解,供给人体热能。脂肪食物也分动物性和植物性两种。动物性脂肪包括烹调用的牛油、羊油、猪油等,还有肉、乳、蛋中的脂肪,这类脂肪熔点高,难于消化。除鱼油外,均富含较多的饱和脂肪酸,有升高血清胆固醇的作用;植物油包括花生油、芝麻油、豆油、菜子油、玉米油等,像核桃、瓜子等硬果类的植物油含量也不少。植物油熔点低,易于消化,除椰子油外,富含脂肪多为不饱和脂肪酸,有降低血清胆固醇的作用。

过去主张多吃脂肪,因为脂肪仅有10%在体内可以转化为葡萄糖,不致影响血糖过多升高。近年来认为糖尿病合并冠心病的高发生率与脂肪摄入过多有关,故主张不宜吃太多的脂肪,一般占摄入总热量的20% ~30%较好(肥胖者少用一些)。折合成脂肪,每日为40 ~60克(包括烹调油和食物所含的脂肪),并且要求尽量用植物油代替动物油。

有的患者以为植物油有降低血清胆固醇的作用，可以毫无限制地食用，于是每天吃大量的副食，结果越吃越胖，致使糖尿病难以控制。脂肪所产生的热能要比蛋白质或糖类高约2倍多，50克油所产生的热能相当于125克粮食所产生的热能。植物油吃得太多，照样会引起肥胖。必须在限制脂肪摄入量的情况下，以植物油代替动物油。

2. 糖尿病患者怎样合理进食碳水化合物(糖类)

糖类的主要功用是供给热能。若供应充足可以减少体内蛋白质的分解，有助于脂肪合成，如供应不足，往往易引起酮尿，对糖尿病患者的病情控制不利。关于糖类的供给量已从三四十年前的占摄入总热量比值的40%以下增至今日的50%～60%。如果患者每日摄入8 368千焦(2 000千卡)的热能，其糖类则为200～300克[8 368千焦×(50%～60%)÷16.7千焦或2 000千卡×(50%～60%)÷4千卡]，这与新中国成立初期我国糖尿病患者糖类的摄入量限制为每日150～200克相比有所放宽。需强调的是提高糖类的摄入量是指在热能不变的基础上说的，多摄入糖类，就要少吃脂肪。谷类是糖类的主要来源，每50克白米或白面约含糖类38克。其他食物，如乳、豆、水果、蔬菜也含有一定数量的糖类。对体重正常，单纯采用饮食治疗的患者，开始时，糖类要控制得严格些，每日200克约折合主食250克，经过一段治疗，如血糖下降，尿糖消失，即可逐渐增至250～300克，折合主食300～400克。对注射胰岛素者，当病情控制满意时，糖类可控制在约折合主食250～300克；尿糖下降，病情稳定后，可放宽到250～350克，折合主食300～400克。对轻体力劳动者来说，特别是老年患者，一般每日主食不超过300克为好。即使因某种原因，暂时不能进食时，也应每日注射葡萄糖150～250克，以防发生酮症。

3. 糖尿病患者怎样合理进食水果

水果具有芬芳的香味，鲜艳的色彩，能促进食欲，是人们所喜好的食物。糖尿病患者能不能吃水果呢？答案是肯定的，但要有条件的限制。

水果的糖类含量为6%～20%，如西瓜含量低，香蕉含量高。其所含的糖类有葡萄糖、果糖、蔗糖、淀粉、果胶等。果糖在正常代谢某一过程中不需要胰岛素。果胶根据实验证明有延缓葡萄糖吸收的作用。从这个意义讲，水果是可以吃的，但从另外一种意义上来讲，它还含有葡萄糖。而且水果的血糖指数(反映食后血糖升高的指标)并不低。据有关专家的资料研究表明，苹果的血糖指数是95%～100%，与葡萄糖近似，故不宜多吃。

我们认为水果可以吃，但不宜多吃，每天吃上1～2个就可以了，而且要计算热能。如果吃200～250克橘子或苹果就需要减少主食25克。吃的时间，一般认为餐后或两餐之间(血糖下降时)较为合适，最好由患者自己摸索规律，病情控制不好的糖尿病患者还是不吃为好。

水果品种不同，其各种糖类含量也不尽相同。现举例如下，仅供参考(见表1-3)。

表1-3　水果中多种糖类含量表

水果	葡萄糖(%)	果糖(%)	蔗糖(%)	淀粉(%)	果胶(%)
苹果	1.7	5.0	2.1	0.6	0.71～0.84
葡萄	4.8	4.3	0.2	—	0.09～0.28

续表

水果	葡萄糖(%)	果糖(%)	蔗糖(%)	淀粉(%)	果胶(%)
橘子	2.5	1.8	4.6	—	—
橙	—	—	—	—	2.34～2.38

任务四　常见运动损伤的预防与处理

【任务描述】

通过相关知识点学习和技能实训,掌握常见运动损伤的预防与处理。

【任务要求】

(1)了解常见运动损伤的原因。
(2)正确掌握常见运动损伤的预防与处理方法。

【技能目标】

(1)能进行常见运动损伤的鉴定和层积处理。
(2)能选用适宜的方法进行处理。

【相关知识点】

在体育锻炼时,如果不重视运动损伤的预防工作,不采取积极的预防措施,就可能发生各种伤害事故,轻者影响学习和工作,重者则会造成终身残疾甚至危及生命,对个人、家庭和社会都会带来不应有的损失。

一、运动损伤的原因

1.思想上不够重视

运动损伤的发生,常与体育教师和体育锻炼者对预防运动损伤的意义认识不足有关,缺乏预防意识,在体育教学、运动训练、体育锻炼中没有积极地采取各种预防措施。特别是青少年,由于缺乏经验,思想上麻痹大意,盲目或冒失地进行体育锻炼,有时情绪急躁,急于求成,忽视了循序渐进和量力而行的原则;或在练习中因畏难、恐惧、害羞等因素而产生的犹豫不决和过分紧张;器械练习中注意力不集中等思想心理状态,常是造成运动损伤的重要原因。

2.准备活动缺乏或不合理

据有关调查资料统计分析,在体育锻炼中,缺乏准备活动或准备活动不合理是造成运动损伤首位或第二位的原因。在准备活动中常存在的问题如下。

1)不做准备活动或准备活动不充分。在神经系统和其他器官的功能尚未达到适宜的水平即进入紧张、剧烈的运动或比赛,此时由于内脏器官存在惰性,肌肉、韧带的弹性和伸展性都不够,身体协调性差,难以适应剧烈运动的需要;或对做准备活动的生理作用认识不足,做准备活动马虎敷衍，因而容易发生肌肉拉伤和关节扭伤，甚至发生伤害事故。

2）准备活动的内容与正式运动的内容配合不当。这就使运动中负担较重部位的功能没有得到充分的改善。例如，在冬天进行跳远练习前只做一般性的徒手练习，没有专门针对踝关节的准备活动，容易造成踝关节损伤。

3）准备活动的量过大。身体在进入正式运动以前已感疲劳，此时参加剧烈运动就容易受伤。

4）准备活动距正式运动间隔过长，准备活动所产生的生理作用已经减弱或消失，失去了做准备活动的意义。

3. 技术上的错误

技术动作结构的错误，违反了人体结构特点及运动时的力学原理而造成损伤，如做前滚翻时，因头部不正引起颈部扭伤；排球传接球时，因手形不正确而引起手指扭伤或挫伤等。

4. 运动负荷（尤其是局部负担量）过大

运动中运动负荷超过了锻炼者可以承受的生理负担量，尤其是局部负荷过大，常会引起微细损伤的积累而发生劳损。

5. 身体功能和心理状态不良

在睡眠或休息不好、患病或伤病初愈阶段，肌肉力量、动作的准确性和身体的协调性显著下降、注意力减退、反应较迟钝的疲劳症状出现时，参加剧烈运动或练习较难动作时就可能发生损伤。

6. 动作粗野或违反规则

在比赛中不遵守比赛规则或在练习中相互逗闹、动作粗野、故意犯规等，是在篮球、足球运动中常发生损伤的原因之一。

7. 环境等因素的影响

运动场地不平，有碎石或杂物，跑道太硬或场地太滑，沙坑太硬或有石块，器械维护不良或年久失修造成运动时断裂等。器械安装不牢固造成练习时倒塌，器械的高低、大小或重量不符合锻炼者的体格和体能要求，练习时保护措施不当，运动时着装不合适，穿皮鞋、塑料底鞋等都极易引起损伤。

气温过高易引起疲劳和中暑；气温过低易发生冻伤或身体协调性降低而引起肌肉和韧带损伤；潮湿高热易引起大量出汗，发生肌肉痉挛或虚脱；光线不良影响视力，使兴奋性降低，反应迟钝而导致受伤。此外，有害气体的污染也是值得注意的不良因素。

二、运动损伤的分类

运动损伤的分类方法较多，常用的有以下几种。

1）按损伤组织的种类分，如肌肉肌腱损伤、滑囊损伤、关节囊和韧带损伤、骨折、关节脱位、内脏损伤、脑震荡、神经损伤等。

2）按损伤组织创口界面分为开放性损伤和闭合性损伤。开放性损伤指损伤组织有裂口与外界空气相通，如擦伤、刺伤、切伤与开放性骨折等。闭合性损伤指损伤的组织无裂口与外界空气相通，如挫伤、肌肉韧带损伤与闭合性骨折等。

3）按运动能力丧失的程度分为轻伤、中等伤或重伤。伤后仍然能够按照教学训练计划进行体育锻炼的为轻伤;伤后不能按照教学训练计划进行体育锻炼,需要减少或停止患部活动的为中等伤;伤后完全不能运动的为重伤。

4)按损伤病程分为急性损伤和慢性损伤。急性损伤指人体在一瞬间遭受直接暴力或间接暴力的损伤。慢性损伤又分为劳损和陈旧性损伤。劳损是因局部负荷过重或多次微细损伤积累而成,陈旧性损伤常因急性损伤处理不当转变而成。

三、运动损伤的预防与处理

(一)运动损伤的预防原则

1)加强运动安全教育,克服麻痹思想,提高预防损伤意识。

2)认真做好准备活动,对可能发生运动损伤的环节和易伤部位,要及时采取预防措施。

3)合理组织教学,合理安排运动量,科学进行体育锻炼,防止局部运动器官负担过重。

4)加强保护与帮助,特别要提高锻炼者的自我保护能力。如摔倒时,应立即屈肘、低头、团身,顺势滚动,切不可直臂撑地。由高处跳下时,要用前脚掌着地,注意屈膝、弯腰,两臂自然张开,以利于缓冲和保持身体平衡。

(二)常见运动损伤的预防及处理

1.挫伤

挫伤是指在钝重器械打击或外力直接作用下使皮下组织、肌肉、韧带或其他组织受伤,而伤部皮肤往往完整无损或只有轻微破损。

(1)挫伤原因

运动中相互冲撞、被踢打或身体某部位碰撞在器械上,都可以引起局部或深层组织的挫伤。

(2)挫伤的预防

训练和比赛时,应加强必要的保护,提高自我保护能力,穿戴好保护装置,改正错误动作,遵守竞赛规则,禁止粗野动作。

(3)挫伤的治疗

伤后立即制动,然后局部冷敷,加压包扎,抬高患肢。若伤后肿胀不断增加,应立即送医院治疗。肌肉、肌腱断裂者,应将肢体包扎固定后,送医院治疗。

2.肌肉拉伤

肌肉主动强烈地收缩或被动过度地拉长所造成的肌肉细微损伤,肌肉部分撕裂或完全断裂,称为肌肉拉伤。

(1)肌肉拉伤的原因

在体育运动中,由于准备活动不当,某部肌肉的生理机能尚未达到适应运动所必需的状态;训练水平不够,肌肉的弹性和力量较差;疲劳或过度负荷,使肌肉的机能下降,力量减弱,协调性降低;错误的技术动作或运动时注意力不集中,动作过猛;气温过低、湿度太大,场地或器材的质量不良等都可以引起肌肉拉伤。

(2)肌肉拉伤的预防

大强度运动前要做好准备活动,尤其是易拉伤部位的准备活动;体质较弱者练习时要量力而行，防止过度疲劳和负荷太重；要提高动作技能的协调性，不要用力过猛；改善锻炼条件，注意练习场所的温度。冬季在野外锻炼时要注意保暖，不可穿得太薄；要注意观察肌肉的反应，如肌肉的硬度、韧性、弹力、疲劳程度等。肌肉拉伤后重新参加锻炼时要循序渐进，切勿操之过急，还要加强局部保护，防止再度拉伤。

(3)肌肉拉伤的治疗

肌肉抗阻力试验是检查肌肉拉伤的一种简便方法。其做法是患者做受伤肌肉的主动收缩活动，检查者对该活动施加一定阻力，在对抗过程中出现疼痛的部位，即为拉伤肌肉的损伤处。

肌肉拉伤的治疗要根据具体情况而定。少量肌纤维断裂者，应立即给予冷敷，局部加压包扎，并抬高患肢，外敷中草药。肌肉大部分或完全断裂者，在加压包扎后应立即去医院进行手术缝合。

3. 韧带损伤

韧带损伤是指用力过大、过度牵伸而导致不同程度的韧带纤维或其附着处的断裂。

(1)韧带损伤的原因

运动中由于场地不平、身体疲劳或跳起落地时身体失去平衡，引起踝关节发生内翻或外翻，使内侧或外侧副韧带受到过度牵扯而导致部分断裂或完全断裂。

(2)韧带损伤的预防

韧带损伤易发生的部位是踝关节、腕关节和膝关节，所以锻炼时可在这些部位加一些支持保护带。例如，在足球运动中使用护膝；在篮球、网球运动时使用护腕；避免在不平整的场地上锻炼；减少篮、足球运动中的一些冲撞动作。平常要多做加强关节周围肌肉伸展性的练习，以增大肌肉对关节的支持力。

(3)韧带损伤的治疗

对于轻度韧带损伤，治疗方法主要是止痛与加快消肿。韧带损伤发生后，应进行局部冷敷、加压包扎、抬高伤肢。经过24～48小时后，损伤部位的内出血已停止，这时可用温热毛巾热敷或按摩以消肿和促进血液吸收。在进行温热敷时，温度不要太高，时间不宜太长，按摩时也不宜太重，以免加重渗出、水肿或发生再出血。中度损伤治疗的关键是制动，使韧带处在避免牵拉的位置，可用弹性绷带固定受伤处，以便加速愈合。对于重度损伤，则应在损伤早期将韧带断裂端进行良好的对合。

4. 腰扭伤

腰扭伤是指腰部肌肉和韧带拉伸过度，或是负荷重量过大，强行用力，脊柱过度前屈，技术动作的错误等导致腰部肌肉和韧带部分撕裂或完全断裂。

(1)腰扭伤的原因

腰扭伤在举重、跳水、投掷、体操、篮球、排球等运动中最容易发生。在一些体育活动中，腰部的肌肉还没活动开就猛一用力，肌肉和韧带拉伸过度，或是负荷重量过大，强行用力，脊柱过度前屈，技术动作的错误等，都会造成腰扭伤。

(2)腰扭伤的预防

第一，在剧烈运动前要做好充分的准备活动，特别是要做好腰部的准备活动。如前后弯腰、左右转身、上跳下蹲等，待腰部的血液流通、局部发热后再参加剧烈运动。第二，要注意体育活动时的姿势正确，用力得当。不管从事哪一项体育活动，都要掌握一定的动作要领。腰部用力要逐渐加强，动作要协调平衡，不要过猛。第三，加强腰部肌肉的锻炼，尤其是以腰部活动为主的练习项目，使脊椎骨的活动度增加、韧带的弹性和伸展性增强、肌肉更加发达有力，这样在担负较大力量的情况下，就不容易发生撕裂扭伤现象。

(3)腰扭伤的治疗

发生腰扭伤后，要停止活动，立即休息。如果不休息、不及时治疗，容易反复发作，留下病根，变成慢性腰腿痛。躺在床上休息时，为了使腰部的肌肉放松，腰下可垫个薄点的软枕头，以减轻疼痛。腰扭伤后，用热敷疗法较好，并注意适当加强背肌练习，也可去医院接受治疗。

5. 骨折

运动时发生骨折的原因是身体某部因受到直接或间接的暴力或肌肉强烈收缩。常见的骨折部位有肱骨、尺(桡)骨、胫(腓)骨、手指、小腿、肋骨等。

(1)骨折的预防

在剧烈运动中，应尽量减少冲撞性的动作，尤其是作用时间短、强度大的动作。避免剧烈运动中的碰撞，骨折的发生率将大大降低。

(2)骨折的治疗

骨折发生后要立即停止伤肢的活动，并进行急救。如果病人有休克的症状，要平躺休息，喝些热茶水，然后进行包扎。固定包扎时，动作要轻巧、缓慢，不要乱拉乱拖，以免造成严重的错位，影响整复。包扎固定后，应去医院接受进一步的治疗。

6. 髌骨劳损

由于跑跳过多、膝关节长期负担过度或反复微细损伤的积累，或由局部遭受一次撞击和牵扯导致腱纤维出血、变性、增生等一系列病理改变。

(1)髌骨劳损症状

髌骨劳损早期或症状较轻者在大运动量训练后感到膝痛和膝软，休息后症状缓解。随着病变的进展，疼痛逐渐加重，准备活动后症状减轻，训练结束后又加重。症状重者走路和静坐时也痛，髌骨尖、髌骨周缘有压迫痛，膝关节伸膝至110°～150°之间疼痛明显。

(2)髌骨劳损的预防

合理安排运动量，避免局部负荷过大，严禁“单打一”的训练方法。加强下肢肌肉力量的训练，尤其是股四头肌的力量训练。每次训练后，做单足半蹲试验，以便及早发现，及时治疗。训练后要擦干汗水，注意保暖，防止风寒侵袭，采用热水浴、按摩等方法消除局部疲劳。

(3)髌骨劳损的治疗

髌骨劳损参用直抬腿法、髌骨抽动法、登台阶法、高位静力半蹲法等，可收到一定的治疗效果。另外，也可采用理疗、中药外敷、针灸、中药渗透或直流电导入、按摩等措施。长期保守治疗无效，症状加重的髌骨软骨患病者，应手术治疗。

7. 网球肘

网球、乒乓球、羽毛球等运动项目中，由于“下旋”、“反拍”，回击击球时，球的冲力太大，使肌腱纤维受到反复牵扯导致劳损。

(1)网球肘的预防

加强腕部力量训练,防止前臂肌肉疲劳积累,做好准备活动,提高肌肉的反应性;平时加强肘关节的锻炼。在进行网球、羽毛球或乒乓球等锻炼时练习方法要得当,局部负担不宜太重,正确掌握"反拍"击球技术。发现病症,应及时治疗。

(2)网球肘的治疗

出现网球肘后,要立即停止手臂用力的运动,休息三四个星期后症状可自行缓解。也可每天用热毛巾或热水袋热敷2~3次,每次半小时。局部按摩也是一个很好的方法。

四、运动损伤的急救

(一)运动损伤急救概述

运动损伤的急救是指对运动现场出现的意外或突发伤病事故进行紧急的、临时性的处理。迅速而正确的急救,不仅能抢救伤员的生命、减轻痛苦和预防并发症,而且可为下一步治疗创造良好条件。

进行现场急救应遵循一定的原则,要以抢救生命为第一。有些严重的损伤,如骨折、关节脱位、严重的软组织损伤合并内脏损伤等,会由于出血、剧烈疼痛而引起休克,发生溺水、昏迷的伤员可能会出现呼吸、心跳停止等。对这些情况如不及时抢救就会威胁生命,因此在现场急救时应首先注意有无这些情况,做到救命在先。进行急救要有时间概念,即要争分夺秒地进行抢救,做到以最快的速度准确判断病情,迅速进行现场处理,及时转送医院。抢救人员要有高度的责任心、正确熟练的急救技术、沉着冷静的心理素质、良好的组织能力和亲切和蔼的态度,这样在进行急救时才能井井有条、全面周到、争取时间。急救人员切忌急躁粗暴、惊慌失措、顾此失彼,这样不仅延误抢救时机、削弱急救效果,还会对伤员的心理状态产生不良影响。

(二)运动损伤的急救方法

运动损伤发生后,首先要保持镇静,动作敏捷,工作有条不紊,急救技术熟练。先预防休克发生,优先处理休克症状。肢体受伤,注意患者体位。避免疏忽或过于紧张,迅速作出评价和处置。

(1)损伤发生后急救要点与措施

1)观察伤者的生命迹象,确认是否大出血:①有出血→止血法→急救车;②无出血→确认意识是否清醒→清醒→观察呼吸与脉搏→无脉搏→不清醒→人工呼吸与心肺复苏法→急救车;③无出血→确认意识是否清醒→不清醒→进行气管闭塞处理→急救车。

2)头部颈部脊柱的观察:急救车。

(2)询问伤者情况

简要地询问受伤经过和伤者的自我感觉时要牢记下列要点。

1)若非必需的情况下,尽量不要移动伤病员。

2)如果伤者有呕吐现象,在判明有无颈椎骨折现象后,将其头部侧向一侧,以防呕吐物堵塞气管。

3)检视伤处时动作轻缓,了解其家人健康状况。

4)不给伤者任何食物。

5)施救者保持冷静。

(3)心肺复苏术

心肺复苏术包括人工呼吸和胸外按压,适用于呼吸、心跳停止或接近停止者。复苏术成功的关键在于快,要争分夺秒,且二者同时进行。

方法:①人工呼吸。让患者仰卧,松开衣领、裤带,清除口腔异物,使呼吸道通畅,将患者头后仰,急救者一手捏住患者鼻孔,然后深吸一口气向其口内吹入,吹完气后放开捏鼻手。每分钟16~18次,反复进行。②胸外按压。在人工呼吸同时对心跳停止者进行胸外按压,急救者双手重叠放在患者胸骨中下1/3处(心窝上一点),用力均匀下压使胸骨下压3~4厘米,随即将手快速松开,以60~80次/分的频率反复进行。儿童宜用力轻些、频率快些。以上二者一般按10:2的比例同时进行,操作中注意避免对胸骨和肋骨的损伤。

(三)急救现场的包扎处理

1. 三角巾包扎法

该方法适用于全身各部位,主要用于手部损伤,足部损伤和头部损伤。

2. 前臂悬挂法

该方法适用于上肢损伤,分大悬臂带和小悬臂带。小悬臂带常用于肱骨和锁骨骨折;大悬臂带常用于肱骨和锁骨骨折以外的上肢损伤。

3. 绷带包扎法

根据包扎部位的不同,采用不同的包扎方法。如环形包扎用于粗细均匀的部位,手腕、小腿下部等;"8"字形包扎用于肘、踝等。此外还有螺旋形包扎,反折螺旋形包扎等。

包扎是运动损伤的处理方法之一。经过包扎,可以固定伤肢、止血、限制受伤肢体的活动,尽量避免损伤加重及伤口感染。支持伤肢,使之置于松弛位置,以减轻伤者痛苦并减少肿胀发生。

五、运动损伤的康复训练

(一)康复训练的概念及目的

康复训练是指锻炼者遭受损伤后进行有利于恢复或改善功能的身体活动。对锻炼者来说,除严重的损伤需要休息治疗外,一般的损伤是不必绝对停止身体练习的。而且,通过适当的、有目的的身体练习和功能锻炼,对于损伤的迅速愈合和促进功能的恢复有着积极的作用。

(二)康复训练的作用

第一,伤后进行适当的康复训练,可以改善受伤肢体(或受伤部位)的血液供应及营养,促进损伤的修复;预防肌肉萎缩、关节韧带僵直、肌纤维粘连、骨质疏松等,可加强关节的稳定性。

第二,保持锻炼者已经获得的良好训练状态,使其一旦伤愈,可立即投入正常的训练中。

第三,预防因停训而引起的身体机能紊乱,如神经衰弱、消化不良、心律不齐等,即出现所谓的"停训综合征"。

第四,通过适当的、有目的地身体练习和功能锻炼,可预防伤者个体体重的增加,尽快过渡到正常的运动训练中。

(三)康复训练的原则

第一,伤后的康复训练以不加重损伤、不影响损伤的愈合为前提。应尽量不停止全身的和局部的活动。而且,伤部肌肉的锻炼开始得越早越好。

第二,在进行康复训练时,要根据自己的年龄、损伤的部位和特点来选择伤后锻炼的方式和内容,安排好局部和全身的锻炼时间和活动量。

第三,康复训练时的活动量安排,必须遵守循序渐进的原则。特别是在进行损伤愈合过程中的局部锻炼时,其动作的幅度、频率、持续时间、负荷量的大小等都应逐渐增加;否则会加重损伤或影响损伤的愈合,甚至会使损伤久治不愈而成陈旧性损伤。

第四,康复训练应注意局部专门练习与全面身体活动相结合。在损伤初期,由于局部肿胀充血、疼痛和功能障碍等,这时以全面身体活动为主,在不加重局部肿胀和疼痛的前提下,进行适当的局部活动。随着时间的推移,损伤逐渐好转或趋向愈合,局部活动的量和时间可逐渐增加。

(四)康复训练的方法

(1)被动运动

被动运动是一种借助外力的帮助来完成动作的运动,适用于治疗因多种原因引起的肢体运动功能障碍,能解除肌肉痉挛,牵伸挛缩的肌肉和韧带,恢复和维持关节活动的幅度。被动运动一般应在没有疼痛的范围内进行,动作应先缓慢,活动幅度应逐渐加大,严禁冲击或突然发力。

(2)助力运动

助力运动是在病人的患肢还没有足够的力量完成主动运动时,由本人健康肢体或别人以及利用器械协助患肢进行运动。助力运动应以主动用力为主,助力为辅,互相配合,适用于创伤后肌肉无力或功能暂时丧失的情况。

(3)主动运动

主动运动是根据伤病的需要,患者主动完成的一种运动训练。主动运动又分等张收缩和等长收缩两种类型。任何形式的主动运动,都必须注意掌握正确的动作姿势和适宜的活动范围。

(4)抗阻运动

抗阻运动是肢体在主动运动中克服外部给予的阻力而完成的动作。该练习重点用于发展肌力和耐久力。练习方法一般采用负重方式进行,如提哑铃、举沙袋、抛实心球等,随着肌力的增长而不断地增加阻力。

学习情境二 体育基本技能

任务五 田径

【任务描述】

通过相关知识点的学习和资料查询,了解田径运动的起源与发展、田径运动分项、项目设置场地、所用器材的标准。

【任务要求】

(1)了解田径运动的起源与发展。
(2)熟悉田径运动的分项、项目设置场地、所用器材的标准。

【相关知识点】

一、田径运动概述

田径或称田径运动,是径赛、田赛和全能比赛的全称。以高度和距离长度计算成绩的跳跃、投掷项目叫田赛;以时间计算成绩的竞走和跑的项目叫径赛。田径比赛由田赛、径赛、公路跑、竞走和越野跑组成,此外还包括部分田赛和径赛项目组成的"十项全能"。

田径运动这个名称起源于英国,现在许多国家都采用这个叫法,还有些国家称之为"轻竞技",日本则称之为"陆上竞技"。远在上古时代,人们为了获得生活资料,在和大自然及禽兽的斗争中,不得不走或跑相当的距离,跳过各种障碍,投掷石块和使用各种捕猎工具。在劳动中不断地重复这些动作,便形成了走、跑、跳跃和投掷的各种技能。随着社会的发展,人们有意识地把走、跑、跳跃、投掷作为练习和比赛形式。据记载,最早的田径比赛,是公元前776年在希腊奥林匹克村举行的第一届古代奥运会上进行的,项目只有一个——短距离赛跑,跑道为一条直道,长192.27米。当时只准男子参加,女子连观看也不行,违者处以死刑。从1928年第9届奥运会起,才增设了女子田径项目,此后,女子便参加了田径项目的比赛。

1894年,在英国举行了最早的现代田径运动国际比赛,比赛共分9个项目。真正的大型国际比赛是1896年开始举行的现代奥运会。它沿用古代奥运会每隔4年举行一次的制度,每届奥运会上,田径运动都是主要的比赛项目之一。

田径是世界上最为普及的体育运动之一,也是历史最悠久的运动项目。田径与游泳、射击被视为奥运金牌三大项目,田径比赛的51枚金牌也是奥运金牌最多的项目,"得田径者得天下"由此而来。

国际田联规定运动员参加奥运会必须在规定时间里达到规定的报名标准,个人项目每个单项达到A级标准的最多3名运动员参赛;如无达到A级标准的运动员,允许1名达到B

级标准的运动员参赛；如无达到B级标准的运动员，则允许各报1名男女运动员参加除田赛项目、10 000米跑、七项全能、十项全能以外的其他比赛项目。接力项目每个协会每个项目最多1个队，接力运动员可报6名，其中可报2名未达标的运动员。

至今，田径运动仍然是体育比赛中观赏性极强的运动之一。

二、田径运动的分项

（一）短距离跑

短距离跑简称短跑。跑是人类与生俱来的基本能力，自古以来就是一种比赛形式，几乎每个国家的文献中都有描述。现代短跑起源于欧洲，最早被列入正式比赛是在1850年的牛津大学运动会上，当时设有100码、330码、440码跑项目。19世纪末，为规范项目设置，将赛跑距离由码制改为米制。短距离跑最初为职业选手的表演项目，后逐渐扩展到业余运动员。运动员比赛时必须使用起跑器，听信号统一起跑，必须自始至终在自己的跑道内跑动。奥运会比赛项目男、女均为100米跑、200米跑和400米跑，其中男子项目1896年列入；女子100米跑和200米跑1928年列入，400米跑1964年列入。

（二）中距离跑

中距离跑简称中跑。最初项目是880码跑和1英里跑，从19世纪中叶开始，880码跑和1英里跑项目逐渐被800米跑和1 500米跑项目所替代。有的学者认为，中跑项目最早的正式比赛是1847年11月1日在英国伦敦举行的比赛，英国的利兰（John Leyland）以2分01秒的成绩获得800码跑冠军。原为职业选手的表演项目，后逐渐扩展到业余运动员。运动员比赛时不使用起跑器，听信号统一起跑。奥运会比赛项目男、女均为800米跑和1 500米跑，其中男子项目1896年列入；女子800米跑1938年列入，1 500米跑1972年列入。

（三）长距离跑

长距离跑简称长跑。最初项目为3英里和6英里跑，从19世纪中叶开始，逐渐被5 000米跑和10 000米跑替代。据记载，现代最早的正式长跑比赛是1847年4月5日在英国伦敦举行的职业比赛，英国的杰克逊以32分35秒00的成绩夺得6英里跑冠军。奥运会比赛项目男、女均为5 000米跑和10 000米跑。男子项目1912年列入；女子5 000米跑1996年列入，10 000米跑1988年列入。

（四）跨栏跑

跨栏跑起源于英国，由牧羊人跨越羊圈栅栏的游戏演变而来。跨栏跑最早使用的栏架是掩埋在地面上的木支架或栅栏，1900年出现可移动的倒T形栏架。1935年有人将T形栏架改成L形栏架，L形栏架支脚的另一端朝向运动员的跑进方向，稍加阻力即可向前翻倒，减轻了运动员过栏时的恐惧心理。奥运会比赛项目分男子110米跨栏跑、400米跨栏跑（1896年列入）和女子100米跨栏跑（1932年列入，当时为80米跨栏跑，1972年改为100米跨栏跑）、400米跨栏跑（1984年列入）。男子110米跨栏跑的栏高为106厘米，400米跨栏跑的栏高为91.4厘米；女子100米跨栏跑的栏高为84厘米，400米跨栏跑的栏高为76.2厘米。比赛时，运动员必须跨越10个栏架，除故意用手推或用脚踢倒栏架外，身体其他部位碰倒栏架不算犯规。

（五）接力跑

接力跑是田径运动中唯一的集体项目。以队为单位，每队4人，每人跑相同距离。其起源有多种说法，有人认为接力跑起源于古代奥运会祭祀仪式中的火炬传递，有人认为它与非洲盛行的“搬运木料”或“搬运水坛”游戏有关，也有人认为它是从传递信件文书的邮驿演变而来的。奥运会比赛项目分男、女4×100米接力跑和4×400米接力跑。1908年第4届奥运会首次设立接力项目，但4名运动员所跑距离不等。1912年第5届奥运会改设4×100米接力跑和4×400米接力跑。女子4×100米接力跑和4×400米接力跑分别于1928年、1972年被列入奥运会比赛项目。接力跑运动员必须持棒跑完各自规定的距离，并且必须在20米的接力区内完成传接棒。

（六）障碍跑

障碍跑于19世纪在英国兴起。最初在野外进行，跨越的障碍是树枝、河沟，各障碍间的距离也长短不一，19世纪中叶开始在跑道上进行。有研究报告指出，19世纪时障碍跑的距离不统一，具有很大的随意性，短的440码，长的可达3英里。1900年第2届奥运会首次设立障碍跑，分2 500米和4 000米两个项目。从1904年第3届奥运会起将障碍跑的距离确定为3 000米，并沿用至今。女子障碍跑开展很晚，国际田联1997年才开始推广。全程必须跨越35次障碍，其中包括7次水池。障碍架高91.1 ~91.7厘米，宽3.96米，重80 ~100公斤。400米的跑道可摆放5个障碍架，各障碍架的间距为80米。运动员可跨越障碍架，也可踏上障碍架再跳下，或用手撑越。国际田联直到1954年才开始承认其世界纪录。

（七）马拉松

马拉松原为希腊的一个地名。公元前490年，希腊军队在马拉松平原击退波斯军队的入侵。传令兵菲迪皮德斯（Pheidippides）从马拉松跑到雅典城，在报告胜利的消息后，因体力衰竭倒地而亡。1896年举办首届奥运会时，顾拜旦采纳了历史学家布莱尔（Michel Breal）以这一史事设立一个比赛项目的建议，并定名为“马拉松”。比赛沿用当年菲迪皮德斯所跑的路线，距离约为40公里。此后十几年，马拉松跑的距离一直保持在40公里左右。1908年第4届奥运会在伦敦举行时，为方便英国王室人员观看马拉松赛，特意将起点设在温莎宫的阳台下，终点设在奥林匹克运动场内，起点到终点的距离经丈量为26英里385码，折合为42.195公里。国际田联后来将该距离确定为马拉松跑的标准距离。女子马拉松开展得较晚，1984年才被列入第23届奥运会。1896年首届奥运会后，马拉松赛在世界各地广泛举行，美国从1897年起举行波士顿马拉松赛，至2000年已举办了104届，成为世界上历史最悠久的马拉松赛。马拉松在公路上举行，可采用起、终点在同一地点的往返路线或起、终点不在同一地点的单程路线。比赛时，沿途必须摆放标有已跑距离的公里牌，并要每隔5公里设一个饮料站提供饮料，两个饮料站之间设一个用水站，提供饮水或用水。赛前需经身体健康检查，合格者方可报名参加比赛。因比赛路线、条件差异较大，故国际田联不设世界纪录，只公布世界最好成绩。

（八）竞走

竞走起源于英国。19世纪初，英国出现步行比赛的活动。19世纪末，部分欧洲国家盛行从一个城市到另一个城市的竞走旅行。1866年英国业余体育俱乐部举行首次冠军赛，距离为7英里。竞走分场地竞走和公路竞走两种。场地竞走设世界纪录；公路竞走因路面起伏等不可控因素较多,成绩可比性差,故仅设世界最好成绩。竞走要求运动员行进时,两脚必须与地面保持不间断接触,不准同时腾空,着地的支撑腿膝关节应有一瞬间的伸直,不得弯曲。比赛时,运动员出现腾空或膝关节弯曲,均给予严重警告,受到3次严重警告即取消比赛资格。竞走于1908年首次进入奥运会,当时的距离是3 500米和10英里。此后几届奥运会距离有所不同,有过3 000米、10公里等,从1956年奥运会起定为20公里(1956年列入)、50公里(1932年列入)。女子竞走于1992年才被列入奥运会,距离为10公里,2000年奥运会将之改为20公里。

(九)跳高

跳高起源于古代人类在生活和劳动中越过垂直障碍的活动。现代跳高始于欧洲。18世纪末苏格兰已有跳高比赛,19世纪60年代开始流行于欧美国家。1827年9月26日在英国圣罗兰·博德尔俱乐部举行的首届职业田径比赛中,威尔逊(Adam Wilson)屈膝团身跳越1.575米,这是第一个有记载的世界跳高成绩。跳高有跨越式、剪式、俯卧式、背越式等过杆技术,现绝大多数运动员都采用背越式。跳高横杆可用玻璃纤维、金属或其他适宜的材料制成,长3.98~4.02米,最大重量2公斤。比赛时,运动员必须用单脚起跳,可以在规定的任一起跳高度上试跳,但第一高度只有3次试跳机会。男、女跳高分别于1896年、1928年被列为奥运会比赛项目。

(十)撑竿跳高

撑竿跳高起源于古代人类利用木棍、长矛等撑越障碍的活动。据记载,公元554年爱尔兰就有撑越过河的游戏。撑竿跳高原为体操项目,流行于德国学校。1789年德国的布施跳过1.83米,这是目前世界上有据可查的最早成绩。撑竿跳高作为田径运动项目首先在英国开展,1843年4月17日英国职业选手罗珀在彭里斯越过2.44米。19世纪末开始流行于欧洲国家。撑竿最早使用木竿,最好成绩为3.30米;1905年开始使用重量较轻、有一定弹性的竹竿,最好成绩达到4.77米;1930年出现较为坚固的金属竿,运动员无撑竿折断之虑,可以提高握竿点,加快助跑速度,最好成绩达到4.80米;1948年美国设计制造出重量更轻、弹性更强的玻璃纤维竿,目前使用该竿已突破了6米的高度。撑竿跳高的横竿可用玻璃纤维、金属或其他适宜的材料制成,长4.48~4.52米,最大重量2.25公斤。撑竿的长度和直径不限,但表面必须光滑。运动员一般都自带撑竿参加比赛。比赛时,运动员必须将撑竿插在插斗内起跳;起跳离地后,握竿的手不得向上移动;可以在规定的任一起跳高度上试跳,但每一高度只有3次试跳机会。男、女撑竿跳高分别于1896年和2000年被列为奥运会比赛项目。

(十一)跳远

跳远起源于人类猎取或逃避野兽时跨越河沟等活动,后成为军事训练的手段。跳远为公元前708年古代奥运会五项全能项目之一。现代跳远运动始于英国,1827年9月26日在英国圣罗兰·博德尔俱乐部举行的第一次职业田径比赛中,威尔逊越过5.41米的距离,这是第一个有记载的世界跳远成绩。跳远的腾空动作有蹲踞式、挺身式和走步式。20世纪70年代出现前空翻跳远,因危险性大,被国际田联禁用。最初运动员是在地面起跳,1886年开始采用起跳板。起跳板为白色,埋入地下,与地面齐平,长1.22米,宽20厘米,距沙坑近端不少于1米。起跳板前有起跳线,起跳线前有用于判断运动员起跳是否犯规的橡皮泥显示板或沙台。运动员必须在起跳线后起跳。比赛时,如运动员不足8人,每人可试跳6次;超过8人，则先试跳3次，8名成绩最好的运动员再试跳3次。以运动员6次试跳的最好成绩排列名次。男、女跳远分别于1896年和1948年被列为奥运会比赛项目。

（十二）三级跳远（Triple Jump）

三级跳远起源于18世纪中叶的苏格兰和爱尔兰，两者跳法不同。苏格兰采用单足跳→跨步跳→跳跃，而爱尔兰用的是单足跳→跳跃。现规定必须使用苏格兰跳法。最早的正式比赛可以追溯到1826年3月17日首次举行的苏格兰地区运动会，比蒂（Andre Beattie）创造了12.95米的第一个纪录。比赛时，运动员助跑后应连续作3次不同形式的跳跃，第一跳为单足跳，用起跳腿落地；第二跳为跨步跳，用摆动腿落地；第三跳为跳跃，必须用双脚落入沙坑。男子三级跳远于1896年被列为首届奥运会比赛项目；女子三级跳远于20世纪80年代初逐渐广泛开展，1992年被列为奥运会比赛项目。

（十三）推铅球

推铅球起源于古代人类用石块猎取禽兽或防御攻击的活动。现代推铅球始于14世纪40年代欧洲炮兵闲暇期间推掷炮弹的游戏和比赛，后逐渐形成体育运动项目。铅球的制作经历了用铁、铅以及外铁内铅的过程。正式比赛男子铅球的重量为7.26公斤，直径11～13厘米；女子铅球的重量为4公斤，直径为9.5～11厘米。早期推铅球没有固定的方式，可以原地推，也可以助跑推；可以单手推，也可以双手推；还出现过按体重分级别的比赛。最初采用原地推铅球技术，后逐渐发展到侧向推、上步侧向推。20世纪50年代，美国运动员奥布赖恩发明背向滑步推铅球技术，该技术被称为“铅球史上的一场革命”。20世纪70年代，苏联运动员巴雷什尼科夫发明旋转推铅球技术，由于旋转后难以控制身体平衡，至今只有极少数运动员使用。比赛时，运动员应在直径2.135米的圈内，用单手将球从肩上推出，铅球必须落在落地区角度线以内方为有效。男、女推铅球分别于1896年和1948年被列为奥运会比赛项目。

（十四）掷铁饼

掷铁饼起源于公元前12世纪—公元前8世纪希腊人投掷石片的活动。公元前708年第18届古代奥运会被列为五项全能项目之一。铁饼最初为盘形石块，后逐渐采用铜、铁等金属制作。现代奥运会史上，曾有过双手掷铁饼的比赛项目（左手+右手）。掷铁饼技术经历过原地投、侧向原地投、侧向旋转投、背向旋转投几个发展过程。铁饼可用木料或其他适宜的材料制作。男子铁饼重2公斤，直径22厘米；女子铁饼重1公斤，直径18.1厘米。比赛时，运动员应该在直径2.5米的圈内将铁饼掷出，铁饼必须落在40°的角度线内方为有效。男、女铁饼分别于1896年和1928年被列为奥运会比赛项目。

（十五）掷链球

掷链球起源于中世纪苏格兰矿工在劳动之余用带木柄的生产工具铁锤进行的掷远比赛，后逐渐在英国流行。链球的英语词义即铁锤。19世纪后期，链球成为英国牛津大学和剑桥大学运动会的比赛项目。当时使用的器械是带木柄的铁球，后为便于投掷，将木柄改为钢链，链球由此而来。掷链球最初采用原地投，后逐渐改进为侧向投，旋转一圈投、两圈投、三圈投，现运动员多采用四圈投。男子链球重7.26公斤，总长117.5～121.5厘米，女子链球重4公斤，总长116.0～119.5厘米。比赛时，运动员必须在直径2.135米的圈内用双手将球掷出，链球必须落在40°的角度线内方为有效。圈外有U形护笼，确保投掷安全。男子链球于1900年被列为奥运会比赛项目,女子链球于2000年列入。

（十六）标枪

标枪起源于古代人类用长矛猎取野兽的活动,后长矛又发展成为作战的兵器。公元前708年被列为第18届古代奥运会五项全能项目之一。现代标枪运动始于19世纪的瑞典、希腊、匈牙利和芬兰等欧洲国家。1792年瑞典的法隆开始举行标枪比赛。最初运动员使用的是木制标枪,前后一样粗;20世纪50年代初,美国标枪运动员赫尔德(Franklin Held)研究出两端细、中间粗的木制标枪,延长了标枪在空中飞行的时间,因而被称为"滑翔标枪";20世纪60年代瑞典制造出金属标枪,使标枪的滑翔性能更强,大幅度提高了运动成绩。1984年民主德国运动员霍恩(Uwe Hahn)以104.80米的成绩打破世界纪录。国际田联为保证看台观众的安全,1986年将男子标枪重心向枪尖方向前移4厘米,以降低飞行性能,1999年又将女子标枪重心向枪尖方向前移3厘米。标枪可用金属或其他适宜的类似材料制作。男子标枪重800克,长260~270厘米;女子标枪重600克,长220~230厘米。比赛时,运动员必须单手将标枪从肩上方掷出,枪尖必须落在投掷区角度线内方为有效。男、女标枪分别于1908年和1932年被列为奥运会比赛项目。

（十七）全能运动

全能运动起源于希腊,早在公元前708年第18届古代奥运会上便设有五项全能比赛,由赛跑、跳远、铁饼、标枪和摔跤项目组成。现代全能运动始于欧洲。18世纪初,部分国家开展全能运动,但比赛项目不统一。1904年第3届奥运会即设十项全能,项目包括100码跑、800码竞走、120码栏等;1912年第5届奥运会改为在瑞典流行的十项全能,并延续至今。此外,1912年、1920年、1924年奥运会还设立过五项全能。女子全能运动1923年始于苏联,1948年得到国际田联的认可,1964年奥运会将女子五项全能列为比赛项目,1984年奥运会改为七项全能。比赛按规定的项目顺序分两天进行。男子十项全能第一天为100米跑、跳远、铅球、跳高、400米跑,第二天为110米跨栏跑、铁饼、撑竿跳高、标枪和1 500米跑。女子七项全能第一天为100米跨栏跑、跳高、铅球、200米跑,第二天为跳远、标枪和800米跑。根据各单项成绩查国际田联制定的全能评分表,以累加总分计算名次,总分高者列前。运动员必须参加所有项目的比赛,如某个项目弃权,则不能参加后续项目的比赛,也不计算总分;但如果某个项目因成绩太低或失败,没有得分,仍可计算总分。

小贴士

国际田径联合会

国际田径联合会(International Association Athletics Federation, IAAF)简称国际田联。1912年7月17日在瑞典首都斯德哥尔摩成立。现有协会会员210个,分属欧、亚、非、中北美、南美及大洋洲等6个地区联合会。国际田联的工作用语为英、法、俄、德、西班牙语等。不同工作用语文本发生冲突时,以英语文本为准。国际田联总部1912—1946年设在斯德哥尔摩,1946—1993年移至伦敦,1994年6月10日新的总部在摩纳哥公国启用。

项目一　短跑

【项目描述】

通过相关知识点的学习和实地实训,掌握短跑的技术。

【项目要求】

正确掌握短跑项目的分类和起跑、起跑后的加速跑、途中跑、终点跑的技术方法。

【技能目标】

(1)掌握起跑器的安装。
(2)掌握起跑技术和起跑后的加速跑技术。
(3)掌握途中跑、终点跑技术。

【材料用具】

起跑器。

【相关知识点】

一、短跑的分类

短跑是田径径赛项目中的一类,一般包括50米跑、60米跑、100米跑、200米跑、400米跑、4×100米接力跑、4×400米接力跑。其运动特性是:短跑为人们同时以最快的速度,在确定的跑道上跑完规定的距离,并以最先跑完者为优胜的项目;在人体机能供能方面,表现为人体最大限度地发挥人的本能,并以无氧代谢供能的方式供能。

二、短跑技术

短跑技术分起跑、起跑后的加速跑、途中跑和终点跑。

1. 起跑

田径规则规定,在短跑比赛中运动员必须采用蹲踞式起跑,必须使用起跑器。运动员要按发令员的口令完成起跑动作。起跑器的安装方法一般有普通式、接近式和拉长式三种。普通式前起跑器距起跑线的距离为一脚半长,后起跑器距前起跑器为一脚半长;拉长式前起跑器距起跑线两脚长,后起跑器距前起跑器为一脚长;接近式,前起跑器距起跑线、后起跑器距前起跑器均为一脚长。起跑器与地面的角度是,前起跑器为45°左右,后起跑器为60°~70°。

起跑过程包括“各就位”、“预备”和“鸣枪起跑”三个阶段,如图2-1所示。

(1)“各就位”动作

听到“各就位”做2~3次深呼吸,轻快地走到起跑器前,两手撑地,两脚依次踏在前、后起跑器的抵足板上,后膝跪地,两手放在紧靠起跑线后沿处,两臂伸直,肩与起跑线平行,两

图 2-1

手间隔比肩稍宽，四指并拢和拇指成八字形支撑，颈部自然放松，两眼视前下方约 40 ~ 50 厘米处，注意听“预备”口令。

(2)“预备”动作

听到“预备”口令后，臀部从容抬起，略高于肩，重心前移，两手臂撑直，使两腿膝关节达到一个合适的角度：前腿为 90° ~ 100°，后腿为 120° ~ 130°。集中注意力听枪声。

(3)“起跑”动作（左脚在前为例）

听到枪响后，两手迅速离地，身体保持较大前倾角度，左臂弯曲前摆，右臂弯曲后摆，同时两腿快速用力蹬起跑器。右腿在做快而短的蹬起跑器后，大腿迅速屈膝向前上方摆出。

2. 起跑后的加速跑

起跑后的加速跑是从后腿蹬离起跑器，到途中跑之间的一个跑段。其任务是充分利用向前的冲力，在较短距离内尽快地获得高速度。当后腿蹬离起跑器并结束前摆后，便积极下压着地。第一步的着地应尽量靠近身体重心投影点，脚着地后迅速转入后蹬，前腿在蹬离起跑器后，也迅速屈膝向前摆动。起跑后的最初几步，两脚沿着两条相距不宽的直线前进，随着跑速的加快，两脚着地点，就逐渐合拢到假定的一直线两侧。加速跑的距离，一般为 25 ~ 30 米。

3. 途中跑

途中跑是短跑全程中距离最长、速度最快的一段。其任务是继续发挥和保持高速度跑。摆动腿的膝关节，迅速有力地向前上方摆出，支撑腿在摆动腿积极前摆的配合下，快速有力地伸展髋、膝和踝关节，蹬离地面，形成支撑腿与摆动腿协调配合的动作。

在腾空阶段，小腿随着蹬地后的惯性和大腿的摆动，迅速向大腿靠拢，形成大小腿边折叠边前摆的动作。与此同时，摆动腿以髋关节为轴积极下压，膝关节放松，小腿随摆动腿下压的惯性，自然向前下伸展，准备着地。在着地缓冲阶段，着地动作应是非常积极的，在途中跑时，头部正直，上体稍有前倾，两臂前后摆动要轻快有力。

4. 终点跑

终点跑是全程跑的最后一段，任务是尽力保持途中跑的高速度跑过终点。要求在离终点线 15 ~ 20 米处，尽量保持上体前倾角度，加快两臂摆动的速度和力量，在跑到距离终点线一步时，上体急速前倾用胸部或肩部撞终点线，并跑过终点，然后逐渐减慢跑速。

项目二　接力跑

【项目描述】

通过相关知识点的学习和实地实训，掌握接力跑的技术。

【项目要求】

(1)了解接力跑项目的分类。

(2)正确掌握起跑和传棒、接棒技术。

【技能目标】

掌握起跑和传棒、接棒技术。

【材料用具】

接力棒。

【相关知识点】

一、接力跑的分类

奥运会比赛项目分男、女 4×100 米接力跑和 4×400 米接力跑。1908 年第 4 届奥运会首次设立接力项目，但 4 名运动员所跑距离不等。1912 年第 5 届奥运会改设 4×100 米接力跑和 4×400 米接力跑。女子 4×100 米接力跑和 4×400 米接力跑分别于 1928 年、1972 年被列入奥运会比赛项目。接力跑运动员必须持棒跑完各自规定的距离，并且必须在 20 米的接力区内完成传接棒。

二、接力跑技术

接力跑技术主要分起跑、传棒接棒技术。

1. 起跑

除了起跑者用蹲踞式起跑之外，其他人多采用半蹲式或站立式起跑，并且头转向左后方。接棒运动员起跑姿势的选择主要取决于能否快速起跑、并能清晰地看到传棒选手以及设定的起动标志。

2. 传棒接棒技术

交捧的手势分上挑式、下压式和混合式三种，上挑传棒跌捧的可能性较大。

(1)上挑式

接棒人手臂自然向后伸出，掌心向后，虎口张开朝下，传棒人将棒由下向上挑，送入接棒人手中，如图 2-2 所示。

(2)下压式

接棒人的手臂后伸，掌心向上，虎口张开朝后，拇指向内，其余四指并拢向外，传棒人将

图 2-2

棒的前端由上向前下压，放入接棒人手中，如图 2-3 所示。下压式的优点是接棒后不必再调整持棒手的位置。

图 2-3

(3) 混合式

第 1 棒用上挑式传棒，第 2 棒用下压式传棒，第 3 棒仍用上挑式传棒。

4×100 米接力跑在安排各棒队员时，必须考虑发挥每个人的特长。一般第 1 棒应安排起跑好并善于跑弯道的运动员；第 2 棒应安排速度快、专项耐力好，善于传、接棒的运动员；第三棒除应具备第二棒的长处外，还要善于跑弯道；通常把全队成绩最好、冲刺能力最强的运动员放在第四棒。

在 4×400 米接力跑中，由于 400 米后程的跑速明显降低，传接棒的技术比较简单。各棒之间的配合以第一棒和第四棒的安排为主。一般将速度较快的运动员放在第一棒，争取获得领先地位；第四棒安排速度耐力好，意志品质较顽强的运动员，一旦前三棒落后，可奋起直追，一拼到底。

小贴士

接力跑场地和器械

接力棒为光滑的空心圆管，由木料、金属或其他材料制成，长度为 28～30 厘米，直径为 12～13 毫米，重量为 50 克，一般漆成红、白各半的颜色。正式接力比赛在标准田径场地上进行，接力区为 20 米。每个接力区前有 10 米的预跑区。

项目三　跨栏跑

【项目描述】

通过相关知识点的学习和实地实训，掌握跨栏跑的技术。

【项目要求】

(1) 了解跨栏跑项目的分类。

(2)正确掌握跨栏跑的技术。

【技能目标】

(1)掌握起跑至第一栏的技术。
(2)掌握过栏技术。

【材料用具】

栏架。

【相关知识点】

一、跨栏跑分类

国际比赛男子为110米高栏,栏高106厘米,栏数10个;女子为100米低栏,栏高84厘米,栏数10个。此外还有男子和女子400米栏。

二、跨栏跑技术

1.起跑至第一栏的技术

跨栏跑采用蹲踞式起跑。起跑的过程与短跑基本相同,做"预备"姿势时,臀部抬至超过肩的部位,体重由撑地的两臂和前腿负担,头保持和躯干成一直线,集中注意力等待鸣枪。起跑至第一栏起跨点的一般采用8步起跨,起跑时应把起跨脚放在前起跑器上。前起跑器安装在距起跑线一脚半到两脚处,后起跑器距前起跑器约一脚远,两起跑器间宽15~20厘米。

鸣枪后跑出的动作和短跑的起跑动作基本相同,起跑时应把起跨腿放在前起跑器上,起跑后前几步都必须有足够的步长。110米栏起跑因受第一栏前固定距离(13.72米)和固定步数的制约,应特别注意步长的准确。

2. 过栏技术

过栏是跨栏技术的关键部分,它由起跨、腾空过栏和下栏着地等动作组成,如图2-4所示。

图2-4

(1)起跨

起跨前应保持较高的跑速,最后一步比前一步的步长小一点,当起跨腿脚掌着地时,摆动腿由体后向前摆动，大小腿在体后开始折叠，膝关节摆至超过腰部高度。两腿蹬摆配合完成起跨，运动过程中上体随之加大前倾，摆动腿异侧臂往前上方摆出，另一臂屈肘摆至体侧，形成“攻栏姿势”。

（2）腾空过栏

腾空后身体重心沿着起跨所形成的腾空轨迹向前运行。起跨腿蹬离地面后，摆动腿大腿继续向前上方摆至膝关节超过栏架高度，小腿迅速前摆，当脚掌接近栏架时，摆动腿几乎伸直，脚尖微微上跷 。摆动腿的异侧肩臂一起伸向栏架上方 。上体加大前倾，使头部接近或超过摆动腿的膝略高于踝。

（3）下栏着地

摆动腿积极下压，起跨腿加速向前提拉，以髋为轴完成两腿剪绞动作，摆动腿脚掌移过栏架的同时，起跨腿屈膝外展，小腿收紧抬平，脚尖勾起足跟靠臀，以膝领先 经腋下加速前拉，当脚掌过栏后，膝继续收紧向身体中线高抬，脚掌沿最短路线向前摆出，身体成高抬腿跑的姿势，伸直下压的摆动腿在接触地面时，前脚掌做积极扒地动作。

【项目实施】

一、蹲踞式起跑至第一栏的技术

1）安装起跑器，起跑 8 步后起跑越过放倒的栏架，或从第一栏栏侧跑过，检查起跨点距第一栏的距离。

2）掌握合理的“各就位”、“预备”姿势，注意成“预备”姿势时臀部的高低，跑出后控制好上体前倾，使第一栏前起跨时有适宜的身体姿势。

3）蹲踞式起跑跨 1 或 2、3 架栏。听发令枪声成组起跑，跨过 1 ~ 3 架栏，起跑技术熟练后再跨 5 架栏。

二、蹲踞式起跑跨过第一栏的技术错误和纠正方法

1. 技术错误

技术错误一般为起跑后 8 步步长不准、加速不及时。其产生原因为起跑后最初三四步步幅太小，后几步被迫拉大步幅降低身体重心；或相反，前几步身体过早直起，步长过大造成后几步捣小步，破坏加速跑的正常节奏。

2. 纠正方法

沿着 8 步步长标记线反复起跑，建立步长距离感觉，提高目测判断能力，熟练以后再跨第一栏。对起跑 8 步后过栏确有困难的学生，可采用起跑后 9 步过栏。

三、过栏技术

1. 摆动腿过栏动作

（1）原地做摆动腿模仿练习

栏前直立，面对栏架，摆动腿屈膝高抬，膝盖达到栏架高度时，小腿迅速向前摆出，接着积极下压大腿，摆动腿基本伸直，脚掌靠近栏板，然后下落，用脚掌在身体重心投影点前落地，熟练后可连续做。

(2)走步中做摆动腿“鞭打”动作

腿的折叠、高抬、前摆小腿及下压大腿都与前一练习相同。走3或5步做一次,强调膝高于踝,不出现踢小腿的动作,熟练后加上两臂的配合动作,练习速度适当加快,注意动作放松。

(3)走步中做摆动腿经栏上的栏侧过栏

站在起跨腿一侧,从栏前1米处起跨,摆动腿屈前摆,伸出小腿经栏板上向栏后积极直腿下落,起跨腿配合做小幅度的提拉动作,熟练后在慢跑中接连跨3~4架栏。

2. 过栏技术时的主要错误和纠正方法

(1)起跨时身体重心低、蹬地不充分、屈腿跳栏

产生原因:栏前跑的技术差,速度过慢,后两步拉大步降低身体重心,用脚跟踏地起跨或全脚掌击地造成很大制动,起跨时蹬摆配合差,下肢力量差,屈膝缓冲过大,心理上怕栏。

纠正方法:纠正栏前跑的技术,形成较准确的步长,提高起跨点准确度;降低栏架高度,缩短栏间距离,用高重心跑;在最后两三步按标志跑,检查纠正后两步的“短步”关系;做起跨攻栏模仿练习,建立高重心起跨的肌肉感觉;练习跳绳,负重跳跃,长距离多级跳及双脚连续跳栏架(栏高76.2厘米),发展下肢各关节及脚掌肌肉力量。

(2)高跳过栏、身体腾空时间过长

产生原因:起跨腿膝关节弯曲过大,脚跟着地,蹬地角度大,垂直分力过大;起跨点离栏架太近,限制摆动腿向栏迅速前摆,怕碰栏受伤;摆动腿踢腿上摆,前伸小腿缓慢,下放摆动腿消极。

纠正方法:改变起跨点,使之不短于自己七个脚掌长,适当加快栏前跑的速度。学习正确放脚起跨技术,保持高重心起跨姿势,用橡皮条代替栏的横板,消除怕栏顾虑。掌握摆动腿屈腿摆动攻栏技术。

(3)摆动腿直腿摆动攻栏或屈小腿绕过栏板

产生原因:对摆动腿的动作概念不清,摆动腿膝关节紧张,小腿过早前伸;摆动腿大小腿折叠不够,大腿屈肌力量差,起跨前大腿抬不高。

纠正方法:详细讲解摆动腿屈膝摆的技术,反复做屈腿摆的各种模仿练习。例如,面对肋木站立,距肋木1.2~1.4米,摆腿在体后开始折叠大小腿,以膝领先屈腿前摆,大腿在体前抬平后迅速伸出小腿,脚掌伸向肋木约与腰高的部位,支撑腿蹬地的同时前倾上体;手扶肋木,连续做摆动腿屈膝前摆的“鞭打”动作;身体直立或双手撑肋木站立,摆动腿屈膝前抬,膝部负10~15公斤重沙袋连续高抬,以发展髂腰肌和大腿屈肌力量;大量重复做摆动腿栏侧过栏练习,要求大腿高抬后再前摆小腿,膝关节放松。

(4)腾空后两腿动作消极,“剪绞”时机不正确

产生原因:起跨腿蹬地不充分,过早开始提拉;两腿肌肉伸展能力差,髋关节灵活性差,不能在空中做出较大幅度的劈叉分腿动作;摆动腿直腿摆动下压不积极,上体直立妨碍起跨腿用力提拉,或两臂摆动和腿的动作不协调。

纠正方法:做起跨腿栏侧过栏,要求充分蹬伸起跨腿,不急于提拉;适当加长起跨距离,加快跑速,用大幅度动作完成快速剪绞过较低的栏架;发展两腿后群肌肉伸展性,改善髋关节灵活性与柔韧性,经常做压腿和劈叉练习,包括纵劈叉练习与横劈叉练习。

(5)过栏时摆动腿的后侧或起跨腿的膝、踝内侧碰及栏板

产生原因:摆动腿碰栏是因为起跨点过远,摆动腿向前速度太慢,或折叠高摆不够,上体前倾过大;起跨腿的膝、踝内侧碰栏板是因为大小腿和脚掌在提拉过程中部位不正确,另一原因是起跨腿提拉时膝未外展。

纠正方法:重复练习原地支撑提拉起跨腿过栏动作,要求膝稍高于踝,小腿收紧,足内侧保持和地面平行(足尖勿下落);提拉起跨腿时,及时做出前倾上体的动作;调整起跨点,加强摆动腿大腿高抬能力。

(6)下栏时身体不平衡,动作停顿

产生原因:起跨腿后拖,当摆动腿脚掌着地时,起跨腿提举不到身体前方;摆动腿下压消极,上体直立,身体重心落后;起跨时蹬伸不充分,急于提拉起跨腿,下栏时两腿几乎同时落地;腿臂配合不好,躯干扭转,肩轴偏斜。

纠正方法:做各种跨栏专门练习改善两腿的剪绞配合,提高过栏时身体的稳定性,使肩轴及髋轴基本上与栏板平行;做上下肢配合模仿练习,特别加强起跨腿同侧臂的动作控制能力,不使该臂后引带动肩和躯干的扭转;改善髋关节的灵活性,加强髋部肌肉力量;发展摆动腿踝关节和脚掌力量,提高下肢支撑能力。

项目四　跳跃

子项目一　跳远

【项目描述】

通过相关知识点的学习和实地实训,了解跳跃项目的分类,掌握跳远项目的技术。

【项目要求】

(1)了解跳跃项目的分类。
(2)正确掌握跳远项目的技术。

【技能目标】

掌握跳远的基本技术。

【材料用具】

沙坑。

【相关知识点】

一、跳跃项目的分类

跳跃分跳远和跳高,项目包括:跳高、跳远、三级跳远、撑竿跳高。跳远有立定跳远、急行跳远、三级跳远等项目;跳高有跨越式跳高、剪式跳高、俯卧式跳高、背越式跳高、撑竿跳高

项目。

二、急行跳远的基本技术

急行跳远由助跑、起跳、腾空和落地等动作组成。运动员沿直线助跑，在起跳板前沿线后用单足起跳，经腾空阶段，然后双足在沙坑落地，如图2-5所示。

图2-5

1)助跑是有一定距离和步数的加速跑，它能使人体获得最大水平速度，为起跳做好准备。

2)起跳是助跑后身体按适宜的角度向空中快速腾起的过程。起跳腿在踏板上要经历放脚、缓冲、蹬伸三个阶段。

在起跳腿蹬离地面的同时，摆动臂和摆动腿要协调配合做摆动动作，其要领是抬头、挺胸、提肩、上摆臂、拔腰。跳远的空中姿势一般分为蹲踞式、挺身式和走步式三种(见图2-6)，但起跳动作是基本相同的。

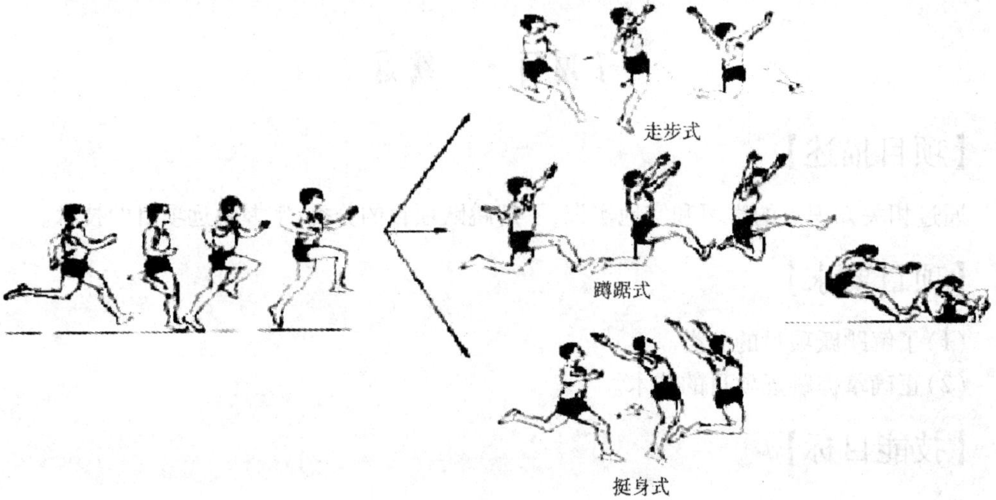

图2-6

在三种空中姿势中，蹲踞式是比较简单的，也是跳远技术中比较容易掌握的一种。其技术要领是人体单脚起跳腾空后，上体保持正直、摆动腿的大腿部分继续向上摆动，留在体后的起跳腿开始屈膝前摆，这样，逐步靠拢摆动腿，逐渐在空中形成蹲踞式，落地前小腿自然前伸落地。1935年，美国选手欧文斯凭借完美的助跑和起跳，以简单的蹲踞式跳出了8.13米的世界纪录，此后，这一纪录保持了25年之久。

挺身式跳远是技术环节较多的复杂跳远技术动作。其技术要领是单腿起跳进入腾空步后，摆动腿的膝关节伸展，小腿自然由向前、向下到向后方而成弧形摆动，此时留在体后的起跳腿与后摆的腿靠拢，挺胸展髋，成展体姿势。快落地时，双脚、双手向身体前方合拢落地。

走步式跳远是急行跳远的一种腾空技术。在走步式中,起跳后两腿在两臂的配合下,在腾空时采用2步半和3步半两种动作技术。要求在空中做大幅度的前后绕环摆动迈步换腿动作来维持身体的平衡,并与两臂协调配合。落地前,收腹举小腿前伸,上体前倾,两臂同时向下后方摆动。

3)落地动作的要点是小腿前伸,两臂向体后摆动。脚接触沙面后屈膝,上体前倾。也可以采用落地侧倒的方法。

1. 蹲踞式跳远腾空与落地技术的练习方法

1)原地纵跳屈膝团身,两手触脚,大腿尽量靠近胸部,落下时用前脚掌着地。

2)短距离助跑起跳成腾空步后,起跳腿向摆动腿靠拢,双腿越过一定的高度(横拉的皮筋或栏架)然后落入沙坑。

3)在起跳箱上向沙坑内做立定跳远,落地时小腿积极前伸,脚跟触沙后迅速屈膝,脚掌下压,双臂配合积极前摆。

4)利用弹簧板,做短程助跑起跳,成腾空步后,起跳腿与摆动腿并拢,完成空中蹲踞姿势,然后做伸腿落地动作,体会完整的技术动作。

2. 挺身式跳远腾空与落地技术的练习方法

1)原地模仿挺身式跳远的空中动作。支撑腿为起跳腿,摆动腿屈膝前摆,随即放腿并向右摆,髋部前展,同时两臂配合腿的动作向下侧后方绕摆至侧上方,注意体会放腿与展髋的动作。

2)起跳腿支撑站立,随口令做摆臂、摆腿、放腿、挺身、展髋的单足立定跳远,着重体会臂和腿的配合动作。

3)利用弹簧板做短程助跑起跳成腾空步后,下放摆动腿并落在沙坑内然后跑出。体会摆臂与展体的动作。

4)利用起跳板做短中程助跑挺身式跳远,要求摆动腿自然下放,髋部前移,展体挺身,收腹举腿落入沙坑。

5)做全程助跑挺身式跳远练习,体会完整的技术动作。

3. 走步式跳远腾空与落地技术的练习方法

1)将身体支撑在双杠上或悬挂在高单杠上,模仿走步式跳远空中交换腿的动作。

2)坐在鞍马或窄木上,模仿双臂的环绕摆动和下肢配合的动作。

3)在走步中模仿空中的走步动作以及上下肢的配合动作。

4)短程助跑起跳成腾空步后,放下并伸直摆动腿,落入沙坑后跑出。

5)开始同练习4),起跳腿在摆动腿放下后摆的同时,在髋下折叠屈膝前摆,换步后起跳腿落入沙坑,然后跑出。

6)借助弹簧板重复4)、5)的练习。

7)在高处起跳,获得较长的滞空时间,体会空中交换步的动作,在完成交换步后,身后的摆动腿快速前摆,在身体前方与起跳腿并拢,用双腿落入沙坑。

8)做短程和中程助跑走步式跳远练习,换步时以大腿带动小腿及髋部摆动,两臂配合腿的动作做环绕摆动,注意身体运行要平稳。

9)练习全程助跑走步式跳远,体会完整的技术动作。

二、三级跳远的基本技术

三级跳远是由单脚跳、跨步跳和跳跃组成的,如图 2-7 所示。三级跳远的助跑和急行跳远基本相似,一般跑 18 到 22 步,助跑距离 35 至 40 米。

图 2-7

1. 第一跳(单脚跳)

三级跳远的第一跳是用有力的腿作起跳腿,跳起后经过空中交换腿的动作再用它落地,完成单脚跳。由于第一跳以后还要继续进行第二和第三跳,所以在第一跳起跳时要尽量保持水平速度。

起跳腾空后,上体正直,完成腾空步。腾空步约占第一跳腾空抛物线的三分之一,随后摆动腿自然地由上向下伸并向后摆,同时起跳腿自后屈膝向前上方提摆,并带动同侧髋前移,做积极的换步动作,两臂配合腿的动作由体前经下向体侧后方摆动,以维持身体平衡。在换步后,起跳腿继续摆至大腿与地面平行,然后大腿积极下压,作"扒地式"落地。两臂由前向后侧摆,准备第二跳。

2. 第二跳(跨步跳)

第一跳落地后,摆动腿迅速向前上方摆起,由于缓冲落地的动作而弯曲的起跳腿迅速伸直蹬地,两臂同时配合伸蹬动作,从后侧向前上方摆动,开始第二跳。起跳后,仍成腾空步姿势。在腾空抛物线的后三分之一时,开始做落地和准备第三次起跳的动作。两臂配合向前做大幅度的摆振。

3. 第三跳(跳跃)

第三跳起跳腾空后,仍保持腾空步姿势,以后的动作与跳远的腾空和落地动作一样,可以采用蹲踞式、挺身式或走步式及其落地方法。

由于三级跳远技术比较复杂,所以它对身体训练的水平要求比较高。快速助跑和良好的弹跳力,以及强大的腿部力量和很好的协调性,是三级跳远运动员必备的条件。

子项目二　跳高

【项目描述】

通过相关知识点的学习和实地实训，了解跳高项目的技术分类，掌握跳高的技术。

【项目要求】

了解跳高项目的技术分类。
正确掌握跳高的技术。

【技能目标】

掌握跳高的基本技术。

【材料用具】

跳高杆。

【相关知识点】

一、跳高项目的分类

跳高是田径运动的田赛项目，是一种由有节奏的助跑、单脚起跳、越过横杆落地等动作组成，以越过横杆上缘的高度来计算成绩的比赛项目。过杆技术有跨越式、剪式(亦称"东方式跳高")、滚式、俯卧式和背越式等。俯卧式和滚式跳高时，起跳腿是在近于横杆一侧起跳。背越式为屈腿摆动，其他姿势一般为直腿摆动。背越式过杆时，身体由侧对横杆转向背对横杆，然后手臂、头、肩顺序过杆；髋部在杆上充分伸展成背卧和反弓姿势。身体过杆后，收腹举腿，以背部落在海绵包上。俯卧式过杆时，摆动腿先摆过杆，身体在杆上沿纵轴翻转成俯卧姿势，随即转头潜肩，起跳腿后伸外翻，最后落地。过杆动作分为"平翻式"和"潜入式"两种。背越式、俯卧式姿势因过杆时人体重心离杆较近，能充分利用腾空高度，是较优越的过杆方式，而背越式又较俯卧式易于掌握。

二、跳高项目技术

(一)俯卧式跳高

俯卧式跳高由助跑、起跳、过杆与落地四部分组成，如图 2-8 所示。

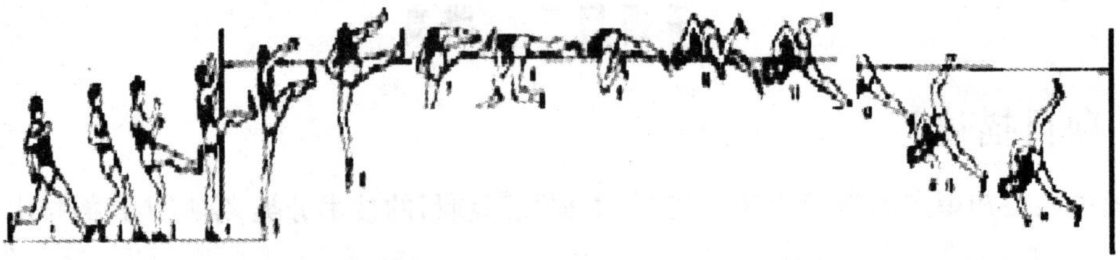

图 2-8

1. 助跑

运动员助跑的角度一般为30°~50°,常用6~9步直线助跑。在助跑最后4步降低身体重心,同时用脚跟落地,步长较大,步频比背越式慢。助跑的倒数第2步和迈步是俯卧式跳高助跑中的关键,在倒数第2步身体重心降到最低的位置,迈步时特别强调向前送骨盆,关节向前的速度明显地超过胸部向前的速度。迈步时骨盆超过胸部是俯卧式技术的一个特点。

2. 起跳

俯卧式跳高在迈步时靠近横杆的是起跳腿。起跳时要注意直腿摆动,两臂向上摆起,全身向上挺,起跳方向应朝向横杆中央。

3. 过杆

起跳后做越过横杆动作,身体与横杆平行,同时上体向起跳腿方向转体。过杆时,全身沿身体纵轴旋转,同时起跳腿向胸部收腿,但大腿不能太靠近胸部,小腿收成90°时立即翻腿,大腿应向外侧翻转。

4. 落地

全身越过横杆后,准备落地,落地时可单手撑地,也可双手撑地,或手和摆动腿同时落地,继而全身侧身着地。

(二)背越式跳高

背越式跳高由助跑、起跳、过杆和落地四个部分组成,如图 2-9 所示。

图 2-9

1. 助跑

背越式跳高的助跑距离为9~12步,有的甚至更长,先跑直线,最后4~5步跑弧线,要求速度快,跑得自然。助跑最后4步不降低身体重心,在倒数第2步时采用脚跟外侧着地。

2. 起跳

起跳腿是离横杆远的腿，起跳时摆动腿向上向外摆，起跳腿迅速伸展，两臂向上摆，躯干向上伸展，向助跑开始方向做旋转动作，起跳后，转为背向横杆。

3. 过杆

起跳结束后，身体成伸展姿势向上腾起成背对横杆的姿势。当身体重心达到最高点时，大腿向下并挺胸挺腹，全身在杆上处于弧形状态，以便顺利越过横杆。当头部过杆后、仰头、侧肩、挺髋、屈膝。

4. 落地

髋部过杆后，收腹、低头、使大腿很快离开横杆，小腿上甩。落地的顺序为肩部→两臂→背部→腰部。

（三）跨越式跳高

跨越式跳高由助跑、起跳、腾空过杆、落地四个紧密衔接的部分组成，如图 2-10 所示。

图 2-10

1. 助跑

助跑采用侧面直线助跑，左侧助跑者右腿为起跳腿，左腿为摆动腿；右侧助跑则相反。助跑应逐渐加速。

2. 起跳

跨越式跳高的起跳点在横杆外侧 30 厘米处，起跳角度是 30°～45°，起跳路线是直线。起跳时起跳脚全脚掌着地，摆动腿稍屈膝积极向前上方摆起，当摆过横杆后，向杆下内转下压，两臂下垂。

3. 过杆

过杆时，躯干向横方向侧倒并向起跳腿方向扭转，两臂上举，同时起跳腿迅速向上高抬，完成跨越动作。

4. 落地

过杆后，身体侧对横杆，摆动腿先落地，接着起跳腿落地，稍有缓冲。

三、撑竿跳高技术

撑竿跳高是田径运动技术最复杂的项目之一。运动员持竿助跑起跳后，借助竿子撑地的反弹力量，使身体腾起，以悬垂、摆体和举腿、引体等十多个连续复杂的动作，使身体越过一定高度，然后越过横杆。练习撑竿跳高是增强体质的有效手段之一，它对提高速度、弹跳力、灵巧和协调性等素质，对培养勇敢顽强、机敏果断等意志品质，都有积极的意义。男、女撑竿跳高分别于 1896 年和 2000 年被列为奥运会比赛项目。

撑竿跳高技术大致分为持竿助跑、插竿与起跳、压竿与悬垂、引体、转体与过杆、着地等动作，如图 2-11 所示。

持竿助跑、插竿与起跳、压竿与悬垂、引体、转体与过杆、着地

图2-11

1. 握竿

左手在前、右手在后(以惯用右手者为例),两手间隔比肩膀稍宽。握竿高度(从右手握竿位置到竿子前端的距离称握竿高度)通常以运动员身高、竿子材质、助跑速度、跳跃能力来决定。一流撑竿跳高选手越过横杆的高度可比握竿位置高1米左右。

2. 持竿

持竿方式有两种:一种是体侧持竿,一种是体前持竿,但现今大多选手采用体侧持竿。

3. 持竿助跑

助跑距离通常与选手的速度有关,一般而言为32~45米,可跑18~24步。成绩在5米以上的选手,助跑距离在45米左右。为了正确起跳,通常会设置2~3个助跑标志。第一个标志是起动记号,第二、三个标志作为检查步点准确性之用,通常设于距离起跳点6~8步和再向后约6步的位置。

撑竿跳高的助跑可分为起动和加速阶段、中途跑阶段和保持速度准备插竿起跳阶段。起动和加速阶段要尽快发挥速度,力求保持步长、撑竿的稳定,此时撑竿可以举高一些,比较省力,主要由右手承担竿子重量,左手掌握撑竿的稳定性。第一阶段跑4~6步后进入中途跑阶段。中途跑阶段要将撑竿逐渐降低,左手握竿加大负担,把握撑竿和身体平衡尤为重要,技术特点是高抬大腿、积极下压着地。第二阶段跑8~10步后进入保持速度准备插竿起跳阶段。保持速度准备插竿起跳阶段主要是保持助跑速度,控制身体动作,准备插竿起跳。技术中最关键的环节是平稳地降低撑竿,保持身体直立和高重心。

4. 插竿与起跳

插竿与起跳的动作几乎是同时进行的,但从运动员的感觉来说,正确的动作应该是起跳后插竿而非插竿后起跳,并且竿头必须在起跳动作结束前插入穴中。最适宜的起跳点应该是在握竿手(上位手)垂直投影线后方10~35厘米处。以运动员主观的感觉来说,应为握竿上位手的垂直下方。插竿与起跳动作方法是左手左臂向前推送撑竿,右臂和右肩后撤,右臂迅速反腕向上举竿,左手向前推竿,两手配合将撑竿向上、向前举起。当起跳脚踏上起跳点时,右臂已充分向上举直,左臂弯曲地顶住撑竿,两手把撑竿牢牢地固定在穴位中,同时肩、胸、髋主动向前上逼近撑竿,起跳脚积极蹬伸,摆动腿屈膝上摆,整个身体悬垂于撑竿下完成动作。

5. 着地动作

过杆后,收腹、抬头、手臂上甩。落地的顺序为肩部→两臂→背部→腰部。

项目五　投掷

子项目一　铅球

【项目描述】

通过相关知识点的学习和实地实训，了解投掷项目的分类，掌握铅球项目的技术。

【项目要求】

(1)了解投掷项目的分类。
(2)正确掌握推铅球的技术。

【技能目标】

掌握推铅球的技术。

【材料用具】

铅球。

【相关知识点】

一、投掷项目的分类

田径运动投掷项目共设铅球、标枪、铁饼和链球四个大项，包括男、女项目。

二、推铅球项目的技术

推铅球对增强体质，特别是发展躯干和上下肢力量有显著的作用。推铅球要求站在直径2.5米的投掷圈内，将铅球推在34.92°的扇形区之内。推铅球技术有原地推铅球和滑步推铅球两种姿势。滑步推铅球又分为侧向滑步、背向滑步和旋转推铅球三种类型，如图2-12所示。侧向滑步推铅球因技术落后，现在采用的人已不多见。

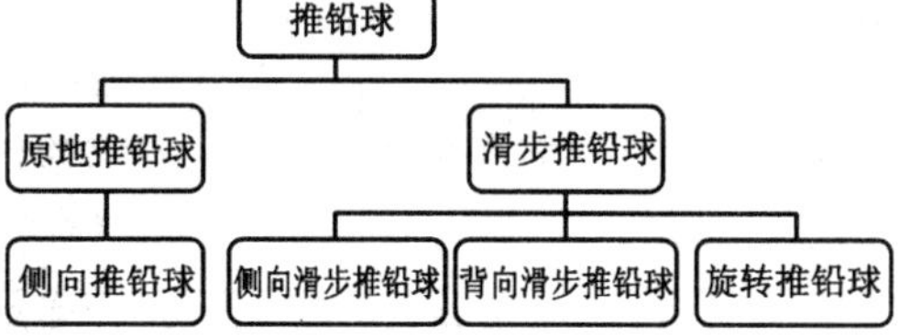

图2-12

1. 原地侧向推铅球技术

原地侧向推铅球技术由握球和持球、预备姿势、用力、维持身体平衡四个部分组成，重点是用力技术，如图2-13所示。

图2-13

(1)握球和持球(以右手投为例，下同)

握球手的手指自然分开，把球放在食指、中指和无名指的指根上，大拇指和小指支撑在球的两侧，以防止球的滑动和便于控制出球的方向，掌心不触球。然后将球放到锁骨窝处，紧贴颈部，掌心向前，右肘抬起与肩平，右上臂与躯干成90°，右侧胸、背部肌肉适度紧张，如图2-14所示。

图2-14

(2)预备姿势

握好球后，身体左侧对投掷方向，两脚左右开立比肩稍宽，左脚尖指向斜前方并与右脚弓在一直线上；右膝弯曲，上体向右倾斜扭转，重心落在右腿上；左臂微屈于胸前，使球的垂直线离开右脚外侧，以加长用力距离和拉紧左侧肌肉。

(3)用力

推球时，右脚迅速用力蹬地，脚跟提起，右膝内转，右髋前送，使上体向左侧抬起，朝着投掷方向转动。当身体左侧接近与地面垂直的一刹那，以左肩为轴，右腿迅速伸直，身体转向投掷方向，挺胸、抬头，右肩用力向前送，右臂迅速伸直将球向前上方40°~42°推出。球离手时手腕要用力，并用手指拨球。推球的同时，左腿用力向上蹬直，以增加铅球向前和向上的力量。

(4)维持身体平衡

球出手后，右腿迅速与左脚交换，左腿后举，降低身体重心，缓冲向前的力量，以维持身体的平衡。

2. 滑步推铅球技术

滑步推铅球技术可分为握球和持球、预备姿势、滑步、最后用力、维持身体平衡五个部分，重点也是用力技术。

（1）侧向滑步推铅球技术（见图 2-15）

图 2-15

1）握球和持球：握球和持球方法与原地侧向推铅球技术相同。

2）预备姿势：右手持球，身体左侧对着投掷方向。

3）滑步：以左大腿向投掷方向摆出，同时右腿蹬离地面，右脚沿地面滑至投掷圈的中心部位，左脚迅即着地，形成最后用力的开始姿势。

4）最后用力：右脚快速蹬转，使右髋向投掷方向转动，并侧向抬起上体。当上体左侧移至与地面垂直的瞬间，两腿迅速蹬伸，左臂在体侧制动，同时挺右胸、送右肩，最后以右臂迅速将球推出。铅球快出手时，手腕稍向内转同时屈腕，快速而有力地拨球，使铅球从手指离开。

5）维持身体平衡：球离手后，即降低身体重心并交换两腿，缓冲向前的冲力，维持身体平衡。

（2）背向滑步推铅球技术（见图 2-16）

图 2-16

1）握球和持球：同上。

2）预备姿势：右手持球，身体背对着投掷方向。

3）滑步：滑步前左臂先向后方做一两次预摆，预摆时左腿自然弯曲，大腿用力平稳向上摆起，右腿伸直，上体前屈。左臂微屈前伸或下垂并稍向内，头与背保持一条直线。同时右腿蹬离地面，右脚沿地面滑行至投掷圈中心部位，接着右腿迅速内扣，左脚以内侧掌着地，形成背向最后用力的开始姿势。

4）最后用力：右脚蹬转，右脚向投掷方向转动，使髋轴转动超过肩轴，上体形成扭紧姿势。当上体左侧移至与地面垂直的瞬间，两腿迅速蹬伸，左臂在体侧制动，同时挺右胸、送右肩，最后以右臂迅速将球推出。铅球快出手时，手腕稍向内转同时屈腕，快速而有力地拨球，使铅球从手指离开。

5）维持身体平衡：球离手后，即降低身体重心并交换两腿，缓冲向前的冲力，维持身体平衡。

(3)旋转推铅球技术

旋转推铅球技术也可分为握球和持球、预备姿势、旋转、最后用力、维持身体平衡五个部分,重点仍是用力技术。

1)旋转前,右手持球背对投掷方向,持球臂的肘部向外展开,上体稍前倾。

2)旋转开始时,上体向左摆,左膝和左肩同时向左转动。

3)当胸部转至投掷方向时,右脚随之旋转,脚掌落在投掷圈的中心部位,形成背对投掷方向;接着右膝弯曲并继续旋转,左脚掌快速落在圆圈左侧,形成最后用力开始的姿势。

4)随后右脚继续蹬转,右髋不断向前上方转动,当头和胸部转向投掷方向时,挺右胸、送右肩,右臂迅速将球推出。

5)球离手后,迅即交换双腿,保持身体平衡。

子项目二　标枪

【项目描述】

通过相关知识点的学习和实地实训,掌握掷标枪项目的技术。

【项目要求】

正确掌握掷标枪的技术。

【技能目标】

掌握掷标枪的技术。

【材料用具】

标枪。

【相关知识点】

一、掷标枪项目技术

掷标枪技术主要分为握枪、持枪、助跑、最后用力和出手后的身体平衡等技术环节,如图 2-17 所示。

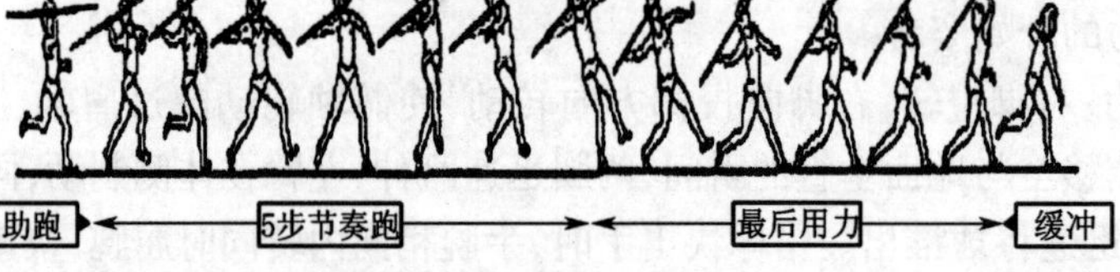

图 2-17

1. 握枪

常见的有现代式和普通式两种。现代式握法是把标枪斜放于掌心，大拇指和中指握在标枪缠绳把手末端第一圈的上沿，食指自然弯曲斜握在枪杆上，无名指和小指自然地握在缠绳把手上（见图 2-18a）。这种握法可加长投掷半径，便于控制标枪出手角度和飞行的稳定性，为多数运动员所采用。普通式握法手腕紧张，不利于控制出标角度，很少有人采用（见图 2-18b）。

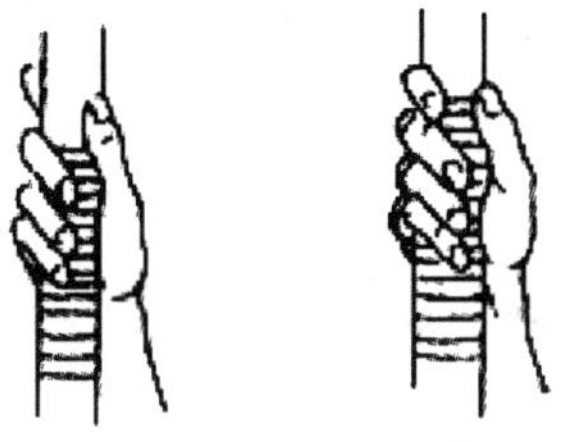

图 2-18

2. 持枪

现在多数人都采用肩上持枪（见图 2-19）。持枪于右肩上方，稍高于头，枪尖稍低于枪尾这种持枪法手腕放松，便于向后引枪。目前采用这种方法的人较多。

持枪于右肩上方右耳旁，枪身与地面几乎平行。这种方法引枪时，能较好地控制标枪的角度，但投掷臂与手腕比较紧张。

持枪于头右侧，枪尖稍向上。这种持枪法臂和手腕紧张，很少有人采用。

图 2-19

3. 助跑

助跑的目的是为了在最后用力前获得预先速度，并在助跑中做好引枪动作，为最后用力创造条件。助跑的距离一般为 25 ~ 35 米。

（1）预跑阶段

从第一标志线到第二标志线，为预跑段，16 ~ 20 米。跑双数步 8 ~ 12 步，跑单数步 9 ~ 13 步。预跑时动作自然，上体微前倾，逐渐加速，用前脚掌着地，持枪臂随跑的节奏自然前后摆动，从容地进入投掷步。

（2）投掷步阶段（见图 2-20）

从第二标志线到起掷弧线为助跑的第二阶段。投掷步一般采用 5 步，也有采用 6 步或 7 步的。投掷步的第 1 步是左脚踏上第二标志线，右脚积极向前迈步，脚掌落地部位稍偏右,右肩向右转动并开始向后引枪,左肩向标枪靠近,左臂在胸前自然摆动,眼前视。投掷步的第2步是当右脚落地,左脚离地前迈时,髋轴向右转动掷标枪,右肩继续向右转动并完成引枪动作。上体转成侧对投掷方向,左脚掌落地后,与投掷方向成较大的角度,左臂摆至身体左侧,上体正直,眼前视。投掷步的第3步(交叉步)是在投掷步第2步左脚落地时,右腿自然弯曲,大腿带动小腿积极向前迈步,左腿猛蹬伸,使右大腿加速前迈,成交叉步,左臂自然摆至胸前,投掷臂伸直充分后引,右脚尖与投掷方向成45°角左右,躯干与右腿成一条直线。投掷步的第4步是从助跑过渡到最后用力的衔接步。交叉步结束前,左腿积极迈第4步,用脚掌内侧落地。

图 2-20

4. 最后用力

投掷步第4步落地后,右腿积极蹬地转髋,肩轴向投掷方向转动,投掷臂上臂向上转动,带动前臂和手腕向上翻转。当上体转到正对投掷方向时,投掷臂翻到肩上,左肩内扣,成“满弓”姿势(见图2-21)。然后,上臂带动前臂向前做爆发式的“鞭打”动作,使标枪向前飞出。在标枪离手的一刹那,甩腕、指,使标枪沿纵轴顺时针方向转动。

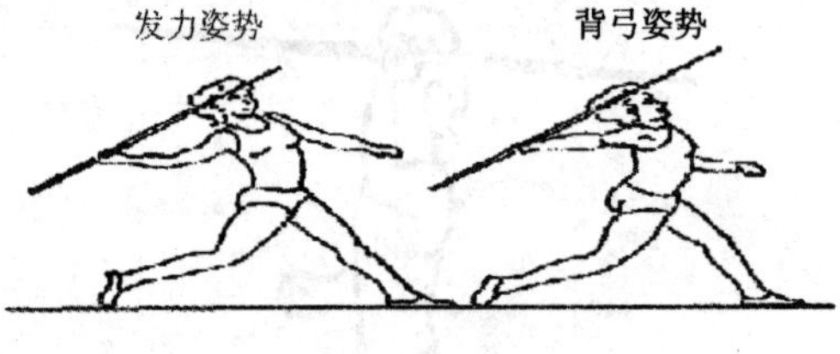

图 2-21

5. 缓冲和维持身体平衡

标枪出手后,运动员随着向前的惯性,继续向前运动,为了防止犯规,应及时向前跨一至两步,身体稍向左转,并降低身体重心,维持平衡(见图2-22)。

图 2-22

子项目三 铁饼

【项目描述】

通过相关知识点的学习和实地实训，掌握掷铁饼项目的技术。

【项目要求】

正确掌握掷铁饼的技术。

【技能目标】

掌握掷铁饼的技术。

【材料用具】

铁饼。

【相关知识点】

一、掷铁饼项目的技术

从技术结构上讲，完整的掷铁饼过程可以分为握法、预备姿势、预摆、旋转、最后用力和铁饼掷出后的维持身体平衡六个部分。

1. 握法

五指自然分开，拇指和手掌平靠铁饼，其余四指的最末指节扣住铁饼边沿，铁饼的重心在食指和中指之间，手腕微屈，铁饼的上沿靠在前臂上，持饼臂自然下垂于体侧（见图2-23）。

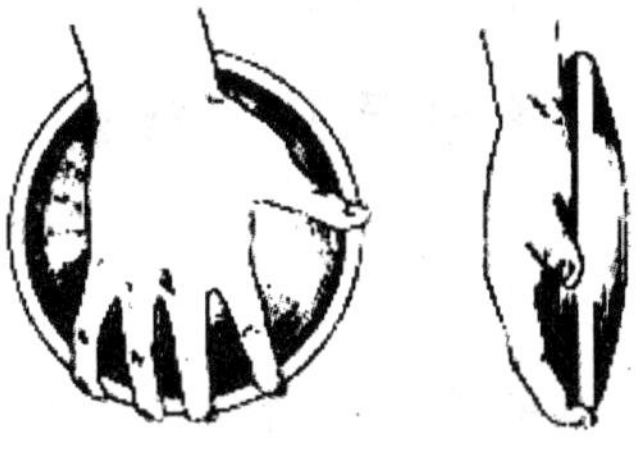

图 2-23

2. 预备姿势

背对投掷方向，两脚左右开立约一肩半，站于圈内靠后沿处的投掷中线两侧。两脚平行开立或左脚稍后，持饼臂自然下垂于体侧，眼平视。

3. 预摆

预摆是为了获得预先速度，为旋转创造有利条件。目前常见的预摆有两种。

(1)左上右后摆饼法

开始时，持饼臂在体侧前后自然摆动，当铁饼摆到体后时，体重靠近右腿，接着以躯干带动持饼臂向左上方摆起，当铁饼摆到左上方时，左手在下托饼，体重靠近左腿，上体稍左转。回摆时，躯干带动持饼臂将铁饼摆到身体右后方，身体向右扭紧，体重处于右腿上，上体稍前倾，左臂自然微屈于胸前，眼平视，头随上体的转动而转动。

（2）身体前后摆饼法

开始时，持饼臂在体侧前后自然摆动，当铁饼摆向体前左方时，手掌逐渐向上翻转，右肩稍前倾，体重靠近左腿。铁饼回摆到体后时，手掌逐渐翻转向下，体重由左向右移动，上体向右后方充分转动，使身体扭转拉紧。这种方法动作放松、幅度大，目前大多数优秀选手都采用这种方法。

4. 旋转

预摆结束后，弯曲的右腿蹬地，上体向左转动，同时左膝外展，体重由右脚向边屈边转的左腿移动。接着两腿积极转动，并以左脚前脚掌为轴向投掷方向转动，身体向投掷方向倾斜，投掷臂在身后放松牵引铁饼。当左膝、左肩和头即将转向投掷方向时，右膝自然弯曲，以大腿发力带动整个腿绕左腿向投掷方向转扣（右脚离地不能过高），这时左髋低于右髋，身体成左侧单腿支撑旋转，接着以左脚蹬地的力量推动身体向投掷圈的中心移动，右腿、右髋继续转扣。当左脚蹬离地面，右腿带动右髋快速内转下压，左腿屈膝迅速向右腿靠拢，左肩内扣，上体收腹稍前倾。接着，左脚积极后摆，以脚掌的内侧着地，落在投掷圈中线左侧，圆圈前沿稍后的地方，身体处于最大限度的扭转拉紧状态，铁饼远远留在右后方，左臂自然微屈于胸前，为最后用力做好准备。

5. 最后用力

当左脚着地时，右脚继续蹬转，使右髋积极向投掷方向转动和前送。接着，头向投掷方向转动，左臂微屈于胸前，胸部开始向前挺出，体重逐渐移向左腿。当体重移向左腿时，右腿继续蹬伸用力，以爆发式的快速用力向前挺胸挥饼。与此同时，左腿迅速用力蹬伸，左肩制动，成左侧支撑，使身体右侧迅速向前转动，将全身的力量集中在铁饼上，当铁饼挥至右肩同高并稍前时，用小指到食指依次用力拨饼出手，使铁饼沿顺时针方向转动向前飞行。

6. 维持身体平衡

铁饼出手后，应及时交换两腿，身体顺惯性左转，同时降低身体重心，维持身体平衡。

子项目四　链球

【项目描述】

通过相关知识点的学习和实地实训，掌握掷链球项目的技术。

【项目要求】

正确掌握掷链球的技术。

【技能目标】

掌握掷链球的技术。

【材料用具】

链球。

【相关知识点】

一、掷链球项目的技术

现以向左旋转和向左上方出球为例。从技术结构上讲,完整的掷链球过程可以分为握法、预备姿势、抡摆、旋转、最后用力和铁饼掷出后的维持身体平衡六个部分(见图2-24)。

图2-24

1. 握法

采用扣锁式握柄方法,先用左手勾握住把柄,右手紧紧扣握在左手上,然后两拇指交叉扣锁,左手可戴外露指尖的手套。

2. 预备姿势

预备时运动员站在投掷圈内的后缘,背对投掷方向,两脚的距离约同肩宽,两膝微屈,上体稍向前倾并右转,体重大部分落在右腿上,链球放在右后方,两臂与链子和球体成一直线。有的运动员将球提离地面,由体前摆至右后方做预备姿势。

3. 抡摆

为了使链球在旋转前先获得一定的速度,一般都抡摆两周。开始抡摆时,先把链球向前右上拉起,同时将体重移向左腿。当球抡摆至左后方高点时,体重又移至右腿。左脚跟抬起,躯干沿身体纵轴掷链球向右下方移动,这时两臂要伸直,以保持最大半径的抡摆。球从左上方向右下方运行时,体重移至左腿,完成第一次抡摆。第二次抡摆的速度要更快些,幅度要更大些,在整个抡摆中髋部要作对抗离心拉力的补偿动作,使身体很稳固地完成抡摆。

4. 旋转

从双脚支撑阶段开始,链球摆至身体右侧与肩齐平时进入第一圈旋转。此时两腿弯曲,躯干稍向右转,当链球由右侧沿弧线移至身体右侧低点时,以左脚跟右脚掌为支点向左转动,随链球向左上方高点运动,左脚向左转动180°,躯干向左移动90°,体重移向左脚,同时右腿迅速蹬离地面,右膝紧靠左膝,进入单脚支撑阶段。此时体重由双脚移向左脚,左脚应压得很紧,使左膝的投影点落在左脚尖前面,左膝保持一个相对稳定的夹角,形成以左腿和左肩为支撑的旋转轴。此时尽量保持躯干垂直和两臂伸直,并使身体重心靠近左腿。当完成了左脚跟向左脚掌的滚动过渡,紧接着就是由单脚向双脚的旋转,这时处于高点的链球,由左后高点沿弧线向右下方运动,左脚跟抬起,左膝越过支撑点,左脚积极转动至开始位置。在链球接近右肩同高位置时,右脚掌积极着地,充分超越链球,完成第一圈旋转。第二、三两圈旋转的技术结构与第一圈基本相同,但由于旋转的速度不断加快,必然形成下列一些变化。一是链球运行斜面的倾斜度逐圈加大,从第一圈37°~38°,逐渐接近最后用力的出手角度。二是链球运行的最低点逐圈向右前下方移,最高点向左后上方移。三是在旋转中左脚虽然是沿一条直线向正对投掷方向移动,而右脚在向投掷方向的移动中,却逐渐向左脚靠近,因此脚迹形成的是一个锥形。近年来有不少运动员采用转四圈的投掷技术,其优点是加快链球的出手速度。但四圈的技术难度更大,要求运动员有较高的身体训练水平和更为完善的技术。由于投掷圈直径的限制,四圈投掷的第一圈是以左脚前掌着地进行身体不向前移的旋转。

5. 最后用力

从最后一圈旋转结束、右脚着地开始的,此时链球在右侧上方略高于肩,身体成扭转状态,两腿弯曲,链球远离身体,随躯干积极向左转动。球通过最低点,开始蹬伸两腿,头后仰,保持上体直立,拉长背肌,左腿继续蹬伸,右腿稍屈,以右脚掌支撑向左移动,胸和臂积极向上抬起,顺着链球运行的方向迅速有力地挥臂。当链球达到肩高部位时,即放手将球掷出。链球出手的角度在42°~44°之间。

6. 维持身体平衡

链球出手后注意做转体动作,面对投掷方向,换腿降低重心以保持平衡。

项目六　田径运动规则

【项目描述】

通过相关知识点的学习和实地实训,了解田径运动会有关规则,掌握田径运动会的裁判技术。

【项目要求】

(1)了解径赛的裁判规则。

(2)了解田赛的裁判规则。

【技能目标】

(1)掌握径赛的裁判规则。

(2)掌握田赛的裁判规则。

【相关知识点】

一、径赛项目竞赛规则

1. 短跑、中长跑的名次判定

在田径比赛中,所有赛跑项目参赛者的名次取决于其身体躯干(不包括头、颈、臂、腿、手或足)抵达终点线后沿垂直面为止时的顺序,以先到达者名次列前。在任一赛次中,按成绩录取进入下一赛次时如遇运动员成绩相等,则终点摄像主裁判应考虑相关运动员的1/1 000秒的实际成绩。如果成绩依然相等,则相关运动员均应进入下一赛次。如实际条件不允许,应抽签决定进入下一赛次的人选。在决赛中第一名成绩相同,裁判长有权决定是否重赛，若无条件重赛，则并列第一；至于其他名次成绩相同，按并列处理。

2. 短跑、中长跑的起跑

在国际赛事中，所有 400 米或以下的径赛项目，必须采用蹲踞式起跑及起跑器。

发令员口令为“各就位”(on your marks)、“预备”(set)，最后发令枪响。在“各就位”及“预备”口令之后，参赛者应立即完成有关动作，否则属起跑犯规。如果有运动员抢跑，发令员就会宣布起跑犯规。对第一次起跑犯规的运动员应给予警告，除了全能项目之外，每项比赛只允许一次起跑犯规而运动员不被取消资格，之后每次起跑犯规的运动员均将被取消该项目的比赛资格。在全能比赛中，如果一名运动员两次起跑犯规，将被取消比赛资格。

除此以外，在“各就位”口令发出后，以声音或动作扰乱他人，也应被判为起跑犯规。在枪声响起前有任何起跑动作，均属起跑犯规。如因仪器或其他原因而非运动员造成的起跑犯规，应向所有运动员出示绿牌。

400 米以上(不含 400 米)的径赛项目，均采取站立式起跑。发令员口令为“各就位”，当所有参赛者在起跑线后准备妥当且静止后，便可鸣枪开始比赛。

3. 分道跑

在分道跑和部分分道跑的径赛项目中，如果参赛者越出跑道获得实际利益或冲撞、阻碍其他参赛者，会被取消参赛资格。如果参赛者被推或挤出指定的跑道，只要未获得实际利益也未影响他人，可不取消其参赛资格。同样，任何参赛者在直道中越出其跑道或在弯道中越出其跑道的外侧，只要没有获得实际利益及阻碍他人，均不算犯规。

4. 赛次和分组

径赛一般分为第一轮(round1)、第二轮(round2)、半决赛(semi-finals)和决赛(finals)四个赛次。而赛次的安排和分组，以及每一赛次的录取人数等将根据报名参加比赛的人数决定。预赛分组时要尽可能把成绩好的运动员平均分配到不同的小组中去。在其后的各轮比赛中，分组依据运动员在前一轮的比赛成绩。如果可能，相同国家或地区的运动员应分开。

5. 分道

运动员在所有短跑、跨栏和 4×100 米接力赛中自始至终都必须在自己的跑道里。800 米和 4×400 米接力赛，运动员要在自己的跑道里起跑，通过抢道标志线以后才能离开自己的跑道，切入里道。运动员的跑道由技术代表抽签确定。第二轮开始的各轮比赛，跑道的选择还需依据运动员在上一轮的比赛结果，如排名前 4 位的运动员抽签后分别占据第 3、4、5、6 跑道，后 4 名抽签排定第 1、2、7、8 跑道。

6. 接力赛

4×100 米接力跑是分道进行的，接棒者可以在接力区前 10 米内起跑。接力赛中，运动员必须在 20 米的接力区内完成交接棒。“接力区内”的判定是根据接力棒的位置，而不是根据参赛者的身体或四肢的位置。

在 4×400 米接力跑中，第一棒全程及第二棒的第一弯道是分道跑，第二棒运动员跑至抢道线后方可自由抢道。第一棒的传接必须在参赛者指定的跑道内进行，其余各棒的传接，裁判员根据第二及第三棒运动员通过 200 米起点处的先后，按次序让其第三及第四棒的队友在接力区内，由内至外排列等候接棒。所有接棒者均不可在接力区外起跑。

接力棒必须拿在手上，直到比赛结束为止。完成交接棒后，运动员应留在本队的跑道中以免因影响他人而被取消比赛资格。任何人掉了棒，必须由其本人拾回，而且要在不影响别人的前提下，越出自己的跑道以拾回接力棒。

7. 跨栏

各参赛者必须在自己的跑道内完成比赛，当参赛者跨越栏架时，若其腿或足从低于栏架顶的水平线跨越，或跨越并非自己赛道上的栏架，或故意以手或足撞倒任何栏架，均应取消其参赛资格。

在100米、200米和100米栏、110米栏比赛中，如果顺风超过2米/秒，运动员创造的成绩就不能成为新的纪录。

二、田赛项目竞赛规则

1. 比赛方法

奥运会田赛项目的比赛通常先分两组进行及格赛，通过及格标准的直接进入决赛。如达到及格标准的运动员人数不足12人，不足的人数按及格赛成绩递补。远度项目决赛前三轮比赛的顺序由抽签决定。决赛前三轮比赛结束后，按成绩取前8名运动员进行最后三轮比赛；第四、五轮比赛排序按前三轮成绩的倒序排列，第六轮比赛排序则按前五轮成绩的倒序排列，成绩最好的在最后跳（掷）。

2. 有效成绩

（1）除犯规外，跳跃远度项目比赛中，运动员每次试跳的成绩均为有效成绩。

（2）除犯规外，高度项目比赛中，运动员每次跳过的高度为有效成绩。

（3）除犯规以外，投掷项目比赛中，当运动员投出的器械完全落在落地区内（不包括落地区边线）才算有效，丈量成绩时从距离投掷区最近的落地点算起。其中标枪项目必须是枪尖首先触地成绩才算有效。

3. 录取名次

（1）远度项目

远度项目比赛结束以后，以运动员最好的一次试跳（掷）成绩，包括因第一名成绩相等而进行的决名次赛的成绩，作为最后的决定成绩判定名次，成绩好者列前。

如出现最好成绩相等，则以第二好成绩来确定名次，依此类推，直到最后一个成绩。如果还是相同，除了第一名以外，其他名次可以并列；如果涉及第一名成绩相同，必须让这些涉及第一名的运动员继续比赛，直到决出第一名为止。

（2）高度项目

在高度项目比赛中，如出现最好成绩相等，则按以下规定解决。

1）在出现成绩相等的高度上，试跳次数较少者名次列前。

2）如成绩仍然相等，则在包括最后跳过的高度在内的决赛全部比赛中，试跳失败次数较少者名次列前。

3）如成绩仍相等：当涉及第一名时，进行决名次赛，直到分出名次为止。如成绩不涉及第一名，其他名次可并列。

4. 犯规

（1）跳远、三级跳远

有下列之一情况即判犯规。

1）运动员以身体任何部位触及起跳线之前的地面。

2）从起跳板两端之外起跳，无论是否超过起跳线的延长线。

3）触及起跳线和落地区之间的地面。

4）在落地过程中触及落地区以外的地面，而落地区外的触地点较落地区内的最近触地点更靠近起跳线。

5）离开落地区时，运动员在落地区外地面的第一触地点较落地区内最近触地点和在落地区内因身体失去平衡而留下的任何痕迹更靠近起跳线。

6）在助跑或跳跃中采用任何空翻姿势。

7）还未通知该运动员试跳，而进行试跳，不管是否成功，都应判该次试跳失败。

8）无故错过该次试跳顺序。

9）无故延误时限。比赛时，若运动员无故延误时间，即不准参加该次试跳，以失败论处。如果在比赛中再次无故延误比赛时间，即取消该运动员的比赛资格，但在此之前的比赛成绩仍然有效。每次试跳的时限为 1 分钟，只有当一名运动员连续两次试跳时，其试跳时限为 2 分钟。在时限只剩最后 15 秒时，计时员举黄旗示意，当时限到时，落下黄旗，主裁判应判定运动员该次试跳失败。如时限到的同时，运动员已开始试跳，应允许其进行该次试跳。当裁判员通知运动员试跳开始后，运动员才决定免跳，当时限已过时，应判为该次试跳失败。

（2）跳高

有下列之一情况即判犯规。

1）使用双脚起跳。

2）由于运动员的试跳动作致使横杆未能停留在横杆托上。

3）在越过横杆之前，身体触及立柱前沿垂直面以外的地面或落地区。但如果裁判员认为运动员并没有受益，则不应由此而判该次试跳失败。

4）无故延误时限。

5）当裁判员通知运动员试跳开始后，运动员才决定免跳，当时限已过时，应判该次试跳失败。

6）试跳时，运动员有意用手或手指把即将从横杆托上掉下的横杆放回。

7）无故错过该次试跳顺序。

（3）撑竿跳高

有下列之一情况即判犯规。

1）试跳后，由于运动员的试跳动作致使横杆未能停留在横杆托上。

2）在越过横杆之前，运动员的身体或所用撑竿的任何部位触及插斗前壁上沿垂直面以外的地面或落地区。

3）起跳离地后，将原来握在下方的手移握至上方的手以上或原来握在上方的手向上移握。

4）试跳时，运动员用手稳定横杆或将横杆放回。

5）无故延误时限。

6）当裁判员通知运动员试跳开始后，运动员才决定免跳，当时限已过时，应判为该次试跳失败。

7）当裁判员根据运动员登记的架距调整好架距后，计时员已开始计时，运动员再提出调整架距，则再次调整架距的时间应计入运动员的试跳时间内，如因此而超出试跳时限，则应判定试跳失败。

8)无故错过该次试跳顺序。

9)试跳中,当撑竿不是朝远离横杆或撑竿跳高架方向倾倒时,如有人接触撑竿,而有关裁判长认为,如果撑竿不被接触,将会碰落横杆,则应判为此次试跳失败。

(4)投掷项目

在比赛过程中,运动员如果有下列违反规则的行为,则会被判犯规,成绩无效。

1)超出时间限制。

2)投掷铅球和标枪技术不符合规则规定(规则要求铅球和标枪必须由单手从肩上掷出)。

3)在投掷过程中,身体和器械的任何一部分不得触及投掷圈铁圈上沿或圈外的地面和标枪投掷弧、延长线以及线以外地面任何一部分,包括铅球抵趾板的上面,否则即为投掷失败。

4)只有当器械落地以后,运动员才允许离开投掷圈或助跑道。标枪运动员在投出的枪落地前,不能在投掷后转身完全背对其投出的标枪。完成投掷后,链球、铁饼和铅球运动员必须从投掷圈后半圈的延长线后面退出。标枪运动员必须从投掷弧以及延长线以后退出。

5)在没有犯规的情况下,参赛者可以中止已开始的试掷动作,将器械放下以后暂时离开投掷区,并重新开始,但是必须在规定的时限内完成投掷。

6)参赛者可以在比赛期间离开比赛区域,但必须由裁判员许可并由裁判员陪伴。

7)比赛过程中,运动员不能在比赛场地使用以下电子设备:摄像机、便携式录放机、收音机、CD 机、报话机、手机、MP3 以及类似的电子设备。

5. 裁判员的旗示

在跳跃项目比赛中,通常有一名主裁判手中持有红、白旗帜各一面,用来示意运动员试跳是否成功。举红旗表示试跳失败,成绩无效;举白旗表示成功,成绩有效。

在投掷项目比赛中,通常有两名主裁判手中持有红、白旗帜各一面,用来示意运动员试投是否成功。举红旗表示试投失败,成绩无效;举白旗表示成功,成绩有效。其中一名站在投掷区附近的裁判称为内场主裁判,主要判定运动员在试投过程中是否犯规;另一名在落地区内的裁判称为外场主裁判,主要判定器械落地点是否有效。

6. 田赛成绩实时显示牌

在国际或国内大型田径运动会中,通常会在赛场显著的位置摆放一块电子显示牌,用来及时显示当前比赛项目的一些基本情况。跳跃、投掷前显示将要试跳、试投的运动员的号码、姓名、国家(或地区)代码以及试跳、试投次数,该运动员前几轮的最好成绩和目前暂列的名次,本次比赛前几轮的最好成绩,试跳、投掷结束后会显示出该运动员本次试跳、试投的成绩。

三、全能项目竞赛规则

全能比赛需按照顺序进行各个项目比赛,所有比赛的场地和器械以及比赛规则与单项比赛基本相同,但有一些小差别:运动员在单项赛跑项目中第二次及之后抢跑的运动员都要被罚出比赛,但全能比赛是一个人两次抢跑才处罚。新的世界纪录或奥运会纪录要求比赛时风速不能超过 2 米/秒,全能比赛则不超过 4 米/秒。在跳远和投掷项目中,每个运动员只能试跳(掷)3 次。在跳高单项比赛中的每轮比赛后,横杆升高不得少于 2 厘米,而全能跳高比赛中始终升高 3 厘米;撑竿跳高单项比赛每次至少升高 5 厘米,而全能比赛中始终升高 10 厘米。

1. 分组、分道和比赛顺序

全能项目最后一项比赛的分组,应将倒数第二项比赛后积分领先的运动员分在一组。其他项目抽签决定。

2. 录取名次

全能比赛以最后所有项目的总积分最多者为胜。如果总分相等,则以得分较高的单项数量多者为胜。如果依然相等,则以任何一个单项得分高者为胜。如果再次出现相同,则以第二得分高的单项分数较高者名次列前,并依此类推。

任务六　球类

【任务描述】

通过相关知识点的学习,了解球类运动的起源与发展、球类运动分项、项目设置场地、所用器械的标准。

【任务要求】

(1)了解球类运动的起源与发展。

(2)熟悉球类运动的分项、项目设置场地、所用器械的标准。

【相关知识点】

一、球类运动的起源与发展

(一)乒乓球运动

起源于 19 世纪 70 年代的英国,20 世纪 20 年代传入欧洲大陆,继而在美洲和亚洲等国家广泛开展,欧洲人至今把乒乓球称为"table tennis",也就是"桌上的网球"。1904 年,上海一家文具店的老板王道平从日本买回 10 套乒乓球器材。从此,乒乓球运动传入我国,乒乓球在我国具有广泛的群众基础,有"国球"之称。目前全世界有近 4 000 万人从事该运动,1926 年,在德国柏林举行了国际乒乓球邀请赛,后被追认为第一届世界乒乓球锦标赛。同时成立了国际乒乓球联合会。1988 年第 24 届奥运会乒乓球被列为正式比赛项目。

在名目繁多的乒乓球比赛中,最负盛名的是世界乒乓球锦标赛,起初每年举行一次,1957 年后改为两年举行一次。

(二)高尔夫运动

关于高尔夫运动的起源有多种不同的说法,流传最广的一种是古时的一位苏格兰牧人在放牧时,偶然用一根棍子将一颗圆石击入野兔子洞中,从中得到启发,发明了后来称为高尔夫球的运动。因此,高尔夫这个词最早出现在 14 世纪苏格兰议会的文件中。

率先涉及打高尔夫球的是苏格兰北海岸的士兵,后来逐渐引起宫廷贵族和民间青年的浓厚兴趣,最终成为苏格兰的一项传统项目。尔后传入英格兰,19 世纪末传到美洲、大洋洲及南非,20 世纪传到亚洲。由于打高尔夫球最早在宫廷贵族中盛行,加之高尔夫球场地设备昂贵,故有“贵族运动”之称。

20 世纪,高尔夫运动传入我国。1931 年,上海成立了高尔夫球游戏中心。同年,中、英、美商人合办高尔夫球俱乐部,在南京陵园体育场旁开辟了高尔夫球场。

进入 20 世纪 80 年代,高尔夫运动在我国得到了很快的发展。1985 年,我国高尔夫球协会成立,1986 年 1 月,我国首次国际高尔夫球赛——中山杯职业、业余选手混合邀请赛在中山市温泉高尔夫球场举行。以后,每年举办一次。最近几年,高尔夫球运动在我国已迅速普及和发展起来。

作为一种时尚或某种身份的隐约暗示,高尔夫球已逐渐渗透到我们的生活之中,并令不少人向往。高尔夫,本是英语“golf”的译音。在英语中,“golf”一词是由绿(green)、氧气(oxygen)、阳光 (light)和友谊(friendship)这四个单词的首字母所组成的。一项运动能兼有上述四项诱人的内容,在崇尚休闲的现代社会中,难怪它能成为人们的宠儿了。

(三)羽毛球运动

关于羽毛球的起源有很多种说法。

1. 起源于日本

相传羽毛球最早出现于 14—15 世纪时的日本,球拍是木制的,球用樱桃核插上羽毛制成。这种球由于球托是樱桃核,太重,球飞行速度太快,使得球的羽毛极易损坏,加之球的造价太高,所以该项运动时兴了一段时间就慢慢消失了。

2. 出现在印度

大约至 18 世纪时,印度的普那出现了一种与早年日本的羽毛球极相似的游戏,球用直径约 6 厘米的圆形硬纸板,中间插羽毛球制成(类似我国的毽子),板是木质的,玩法是两人相对站着,手执木板往返击球。

3. 诞生在英国

现代羽毛球运动诞生于英国,大约在 1800 年左右,由网球派生而来。我们可以注意到现今的羽毛球场地和网球场地仍非常相似。1870 年,出现了用羽毛、软木做的球和穿弦的球拍。1873 年,英国公爵鲍弗特在格拉斯哥郡伯明顿镇的庄园里进行了一次羽毛球游戏表演。从此,羽毛球运动便逐渐开展起来,“伯明顿”即成了羽毛球的名字,英文的写法是“badminton”。那时的活动场地是葫芦形,两头宽中间窄,窄处挂网,直至 1901 年才改为长方形。1875 年,世界上第一部羽毛球比赛规则出现于印度的普那。3 年后,英国又指定了更趋完善和统一的规则,当时规则的不少内容至今仍无太大的改变。1893 年,世界上最早的羽毛球协会——英国羽毛球协会成立,并于 1899 年举办了全英羽毛球锦标赛。1934 年,由加拿大、丹麦、英国、法国、爱尔兰、荷兰、新西兰、苏格兰和威尔士等国家和地区联合发起了国际羽毛球联合会,总部设在伦敦。从此,羽毛球国际比赛日渐增多。1992 年,羽毛球被列为奥运会正式比赛项目。

(四)篮球运动

篮球是 1891 年由美国马萨诸塞州斯普林菲尔德(旧译春田)市基督教青年会训练学校体育教师詹姆斯·奈史密斯博士创造的,起初,他将两只桃篮分别钉在健身房内两端看台的栏杆上，桃篮上沿距离地面3.04米，用足球作比赛工具，向篮投掷。投球入篮得1分，按得分多少决定胜负。

最初的篮球比赛，对场地大小和比赛时间无严格限制，只需双方参加比赛的人数相等。但每次投球进篮后，要爬梯子将球取出再重新开始比赛。以后逐步将竹篮改为活底的铁篮，再改为铁圈下面挂网。到1893年，形成近似现代的篮板、篮圈和篮网。比赛开始，双方队员分别站在两端线外，裁判员鸣哨并将球掷向球场中间，双方跑向场内抢球，开始比赛。持球者可以抱着球跑向篮下投篮，首先达到预定分数者为胜。

1892年，奈史密斯制定了13条比赛规则，主要规定是不准持球跑，不准有粗野动作，不准用拳击球，否则即判犯规，连续3次犯规判负1分；比赛时间规定为上、下半时，各15分钟；对场地大小也作了规定。上场比赛人数逐步缩减为每队10人、9人、7人，1893年定为每队上场5人。

1904年在第3届奥林匹克运动会上第1次进行了篮球表演赛。1908年美国制定了全国统一的篮球规则，并用多种文字出版，发行于全世界，这样，篮球运动逐渐传遍美洲、欧洲和亚洲，成为世界性运动项目。

目前篮球项目在世界各地深受欢迎，主要赛事有世界男、女篮球锦标赛，世界男、女青年赛，奥运会男、女篮球比赛，均每4年举行一次。美国的职业篮球赛始终代表着世界最高水平。

如今篮球运动正在我国如火如荼地发展。我国也出现了姚明这样的世界级篮球明星。

（五）足球运动

足球运动是一项古老的体育活动，源远流长，据说最早产生于我国。我国古代把踢足球称做“蹴鞠”或“蹋鞠”，“蹴”和“蹋”都是踢的意思，“鞠”是球名。汉唐两代是我国古代足球发展最兴盛的时期，发展成直接对抗的竞赛。到了唐朝（618—907），蹴鞠所用的皮球，由内填毛发改为人用嘴吹气，同时用两个球门代替“鞠室”。至宋代（960—1279），蹴鞠发展成为双球门及单球门的竞赛，还出现了被称做齐云社或圆社的球会组织，而且所用皮球由人用嘴吹气发展为用气筒打气，越来越接近现代足球。汉代蹴鞠是训练士兵的手段，制定了较为完备的体制。如专门设置了球场，规定为东西方向的长方形，两端各设六个对称的“鞠域”（也称“鞠室”），各由一人把守，场地四周设有围墙。比赛分为两队，互有攻守，以踢进对方鞠室的次数决定胜负。经过汉代的初步流行，唐宋时期蹴鞠活动达到高潮，甚至出现了按照场上位置分工的踢法。唐代蹴鞠已有多种方式，有比赛颠球次数的“打鞠”，有场地中间挂网、类似网式的“白打”，有多人参与拼抢的“跃鞠”。此外，还有设立球门的比赛，这种方式每队有一定人数和固定位置，规定队员只能在自己的位置上踢，不能移动。“蹴鞠”一词最早记载在《史记匪涨亓写》里，汉代刘向《别录》和唐代颜师曾《汉书·枚乘传》中均有记载。到了唐宋时期，蹴鞠活动已十分盛行，成为宫廷之中的高雅活动。1958年7月，国际足联现任主席阿维兰热博士来中国时曾表示：足球起源于中国。当然，由于封建社会的局限，中国古代的蹴鞠活动最终没有发展成为以“公平竞争”为原则的现代足球运动。这个质的飞跃是在资本主义的英国完成的。

据说，希腊人和罗马人在中世纪以前就已经开展一种足球游戏了。他们在一个长方形场地上，将球放在中间的白线上，用脚把球踢滚到对方场地上，当时称这种游戏为“哈巴斯托姆”。到19世纪初叶，足球运动在当时欧洲及拉美一些国家特别是在英国已经相当盛行。直到1848年,足球运动的第一个文字形式的规则《剑桥规则》诞生了。

从17世纪中后期开始,足球运动逐步从欧美传入世界各国,尤其是在一些文化发达的国家更为盛行。越来越多的人走向球场,投身到这一富有刺激性和畅快感的运动中去,以至于有人一度将足球运动开展得好坏作为衡量一个国家文化发达与否的标志。在这种情况下,英国人率先为足球运动的发展作出了重要贡献。1863年10月26日,英国人在伦敦皇后大街弗里马森旅馆成立了世界第一个足球协会——英格兰足球协会。会上除了宣布英格兰足协正式成立之外,还制定和通过了世界第一部较为统一的足球竞赛规则,并以文字形式记载下来。英格兰足球协会的诞生,标志着足球运动的发展进入了一个崭新的阶段。因而,人们公认1863年10月26日,即英格兰足球协会成立之日为现代足球的诞生日。英格兰足协的成立带动了欧洲和拉美一些国家足球运动的蓬勃发展,1872年英格兰和苏格兰之间进行了历史上第一次协会间的比赛,1890年奥地利开始举办足球锦标赛,1889年荷兰和阿根廷出现了若干个足球组织,1900年西班牙巴塞罗那成立了“女泰罗尼亚”足球协会。这些发展为创建国际性的足球组织创造了条件。1904年5月21日,国际足球协会联合会(简称国际足联,英文缩写为FIFA)在法国巴黎圣奥诺雷街229号法国体育运动协会联盟驻地的后楼正式成立,法国等7个国家的代表和代理人在有关文件上签了字。1904年5月23日,国际足联召开了第一届全体代表大会,法国的罗伯特·盖林被推选为第一任主席。1905年4月14日,英格兰足协加入国际足球联合会。现在足球已成为世界上第一大体育运动。

(六)排球运动

排球运动起源于美国。1895年,美国麻省霍利约克城基督教青年会干事威廉摩根创造了一项球类游戏:人们分站在网球场球网的两侧,用篮球胆之类的球托来拍去,击球的次数不限。这就是排球运动的雏形。首次排球比赛是1896年在美国斯普林费尔体育专科学校举行的。出场人数由双方共同商定,不限多少,但必须相等。一次比赛共打9盘,一方的一名队员发球连得3分为1盘;场地的面积为7.62米×15.24米;球网宽0.61米,长8.235米,离地高度为1.98米;球重255~346克,橡胶球胆,外壳用皮革和帆布缝制而成,球的圆周为63.5~68.8厘米;发球者必须一脚踩在端线上,有两次发球机会,等等。1912年,规定双方上场的队员必须轮转位置。1917年,规定每队上场队员为6人。1922年,规则已趋完备,规定每方必须在3次以内将球击过网。

排球运动首先传入加拿大、古巴、巴西等国,在美洲流行开来。第一次世界大战期间,排球传入法国、意大利、苏联、捷克斯洛伐克、波兰等国。由于当时“六人制”、“位置轮转”等规则已被确定,故欧洲排球运动逐渐普及起来。

排球传入亚洲较早,1913年首届远东运动会即把排球列入竞赛项目。20世纪60年代以前,苏联、捷克斯洛伐克、波兰、罗马尼亚、保加尼亚、民主德国、匈牙利等东欧国家的排球水平一直处于领先地位。亚洲地区开展六人制排球比赛之后,特别是中国首创的快球打法得到迅速传播后,各国水平提高较快,60年代即变成一支能与欧洲强队相抗衡的力量。

首先是日本女排刮起“远东台风”,从1962年到1967年,连夺3次世界性比赛的冠军。60年代末日本男排又跻身于世界领先地位。接着,朝鲜女排和韩国女排取得了世界性比赛第3名的成绩。1981年,中国女排崛起,以全胜的战绩夺得第3届世界杯赛冠军。1982年,中国女排又摘得了第9届世界女子排球锦标赛的桂冠,取得了参加1984年奥运会的资格,誉满世界排坛。

20 世纪 70 年代以前,美洲人一直把排球运动看成娱乐性的游戏项目,运动水平远远落后于欧洲和亚洲。到 70 年代中期,古巴排球首先崛起,古巴人以惊人的弹跳力,高打重扣结合亚洲打法,刮起了一阵“加勒比旋风”。

与此同时,巴西、美国、阿根廷、秘鲁等队的技术水平也迅速提高,形成强大的美洲势力。近年来,非洲的排球技术水平也有不少提高,其中突尼斯队和埃及队进步显著。现在,排球运动已进入欧、亚、美三大洲鼎立的时代。

目前世界性的排球比赛有世界排球锦标赛、奥运会排球赛、世界杯排球赛,均为每 4 年举办一次。

(七)网球运动

网球起源可以追溯到 12—13 世纪的法国,当时在传教士中流行着一种用手掌击球的游戏,方法是在空地上两人隔一条绳子,用手掌将布包着头发制成的球打来打去。这种运动不仅在修道院中盛行,而且出现在法国宫廷。法国国王路易十世在位时,宫廷中就经常进行这种以消遣为目的的网球运动。1358—1360 年,这种供贵族玩的古式网球从法国传入英国,英国爱德华三世对网球产生了很大兴趣,下令在宫中修建一片室内球场。当时球拍的拍面改装成羊皮,球由布面改成皮面,球的大小、重量没有详细记载。15 世纪发明了穿弦的球拍,16 世纪古式室内网球成为法国的国球。以后,古式室内网球有了自己的规则,在欧洲尤其是英国得到了较好的开展。

近代网球起源于英国。1873 年,会打古式网球的英国少校 W. C. 温菲尔德(Walter Clopton Wingfield),在羽毛球运动的启示下,设计了一种适用于户外的、男女都可以从事的网球运动,当时叫作司法泰克(Sphairistike,意思为击球的技术)。1875 年,随着这项运动在 8 字形球场上风靡起来,全英槌球俱乐部在槌球场边另设了一片草地网球场,紧接着,古式网球的权威组织者玛利博恩板球俱乐部为这项运动制定了一系列规则。从此,草地网球正式取代了司法泰克。1877 年,在英国伦敦郊外温布尔顿设置了草地网球总会,草地网球在英国得到了进一步的开展。同年 7 月,举办了首届草地网球锦标赛,即温布尔顿第一届比赛。亨利·琼斯同另外两个人为这次比赛制定了全新的规则,他本人担任了比赛的裁判。当时的球场为长方形,长 23. 77 米,宽 8. 23 米,至今未变。发球线离网 7. 92 米,网中央高度为 0. 99 米。发球员发球时,可一脚站在端线前,另一脚站在端线后,发球失误一次不判失分。采用古式室内网球的 0、15、30、45 每局计分法。可以说,亨利·琼斯是现代网球的奠基人。

1881 年,世界上第一个全国性网球协会——美国全国草地网球协会成立。该协会于当年 8 月 31 日至 9 月 3 日,在罗德岛纽波特港举行了第一届美国草地网球的男子单打和男子双打锦标赛,采用了温布尔顿的比赛规则。参加比赛的有 26 人。

1887 年,开始举行美国草地网球女子单打锦标赛;1890 年举行女子双打锦标赛;1892 年举行混合双打锦标赛。因当时的美国总统西奥多·罗斯福(1901—1909 年任美国第26 任总统)爱上了网球运动,他不仅积极支持修建网球场,举行网球比赛,而且还经常邀请陪同他骑马散步的朋友们在白宫球场上打网球,所以人们称他的内阁为“网球内阁”,这时期美国的网球运动得到了空前的发展。在两次世界大战中,全世界其他地区的网球都停赛了,唯独美国没有停下来。相反,美国的网球运动还出现了令人惊异的极盛时期,有多达 4 000 万人参加网球运动。

1878 年以来,草地网球已由英国的移民、商人或驻军等传至全球,如加拿大(1878 年)、斯里兰卡(1878 年)、捷克斯洛伐克(1879 年)、瑞典(1879 年)、印度和日本(1880 年)、澳大利亚(1880 年)、南非(1881 年)。当时,爱好网球的人士绝大多数是富裕的资产阶级。他们有条件在自家的草坪上随时设置网球场,作为他们社交活动的场所。19 世纪 90 年代中期,网球进入了初步发展阶段,许多国家和地区组织了网球协会,并定期举行比赛。

(八)台球运动

台球运动至今已有 500 多年的历史了,究竟起源于哪国虽众说纷纭,但大多数人认为台球起源于西欧。1885 年英国成立了台球协会,并制定了第一套比赛规则。之后台球技术和用具也不断发展,逐渐形成了英式、法式和美式台球等打法。目前比较流行的英式斯诺克台球,其打法已有 100 多年的历史了。

(九)橄榄球运动

橄榄球起源于英国,原名拉格比足球,简称拉格比(rugby)。因其球形似橄榄,在中国称为橄榄球。晚清时期,我国部分地区也出现过橄榄球运动。

拉格比本是英国中部的一座城市,在那里有一所拉格比学校是橄榄球运动的诞生地。这所学校门墙上嵌有一块石碑,碑上刻着:"此碑纪念 W. W. 埃利斯的勇敢行为,他不顾当时足球规则的规定,首先用手抱球跑,因此创造了有显著特点的拉格比足球比赛。"据说,埃利斯在 1823 年的一次校内足球比赛中因一次踢球失误,感到十分惋惜,竟然不顾一切地抱起球向前跑。以后,在该校的足球比赛中抱球跑的情况时常发生,虽然是犯规,却给人新的启示,认为抱球跑能使比赛更加激烈。久而久之,竟逐渐被人们所接受,成为合法动作,于是一项对于身体全面发展具有很高锻炼价值的新的运动项目——橄榄球,就从足球运动中派生出来了。

(十)网棒球运动

网棒球运动是起源于北美大陆的一项古老而又新兴的竞技比赛项目。最早是作为印第安部落的一种宗教仪式,而后演变成为准备战争而进行的一种军事训练手段,后来成为解决部落和部落之间冲突的一种方式。19 世纪初,现代网棒球兴起,并得到迅速的传播与发展。20 世纪 70 年代中期,国际网棒球联合会成立,并设置了男、女网棒球世界锦标赛。目前全世界已有 25 个国家和地区开展了网棒球运动,多集中在欧美地区,亚洲目前有中、日、韩三个国家开展此项运动。

(十一)曲棍球运动

曲棍球是一项古老的、目前在国际广为开展的球类运动项目,距今已有数千年的历史了。古代曲棍球的先驱者姓甚名谁虽已无法考证,但是可以肯定距今约 3 000 年前,曲棍球就受到了中国、波斯和印度等亚洲国家人民的喜爱。根据柏林体育出版社 1981 年出版的《曲棍球运动》一书中说:距今 2 697 年前,中国的士卒就用棍和球进行过比赛,这是为人所知的。

我国在唐代就流行步打球(比赛时分两队,队员各持下端弯曲的木棍徒步击球,以击入对方球门多者为胜),其运动方式与现代曲棍球也相似。现存日本古都奈良正仓院北仓的一条隋唐时期的花毡上,就织有一儿童在玩步打球的形象。这条花毡长 236 厘米,宽 124 厘米,花毡的图案由花朵和一作击球状的童子组成,击球的童子右手执一弯月形球杖,正在弓身屈腿作击球状,在其左方绘有一球。整个图案生动地表现了唐代童子击球的生动场景。因此,欧洲的曲棍球与中国的步打球之间应有着一定的渊源。在埃及金字塔和古希腊壁雕上都有类似于现代曲棍球比赛的图像。

现代曲棍球起源于英国。1861 年在英国出现了第一个曲棍球俱乐部,1875 年英国成立了第一个曲棍球协会,1889 年男子曲棍球比赛在伦敦举行。此后曲棍球运动逐渐传入英联邦各国。

(十二)冰球运动

冰球的起源现在已经不太清楚,但人们广泛接受的说法是冰球是由英国人传入北美的。在早期英国驻加拿大的兵站中,人们非常喜爱这项运动。1870 年,加拿大麦基尔大学的一些学生开始组织冰球比赛,并且制定了麦基尔规则。为了与此规则相适应,人们用现在的冰球取代了早期的橡胶球,并且将冰球比赛的每队上场人员定为 9 名。

1885 年,加拿大蒙特利尔诞生了第一个全国性冰球组织——加拿大业余冰球联合会。该组织将冰球比赛的每队上场人数减至 7 人,同年,一个由四支球队组成的冰球联盟在安大略湖成立。

1890 年,此项运动传至美国,约翰霍普金斯大学和耶鲁大学在 1895 年进行了一场著名的冰球比赛。虽然冰球运动在加拿大只是一个娱乐项目,但美国却成立了第一个全国性职业冰球联盟,该联盟于 1903 年成立,总部设在密歇根州的霍顿,加拿大和美国的球队及球员都是该组织成员,3 年后其规模扩大了 1 倍,到 1910 年,北美职业冰球联盟(NHL)正式成立。

1920 年安特卫普奥运会首次将男子冰球列为正式比赛项目,但冰球成为冬奥会比赛项目却是在 1924 年的查莫尼克斯冬奥会中,女子冰球在 1998 年的长野冬奥会中成为正式比赛项目。

(十三)水球运动

水球运动起源于 19 世纪 60 年代的英国,最初是人们游泳时在水中传掷足球的一种娱乐活动,故有“水上足球”之称,后逐渐形成两队之间的竞技运动。1869 年英国出现用小旗标定边线和球门的水球比赛。1877 年英格兰伯顿俱乐部聘请威尔森制定世界上第一部水球竞赛规则。1879 年开始设置球门。1885 年英国游泳协会将水球列为单独比赛项目。1890 年水球首先传入美国,后又逐渐在德国、奥地利、匈牙利等国家广泛开展。

1973 年起举办世界水球锦标赛,1979 年又开始举办世界杯水球赛。男子水球比赛场地长 30 米、宽 20 米;女子水球比赛场地长 25 米、宽 17 米,水深至少 1.80 米,两端各有一个高 90 厘米、宽 3 米的球门。比赛分两队,每队由 7 名运动员组成,其中 1 名为守门员。替补运动员不得超过 6 名。每场比赛为 28 分钟,分 4 节,每节实际比赛时间为 7 分钟,每两节之间休息 2 分钟并交换场地。除守门员外,任何人不得用双手触球。射入对方球门得 1 分,以最后得分多者为胜。男子水球项目于 1900 年被列为奥运会比赛项目。

(十四)马球运动

关于马球的起源,归纳起来大致有如下两种观点:一是波斯起源说,二是黄河流域起源说(华夏起源说)。黄河流域起源学说的主要代表是成都体育学院体育史研究所。在公元 3 世纪初叶,汉魏时期著名文学家曹植所写的诗歌《名都篇》中就有对马球的描写,这是目前能找到的最早描写古代马球的文献资料。其中写到:“名都多妖女,京洛出少年……斗鸡东郊道,走马长楸间……连翩击鞠壤,巧捷惟万端”。诗中的击鞠壤即击鞠与击壤这两项中国古代游戏,击鞠即中国古代马球活动的专称。

因此,中国古代马球活动,并非如向达先生所说的那样,始于唐代而渐次流行,而是早在唐代之前400年便已经明确见诸记载了。波斯古代将打马球称为“CHAUGAN”,其发音近似于中国古代之“鞠杆”,有可能是中国古代马球传到波斯后的译音。成都体院体育研究所的专家们据此分析,得出了马球运动为居住在黄河流域的汉民族所创造发明,再继丝绸之路而传往世界各地的结论。

(十五)保龄球运动

保龄球又叫“地滚球”,最初叫“九柱戏”,起源于德国,是一种在木球道上用球滚击木瓶的室内体育运动,流行于欧、美、大洋洲和亚洲一些国家。

保龄球比赛分个人赛和多人赛。赛前,以抽签决定道次和投球顺序。比赛时,在球道终端放置10个木瓶成三角形,参加比赛者在犯规线后轮流投球撞击木瓶;每人均连续投击两球为1轮,10轮为一局;击倒一个木瓶得1分,以此类推,得分多者为胜。规则规定,运动员投球时必须站在犯规线后面,不得超越或触及犯规线,违者判该次投球得分无效。投球动作规定用下手前送方式,采用其他方式为违例。

保龄球具有娱乐性、趣味性、抗争性和技巧性,给人以身体和意志的锻炼。由于是室内活动,不受时间、气候等外界条件的影响,也不受年龄的限制,易学易打,所以成为男女老少皆宜的特殊运动。

二、球类运动的分类

(一)奥运会球类项目

包括:羽毛球、棒球、篮球、足球、手球、曲棍球、垒球、乒乓球、网球、排球。

(二)现代体育运动

包括:手球、篮球、足球、排球、羽毛球、网球、高尔夫球、冰球、沙滩排球、棒球、垒球、藤球、毽球、乒乓球、台球、板球、壁球、沙壶、冰壶、克郎球、橄榄球、曲棍球、水球、马球、保龄球、健身球、门球、弹球等。

(三)球类游戏

分两类:非对抗性球类游戏和对抗性球类游戏。

1. 非对抗性球类游戏

非对抗性球类游戏里,选手无法直接阻挠对方得分。代表是:保龄球、高尔夫球。

2. 对抗性球类游戏

对抗性球类游戏里,选手可以设法阻挠对方得分。对抗性球类游戏又分三种。

1)设法把球送到某处,谁做到了,就得分。代表是:足球、篮球、橄榄球、冰球、曲棍球、水球、桌球。

2)设法把球送到某处,谁没做到,对方就得分。代表是:排球、乒乓球、网球、羽毛球、壁球。

3)设法把球弄走,并趁机做点什么,做得越多得分越多。代表是:棒球、垒球、板球。

项目一　篮球

【项目描述】

通过相关知识点的学习和实地实训，掌握篮球的基本技术、战术运用和规则。

【项目要求】

正确掌握篮球项目进攻和防守的基本技术、战术运用和规则。

【技能目标】

(1)掌握进攻的基本技术。
(2)掌握防守的基本技术。
(3)掌握实战战术运用。
(4)掌握篮球项目规则。

【材料用具】

篮球。

【相关知识点】

一、篮球项目的基本技术

篮球技术是球员在比赛中为攻守目的所运用的各种专门动作的总称，是球员在比赛中运用的主要手段。它分为进攻技术和防守技术两大部分：进攻技术有运球、传接球、持球突破和投篮；防守技术有防守无球队员、防守有球队员、抢球和断球。二者都包含移动和抢篮板球技术。

（一）基本站立姿势

站立时，两脚自然开立，脚跟稍提，屈膝降低重心，上体稍前倾，手臂自然放于体侧，肘微弯，两眼平视，随时准备向各个方向起动。若原地持球，基本站立姿势是：保持上述姿势，持球于胸腹之间，随时做传、运、投的准备。

（二）移动

移动是篮球技术的基础，没有哪个运动员是站着不动在场上打球的，他们都是不停地移动给自己或队友寻找最好的攻守位置，为了运球突破、投篮、争夺球、积极防守等的快速性、协调性和有效性，也需要移动技术的配合。篮球移动技术是在人体活动能力的基础上发展起来的最快速最合理的专门化动作。常用动作方法如下。

1. 跑

跑是队员在场上改变位置、速度、方向等的重要方法，是快攻、移动选位的基本途径，在比赛中运用最多，具有快速、多变的特点。

(1)变速跑

加速时,降低重心,身体前倾,两脚短促有力地连续蹬地,加快频率;减速时,用前脚掌抵地缓冲,上体直起,身体重心后移,降低速度。

(2)变向跑

变向跑是队员在跑动中突然改变方向来摆脱对手的方法。向左变向时,最后一步右脚着地,用脚前掌内侧发力蹬地,脚尖内扣,屈膝,腰部左转,快移重心,左脚快速跨出,右脚迅速随着跨出。

2. 跳

跳是队员在场上争取高度、远度的一种方法。比赛中多数动作要在空中完成,因此要跳得快,重视跳的高度、滞空时间、连续起跳等。

(1)双脚起跳

起跳时,两脚开立,两膝快速下蹲蹬地起跳,两臂自然摆动,身体向上腾起。多用于原地起跳、并步、上步、跳步和助跑等情况。

(2)单脚起跳

前脚掌用力起跳,同时提腰摆臂。另一条腿提膝积极上抬,重心上移,落地注意缓冲。多用于助跑情况。

3. 急停

急停是队员在跑动中突然制动的一种方法。比赛中多与其他动作配合运用,急起急停摆脱对手。急停分以下两种。

(1)跨步(两步)急停

快速跑动中急停时,先向前跨出一大步,用脚跟着地过渡到全脚掌,屈膝同时上体后仰缓冲。第二步着地脚尖内扣,并用前脚掌着地。两膝微屈,重心下降并落于两腿之间,屈肘,两臂自然张开,保持身体平衡(见图2-25)。

图2-25

(2)跳步(一步)急停

队员在中慢速跑动中常用,起跳后离地面不能过高,上体稍后仰,两脚同时落地。落地时全脚掌着地过渡到前脚掌用力抵地,屈膝,两臂屈肘微张保持平衡(见图2-26)。

4. 转身

转身是指队员以一脚做中枢脚进行旋转,另一脚蹬地向前后跨出,改变原来身体方向的一种动作方法。它可与急停、跨步、持球突破结合运用,有效地摆脱防守创造传球、投篮机会。转身分为前转身和后转身。

图 2-26

(1)前转身

动作方法:移动脚向中枢脚脚尖方向跨出改变身体方向为前转身。转身时,中枢脚前掌用力碾地,移动脚蹬地并迅速跨步,同时转腰转肩并保持身体平衡。

动作要点:转体蹬跨有力,重心迅速转移,跨步后降低重心,不要起伏。

(2)后转身

动作方法:移动脚向中枢脚脚跟方向跨出改变身体方向为后转身。转身时,中枢脚碾地旋转,移动脚蹬地并向自己身后撤步,同时腰胯主动用力旋转,身体重心随着转移,保持身体平衡。后转身可在原地或行进间运用。

动作要点:腰胯带动躯干旋转,蹬跨有力,保持身体平衡。

(三)传球

传球是进攻队员在场上相互联系和组织进攻的纽带,传球的好坏直接影响到战术的质量甚至比赛的胜负。传球分双手传球和单手传球。双手胸前传球是双手传球的基本动作方法,单手肩上传球是单手传球的基本动作方法。

1. 双手胸前传球

首先是持球,双手手指自然分开,拇指相对成"八"字,指根以上部位持球,手心空出。两肘自然弯曲于体侧,将球置于胸前,身体成基本站立姿势。传球时,手腕翻转,前臂在后腿蹬地、身体重心前移同时前伸,拇指用力下压,手腕前屈,食指和中指发力拨球将球传出。根据距离远近决定前臂前伸、蹬地的幅度和全身的用力(见图 2-27)。

图 2-27

2. 单手肩上传球

传球时(以右手为例),左脚向传球方迈出半步,同时将球引至右肩上方,上臂与地面平行,肘臂外展,手腕后仰。左臂对着传球方向,重新落在右腿上,右脚蹬地,转体,前臂迅速向前挥摆,手腕前屈,食指和中指拨球将球传出,出手后重心前移,身体向前跟进,保持基本姿势(见图 2-28)。

传球分很多种,以上两种为基本方法。根据接球队员的能力和位置判断传球的力量和

图 2-28

高低,一般传球位置为胸腹之间和高吊球。不论是双手还是单手传球,给球力量的大小和时间长短决定球飞行的距离和速度。中远距离的传球出手角度要稍高于水平方向,以克服重力的影响。

传球时要注意接球队员的位置和防守队员的位置,要达到最舒服的接球位置传球,不要给接球队员增加难度。传球给移动当中的队员时,要判断移动的速度和方向,做到人到球到、人球相遇。

(四)接球

接球是篮球运动中的主要技术之一,是获得球的动作,是抢篮板球和断球的基础。在激烈的对抗比赛中,能否采用正确的动作牢稳地接球,对减少传球失误、弥补传球不足以及截获对方的球都是非常重要的。

1. 双手接球

(1)双手接中部位的球

动作方法:两眼注视来球,两臂迎球伸出,双手手指自然张开,两拇指成"八"字形,其他手指向前上方伸出,两手成一个半圆形。当手指触球时,双手将球握住,两臂顺势屈肘后引缓冲来球的力量,两手持球于胸腹之间,成基本站立姿势。

动作要点:伸臂迎球,在手接触球时收臂后引缓冲,握球于胸腹之间,动作连贯一致。

(2)双手接高部位的球

这种接球方法与双手接中部位高度的球相同,但要求两臂必须向前上方迎球伸出。

2. 单手接球

单手接球范围大,能接不同部位和方向的来球,有利于队员接球后的快速行动。接高部位、中部位、低部位球的动作方法基本相同,只是在接高部位的球时掌心向上。

动作方法:原地单手接球时,接球手向来球方向伸出,五指自然分开,掌心正对来球,手腕、手指放松。当手指触球时,顺球的来势迅速收臂,置球于身体前方或体侧,另一手迅速扶球,保持身体平衡,做好下一个进攻动作的准备姿势。在移动中接球时,要判断来球的时间和落点,及时向来球方向跨步移动,接球后要迅速降低重心,衔接下一个进攻动作。

动作要点:手指自然分开伸臂迎球,触球后引要快,另一手及时扶球。

(五)投篮

投篮是队员进攻的最终目的。队员通过不停地移动、变换个人技术和战术等都是为寻找一个投篮的机会,因此命中率就成为投篮得分的关键。投篮应注意自己的瞄准点、球飞行的路线、全身的协调用力。掌握正确的投篮技术并熟练运用,是提高投篮命中率及得分的基础。

1. 原地单手投篮(见图 2-29)

这是基本的单手投篮方法。双脚原地开立,右脚稍前,身体重心落在两脚中间,屈肘,手腕后仰,掌心向上(手心空出),持球于右眼前上方,左手扶球的侧方,两膝稍屈,上体放松前倾一些,眼睛瞄准篮点。投篮时下肢蹬伸,手腕向前屈,用指端拨球,最后用食指和中指柔和投出,自然跟进,注意动作保留。

图 2-29

2. 行进间单手投篮(见图 2-30)

这种投篮方法又称跑动中投篮(三步上篮),一般用在快攻或切入篮下时运用。单手低手投篮是最基本的动作。球在空中或运球时,右脚向来球方向或投篮方向跨一大步,接球,然后左脚再跨出一小步,上体稍向后仰,同时用力蹬地起跳,右脚屈膝上提,左脚蹬离原地。同时,双手向前上方举起球,腾空后右臂前伸投篮,两脚落地,两腿弯曲注意缓冲。左手上篮先出左腿,其他动作相同。高手投篮腿步动作相同,腾空后,将投篮手举到最高点,手腕前屈,食、中指用力将球投出。

图 2-30

3. 跳起单手投篮(见图 2-31)

其出手动作与原地单手投篮基本一样,只是在动作中增加了起跳部分,投篮要在空中完成,简称跳投。

双手持球于胸腹之间,两脚前后或左右开立,两膝微屈,重心落在两腿之间,眼睛注视篮圈。脚掌蹬地发力,提腹伸腰,迅速摆臂举球起跳,举球肩上或头上。当身体到最高点出手,投篮动作与原地单手投篮相同。跳投在比赛中被普遍采用,成为主要得分手段,因为跳投可以在不同距离、不同位置投篮得分,可以与运球急停、跨步、转身、后撤步等技术组合运用,摆脱对手的干扰,在空中可以后仰、闪躲等。

(六)运球

运球是控制球、支配球、组织战术配合和突破对手的重要手段,也是大家喜欢练习的技术之一。要想熟练地掌握运球技术,必须注意身体姿势、手形、手按拍球的动作和球运行轨迹之间的协调,这样才能控制好球的反弹角度、高度和速度,做到得心应手。

图 2-31

整个身体姿势：两膝保持适度的弯曲，上体稍微向前倾，头要灵活，注意场上的情况。

上肢动作：以肩关节为轴，上臂发力，五指分开，用手指和指根部位及手掌的外缘接触球。要注意拍球的部位，拍不同的部位，球有不同的落点。同时，拍球力量不同，球反弹的速度和高度也不同。运球时尽量延长手吸附球的时间，这样才能更好地做动作和支配控制球。

下肢配合协调：运球移动时，运球速度要与身体移动速度一致，要注意身体重心与节奏的控制。手臂动作的变化要与脚步动作及身体动作的改变同步，注意整体的协调。

运球的种类有很多，有高运球、低运球、急起急停运球、变速变向运球、体前变向换手运球、背后运球、转身运球等动作，掌握更多更熟练的运球动作交替、变化使用，能使运球更有攻击性和实效性。

1. 高运球

抬头目视前方，上体前倾膝微屈，五指自然分开，以肘为轴，用力按球侧后方，球的落点在身体的侧前方，球的反弹高度约在腰胯之间。

2. 低运球

抬头目视前方，两膝深屈体前倾，半蹲，五指分开手腕柔和按压球的后上部，球的落点在身体的侧面，球的反弹高度约在膝腰之间。

3. 急停急起运球

利用跨步急停动作，用手按拍球的前上方，变为暂时的原地运球，用臂、身体和腿部保护球；急起时，身体重心迅速前移，后脚用力蹬地跨出，同时用手按拍球的后上方，推球前进。

动作要点：重心转移要快，脚蹬、抵地要有力，按拍球部位要正确，手、脚身体协调一致。

4. 体前变向换手运球

以运球队员右手运球向对手右侧突破为例。先向对手左侧快速运球，当对手向左侧移动堵截时，运球队员突然变向，用右手拍按球的右侧后上方，并靠近身体向左侧送拍球，使球落在身体的左侧前方反弹，右脚迅速向左侧前方跨出，上体左转并前倾探肩，换手拍按球的后上方，加速运球突破。

5. 背后运球

右手背后运球时，小臂与手腕旋转要迅速，用手指将球从身后弹压往左前下方，左脚稍为蹬地降缓速度，右脚放松等待右手将球弹压出去后，迅速踩地以加速前进之力，左手持续运球右手保护球。

6. 转身运球

以右手运球为例。将球控制在身体右侧，左脚向前跨出一步为中枢脚，置于对手两脚之间，然后右脚用力蹬地后撤，顺势做后转身动作。在转身的同时，右手按拍球的右前方，将球拉引身体的侧后方落地，转身后换用左手推拍球，运球转身时，使上臂紧贴躯干来减小球的转动半径，同时运球臂提拉球的动作和脚的蹬地，跨步、转身动作紧密结合。转身时要加力运球，以加大球的反作用力，增加手触球的时间，利于拉引球动作的完成。

（七）持球突破

持球突破是持球队员运用脚步动作和运球技术超越对手的一项攻击性技术。在比赛中，掌握好突破时机，合理地运用突破技术，既能直接切入篮下得分，又能打乱对方的防守部署，创造更多的攻击机会，增加对手的犯规，给防守造成较大的威胁。

1. 交叉步突破（见图 2-32）

以左脚作为中枢脚为例。两脚左右开立，两膝微屈，身体重心降低，持球于胸腹之间；突破时，右脚向右前方跨出，假装向对方左侧突破，当对手重心向左偏移时，右脚前掌内侧迅速蹬地，上体向左转体探肩，右肩向前下压，重心向右前方移动，左脚迅速向右侧前方跨出，同时将球移于左侧，推放球于左脚外侧，右脚用力蹬地向前跨出，迅速超越对手。

图 2-32

2. 顺步突破（见图 2-33）

以左脚作为中枢脚为例。准备姿势和突破前的动作要求与交叉步突破相同。突破时，持球左晃，当对手重心向右偏移时，右脚迅速向右前方跨出一步，上体向右脚外侧偏前方，左脚前脚掌迅速蹬地，上体向右转体探肩，左肩向前下压，重心向右前方移动，同时将球移于右侧，推放球于右脚外侧，右手运球，左脚迅速向右侧前方跨出，迅速超越对手。

图 2-33

3. 后转身突破（见图 2-34）

以左脚作为中枢脚为例。背向球篮站立，两脚平行开立，两腿弯曲，重心降低，两手持球于腹前。突破时以左脚为轴转身，右脚向右侧后方跨步，上体右转，脚尖指向侧后方，右手向右脚前方放球，左脚前脚掌内侧迅速蹬地，向球篮方向跨出，运球突破防守。

动作要点：要控制重心平稳。右脚向右侧后方跨出时的脚尖方向要正确，左脚前脚掌内侧蹬地要积极有力。

4. 前转身突破（见图 2-35）

以左脚作为中枢脚为例。突破前的准备动作与后转身突破的准备动作相同。突破时重心移至左脚上，右脚前脚掌内侧蹬地，左脚为轴，右脚随着前转身而向球篮方向跨出，左肩向

图 2-34

球篮方向压，右手运球后左脚蹬地，向前跨出，突破对手。

动作要点：移重心、蹬地运球动作连贯。

图 2-35

(八)防守对手

防守对手是防守队员合理地运用脚步移动和手臂动作积极地抢占有利位置，阻挠和破坏对手的进攻动作，并以争夺控球权为目的的行动。要达到上述目的，防守时必须积极主动、认真负责，把防守姿势、位置站法、脚步移动、手臂动作，以及抢球、打球、盖帽、断球技术结合起来，加以合理运用，才能更好地完成防守任务。

1. 防守无球队员

在比赛中，往往由于注意球的推进、转移和威胁而放松了自己防守的对手，造成对手摆脱空切和轻易接球，因而使自己处于被动。应该知道在比赛的绝大部分时间里需要防守的是无球队员，对此，必须给予充分的重视。

(1)位置的选择

防守时，位置的选择非常重要，正确、合理地占据有利位置，会使防守主动。就一般情况来说，防守队员应站在对手与球篮之间的内侧位置上，保持与对手有适当的距离和角度，以便能按要求来行动。

与对手的距离要根据对手与持球队员的距离而定，一般来讲离球近则近，离球远则远，以能控制对手为原则。

(2)积极地移动

防守时，要随时保持有利的防守位置，就必须有正确的准备姿势，以保证及时地移动。由于对手不断地向不同的方向移动，所以防守队员的准备姿势的站法也要随着变换。一般离球较近防守时，经常采用面向人侧向球的站法，不让对手摆脱接球；在离球较远处防守时，经常采用侧向人面向球的站法，以便断球或进行协防配合。不论哪种站法，都要积极运用撤步、滑步、交叉步、碎步和快跑等脚步移动跟住对手，堵截其移动路线。为了及时起动，防守队员应以短小的步幅不停地滑动，以便更快地移动阻挠对手，使他向不利的位置上转移。

(3)手臂的配合

在积极移动的同时，必须借助手臂的动作，扩大防守面积。手臂要随着移动配合做伸出、挥摆、上举等动作，以便更有效地阻挠对手接球和争取断球。

2. 防守有球队员

进攻队员有球时对防守队员来说是有威胁的，因此，必须尽可能地去阻挠和影响他的各种进攻技术的运用。

(1)位置、距离的选择

当对手接球后，必须迅速调整位置和距离，在占据对手与球篮之间的有利位置的基础上，还要与对手保持适当的距离。一般来讲，离篮远则远，离篮近则近，并根据对手的特点(善投、善突等)、战术而有所调整。

(2)防守的动作

由于球员的特点、意图以及与球篮的距离不同，所以防守有球队员时的动作也有所不同。一般防守有球队员有两种方法。

1)平步防守。两脚取平行站立的防守姿势，两臂侧伸和挥摆。这种方法防守的面积大，便于左右滑动，对防突破比较有利。

2)斜步防守。两脚前后站立的防守姿势，一臂上伸，另一臂侧伸进行阻挠。这种防守方法便于前后移动，对防投篮比较有利。

不论采用哪种防守方法，都要积极移动，当对手运球或突破时，应阻截他的移动路线，迫使他运向边角，当对手做假动作时，不要受其引诱而失去身体平衡。

(3)合理地运用抢球、打球技术

在防有球队员的过程中，始终要伺机抢、打对手的球，但要判断准确，动作迅速，注意保持身体平衡，避免犯规。

3. 抢球、打球、盖帽及断球

在比赛中成功的抢断不仅可以破坏对方进攻，鼓舞本队士气，而且可以由守变攻获得球权发动进攻。抢球、打球、盖帽及断球是具有攻击性的防守动作，是从对方手中获得球的重要手段，要有准确的判断、迅速的移动、准确的出击，也要有同伴之间的密切配合，注意动作要突然，手部动作要正确，避免犯规。如果出击失败，要马上回到正确的防守位置。

(1)抢球

抢球就是抢进攻队员手中的球。抢球时首先要接近对手，看准手持球的空隙下手，动作要突然。运用时，在接近对方后抓住队员注意力分散、转身、空中获球下落、运球停止的时机，下手握球，要迅速突然，快而准，双手抓住球猛力拉或转拖。

(2)打球

打球是打掉进攻队员手中的球。要把握好时机，根据对手持球部位的不同而从不同方向(由上向下、由下向上、侧面)快速伸出前臂，用腕、指的力量拍球，动作要突然、迅速、准确。打球分原地持球时的打球动作、运球的打球动作、上篮时的打球动作。

(3)盖帽

盖帽是防守投篮出手后的打球技术。在不同情况下可以采用按压式、上挑式、侧击式、封盖式拍打球。基本要领：身体重心降低，迅速移动，准确判断对手的起跳和投篮时间，及时起跳用前臂、手腕、手指打球，动作短促有力。

(4)断球

断球是在对方传球过程中球飞行时抢获球。根据防守队员与对手之间的位置关系，分为横断球、纵断球和封断球。横断球和纵断球要注意迈出的步伐，蹬地要快而有力，用身体将接球对手挡在后面。封断球则要手臂动作快速拦截,断球后要注意身体平衡,迅速转入下个动作,由守变攻。

二、基本战术配合

篮球战术是篮球比赛中队员个人技术的合理运用和全队队员相互协调配合的组织形式和方法,其目的是为了充分发挥本队的特长,制约对方,以争取比赛的胜利。

攻防战术基本配合是指两三人之间所组成的简单配合方法,它是组成全队攻防战术的基础。

1. 传切配合

传切配合是进攻队员之间利用传球、切入等技术组成的简单配合。

示例1:如图2-36所示,④传球给⑤后,立刻摆脱对手❹向篮下切入,接⑤传来的球投篮。

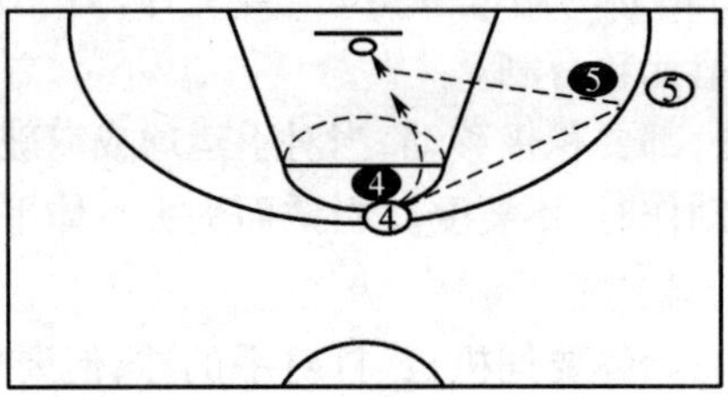

图 2-36

示例2:如图2-37所示,在⑤与⑥互相传球之际,④乘对手❹不备之机,突然空切篮下,接外围同伴的传球,然后投篮。

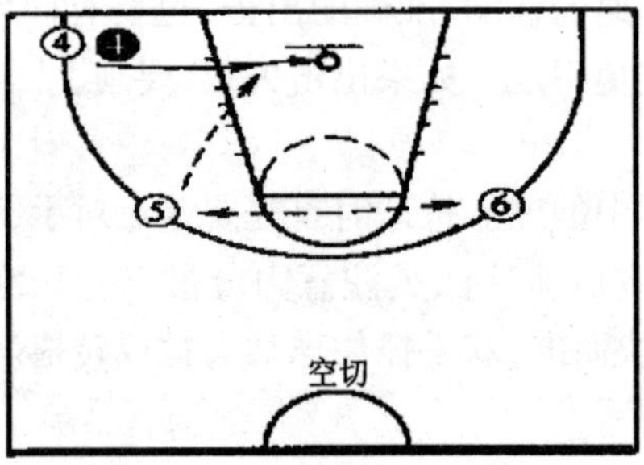

图 2-37

2. 突分配合

突分配合是持球队员突破后,利用传球与同伴配合的方法。

示例:如图2-38所示,⑤突破❺后,遇到⑦迎上补防,立刻把球传给切入篮下的⑦,⑦接球后投篮或与其他同伴配合。

3. 掩护配合

掩护配合是指进攻者以合理的行动,用身体挡住同伴防守者的通路,为同伴摆脱防守,创造接球和投篮机会的一种配合方法。

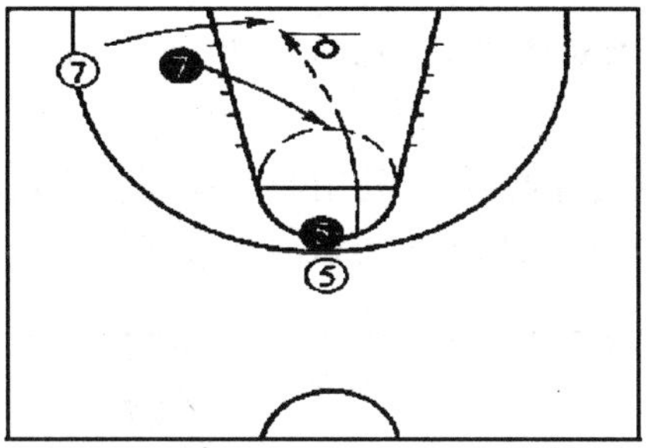

图 2-38

(1)前掩护

前掩护是掩护队员站在同伴的防守者前面,用身体挡住防守者向前移动的路线,使同伴借机摆脱防守的一种配合方法。

示例:如图 2-39 所示,④传球给⑤后,先做向篮下切入的假动作,然后突然跑到⑤身后,形成前掩护,⑤接球后投篮或做其他进攻动作。

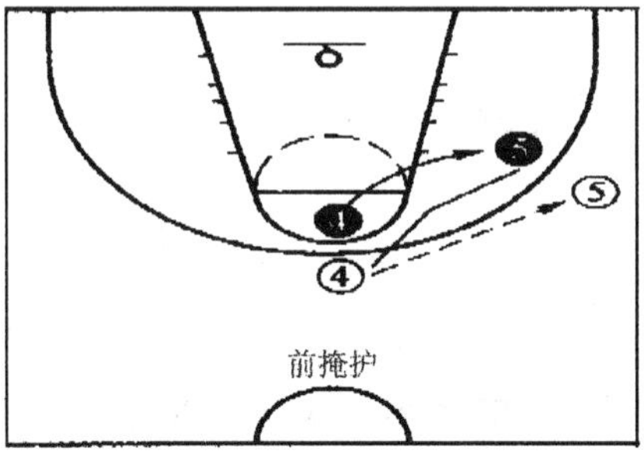

图 2-39

(2)后掩护

后掩护是掩护队员站在同伴的防守者身后,挡住他的移动路线,使同伴借以摆脱防守。

示例:如图 2-40 所示,⑤传球给④的同时,⑥到⑤身后做掩护。⑤传球后先做切入假动作,然后利用同伴的后掩护摆脱防守,切入篮下,接④的传球投篮,⑥及时转身跟进。

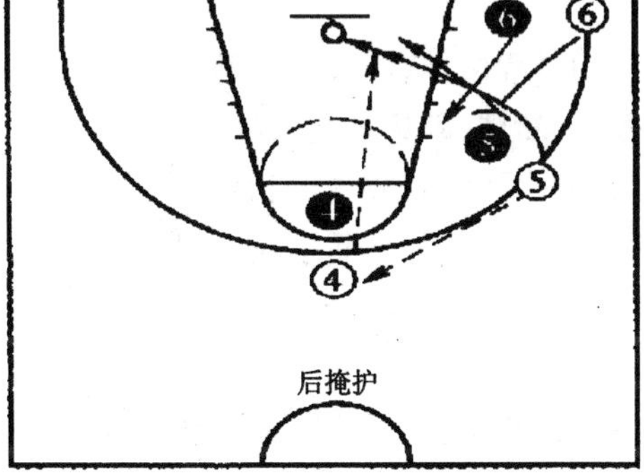

图 2-40

4. 策应配合

策应配合是指进攻队员背对篮或侧对篮接球，以他为枢纽，与同伴相配合而形成一种里应外合的配合方法。

示例：如图 2-41 所示，⑤传球给④后，利用假动作摆脱防守，上提到外策应位置接④的传球做策应，④传球后摆脱防守，然后接球投篮或突破上篮。

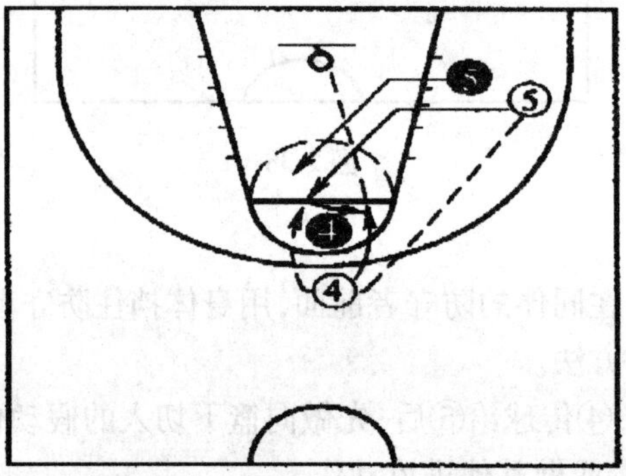

图 2-41

三、攻防战术的整体配合

1. 快攻与防守快攻

(1)快攻

快攻是由防守转入进攻时，以最快的速度、最短的时间，在人数上造成以多打少的优势，或在人数相等以及人数少于对方的情况下，趁对方立足未稳，果断而合理地进行的一种快速进攻战术。

长传快攻是队员在后场获球后，几个队员在快速奔跑过程中运用短而快的传接球，迅速推进过中场迫近对方篮下进行攻击的一种配合。

快攻战术的结构分发动与接应、推进、结束三部分。

1)发动与接应：发动是快攻战术的前提，接应有固定接应和动机接应两种。

2)推进：是紧接第一传的配合，是快攻的桥梁。

3)结束：指快攻进行的前场最后完成攻击所运用的配合。

(2)防守快攻

防守快攻是在由攻转防的过程中，队员有组织地运用个人战术行动和几个人之间的协同配合，主动堵截对手，积极抢、断球，破坏其快攻战术，控制对手进攻的速度，以达到稳定防守，迅速组织起各种不同形式的全队防守战术的目的。其方法和手段是：提高进攻成功率，积极拼抢前场篮板球，封堵快攻第一传和截断接应。

2. 半场人盯人防守与进攻半场人盯人防守

(1)半场人盯人防守

半场人盯人防守是在篮球比赛中由进攻转入防守时，全队有组织地迅速退回后场，在半场范围内进行盯人防守的一种全队战术。

基本要求：①防守队应根据双方队员的身高、位置和技术水平，合理地进行防守分工，尽量与对手力量相当;②由进攻转入防守时,要迅速退回后场,找到自己的对手,积极抢、断球,夹击和补防;③防守有球队员要逼近对手,主动攻击球,积极封盖投篮,干扰传球。

(2)进攻半场人盯人防守

进攻半场人盯人防守是根据半场人盯人防守战术的特点,从每个队员的具体实际出发,综合运用传接球、投篮、运球、突破等个人技术动作,及传切、掩护、策应等几个人之间的战术基本配合,所组成的一种全队进攻战术。共分三个阶段。

第一阶段:准备阶段,即推进前场,快速落位做好进攻部署阶段,避免中场停球。

第二阶段:发动阶段,即运用战术配合投篮攻击阶段,注意队形的合理变化。

第三阶段:结束阶段,即完成配合投篮攻击阶段,投篮后,有组织地争夺前场篮板球和调整位置,保持攻守平衡。

3. 区域联防与进攻区域联防

(1)区域联防

区域联防是指由进攻转入防守时,防守队员退回半场后,各按分工负责防守一定的区域,严密防守进入本区域的球和进攻队员,并与同伴协同防守,形成一定的队形,有机地组成集体防守战术。其特点是:位置较为固定,分工明确,有利于组织抢后场篮板球和发动快攻,但容易在局部区域被对方以多打少。

区域联防的常用形式有:“2－1－2”、“2－3”、“3－2”等阵容。

战术要求:①根据攻守双方的特点合理布置。一般是把快速灵活善于抢断的队员放在外防区,把身材高大、力量好、补防意识强、可控制篮板球的队员放在内线防区;②5个队员要积极协同配合,以球为主,人球兼顾,有球紧、无球松,整体队形随球的转移而及时调整;③要充分利用关门、夹击、补防等防守配合,严防背插、溜底线和突破等攻击性较强的进攻配合。注意保护中锋。

(2)进攻区域联防

进攻区域联防是根据对方防守的队形和本队的特长所采用的进攻配合战术。其常用形式有“1－2－2”、“1－3－1”、“2－1－2”、“3－2”等。

战术要求:①快攻是进攻区域联防的有效方法之一。进攻争取在对方尚未退回后场组织好防守队形之前,积极发动快攻;②进攻队应针对防守队形,采用插空站位的进攻队形;③进攻是要利用各种配合声东击西、内外结合的攻击,借以打乱防守队形,创造投篮机会,要积极争抢前场篮板球并随时准备退守。

四、篮球比赛主要规则

1. 场地

对于国际篮联主办的正式比赛,球场规格为长28米、宽15米。其他区域性的国内比赛亦可使用长26米、宽14米的现存球场(见图2-42)。

2. 主要规则

(1)比赛时间、比分相等和决胜期

比赛由4节组成,每节12分钟。在第1节和第2节之间、第3节和第4节之间以及每一决胜期之前应有2分钟休息时间。半场的休息时间为15分钟。

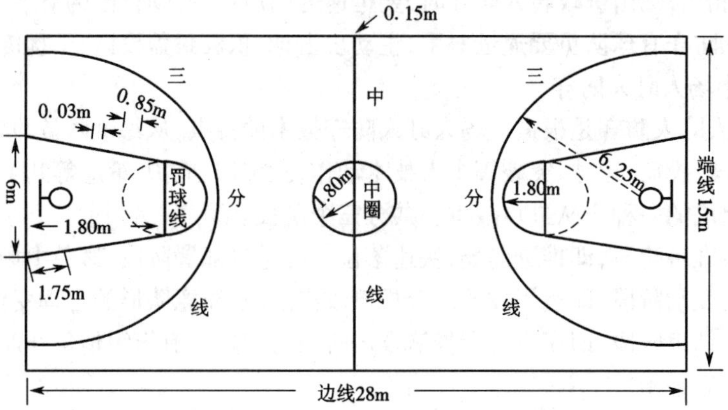

图 2-42

如果在第 4 节比赛时间终了时比分相等,需要一个 5 分钟的决胜期或多个这样的 5 分钟来继续比赛。在所有的决胜期中,球队应朝向第 3 节和第 4 节中相同的球篮继续比赛。

(2)暂停

在上半时(第 1 和第 2 节)的任何时间可准予 2 次要登记的暂停;在下半时(第 3 和第 4 节)的任何时间可准予 3 次要登记的暂停,每一决胜期中准予 1 次要登记的暂停。

教练员或助理教练员有权请求要登记的暂停。但他要亲自到记录员处用手做出适当的常规手势要求暂停。

球成死球且比赛计时钟停止,以及当裁判员报告犯规或违例已结束和记录台的联系时,记录台可以发出信号允许暂停。

(3)替换

替补队员有权请求替换。但他要亲自到记录员处用手做出适当的常规手势要求替换,并坐在替补席上等候。

一旦替换机会开始,记录台应发出信号向裁判员指明已提出了替换请求。

(4)弃权

1)在主裁判员通知比赛后拒绝比赛。

2)运动员的行为阻碍比赛继续进行。

3)在预定的开始时间后 15 分钟,球队不到场或不足 5 名队员入场准备比赛。

(5)违例

1)队员出界违例。当队员身体任何部分接触界线上、界线上方或界线外的除队员以外的地面或任何物体时,即是队员出界违例。

2)球出界违例。当球触及了在界外的队员或任何其他人员,界线上、界线上方或界线外的地面或任何物体,以及篮板支撑架、篮板背面或篮板上方和篮板后面的任何物体时,是球出界违例。

3)运球违例。当队员双手同时触及球或允许球在一手或双手中停留时即运球结束。如再运球即判为运球违例。

4)带球走违例。当队员正持着一个活球用同一脚向任一方向踏出一次或多次,而其另一脚(中枢脚)保持着它与地面的接触点时为旋转。当运球开始时,在球离手之前中枢脚提起即为带球走违例。

5)跳球违例。球未到达它的最高点,被某一跳球队员用手拍击,某一跳球队员离开它的位置、在球触及非跳球队员之前,某跳球队员抓住球或触及球超过两次,即为跳球违例。

6)3 秒违例。当某队在场上控制活球并且比赛计时钟正在计时时,该队队员在对方的限制区内停留超过持续的 3 秒钟,即为 3 秒违例。

7)5 秒违例。裁判员将球递给罚球队员可处罚时,该队员必须在 5 秒钟内将球离手;执行掷球入界的队员可处理球时,必须在 5 秒钟内将球传入场内;一名被严密防守的队员必须在 5 秒钟内传、投或运球,否则即为 5 秒违例。

8)7 秒违例。每当一名队员在他的后场获得控制活球时,他的队必须在 7 秒钟内使球进入他的前场,否则即为 7 秒违例。

9)24 秒违例。一名队员在场上获得控制球时,他的队必须在 24 秒钟内尝试投篮,超出 24 秒未投篮即为违例。

10)球回后场违例。某队在他的前场控制活球的队员不得使球回他的后场,否则判为球回后场违例。

11)罚球违例。罚球队员罚球时触及罚球线或超过罚球线或投出的球未触及篮圈就进入比赛场地,即为罚球违例。

(6)犯规

1)侵人犯规。在比赛中,队员通过伸展他的手、臂、肘、肩、髋、腿、膝或脚来拉、阻挡、推、撞、绊来阻止对方队员行进,为侵人犯规。

罚则:登记犯规队员一次犯规,再根据犯规的实际情况给予处罚。如果对没有做投篮动作的队员发生犯规,由非犯规的队在最靠近的地点掷球;如果对正在做投篮动作的队员发生犯规,投篮成功,应计得分并判给一次罚球;如在 2 分投篮区投篮不成功,应判给 2 次罚球;如在 3 分投篮区投篮不成功,应判给 3 次罚球。

2)双方犯规。双方犯规是两名互为对方的队员大约同时发生接触的犯规。

罚则:应给每一犯规队员登记一次侵人犯规。如果在同时投篮有效并得分,应将球判给得分队的对方队员从端线掷球入界;如果某队已控制了球或拥有球权,应将球判给该队在最近犯规的地点掷界外球;如果任一队都没有控制球也没有球权,就由两名犯规队员在就近圆圈跳球。

3)违反体育道德的犯规。一名队员不是在规则的精神和意图范围内合法地去直接抢球,发生的侵人犯规就是违反体育道德的犯规。例如:如果一名队员不努力去抢球并发生接触,这是一起违反体育道德的犯规;如果一名队员在努力抢球中造成过分的接触(严重犯规),应被判为违反体育道德犯规;如果一名队员拉、打、踢或故意推对方队员应判为违反体育道德犯规。

罚则:应给犯规队员登记一次违反体育道德犯规,并判给对方队罚球。如果对没有做投篮动作的队员发生犯规,则判给其 2 次罚球;如果对正在做投篮动作的队员发生犯规,中篮应计得分并再加 1 次罚球;如果对正在做投篮动作的队员发生犯规,并没有得分,应按照试图投篮的地点,执行 2 次或 3 次罚球,不管罚球中与否仍由罚球队在中场掷界外球入界。

4)取消比赛资格的犯规。队员、替补队员、教练员、助理教练员或随队人员的任何恶劣的违反体育道德的行为即取消比赛资格的犯规。

罚则:应给犯规者登记一次取消比赛资格的犯规。取消他的比赛资格,并令其离开体育比赛地点。判给对方队罚球,判给罚球的次数应同违反体育道德的犯规一样,不管罚球中与否仍由罚球队在中场掷界外球入界。

5)技术犯规。技术犯规主要包括队员技术犯规和教练员、助理教练员、替补队员或随队人员的技术犯规两种。

①队员技术犯规。有以下行为的应判该队员技术犯规。

a. 没有礼貌地与裁判员、技术代表、记录台人员或对方队员交涉或触及他们,或使用很可能冒犯或煽动观众的语言和举止。

b. 戏弄对方队员或在他的眼睛附近摇手妨碍其视觉。

c. 阻碍执行掷球入界以延误比赛。

d. 宣判犯规后,在裁判员要求他举手后不正正当当地举起他的手。

e. 改变他的队员号码,没有报告记录员和裁判员。

f. 未经批准而擅自离开比赛场地。

g. 悬吊在篮圈上,致使身体重量由篮圈支撑。

罚则:给该队员登记一次技术犯规。并判给对方队一次罚球,不管罚球中与否仍由该队在中线掷界外球入界。

②教练员、助理教练员、替补队员或随队人员技术犯规。

教练员、助理教练员、替补队员或随队人员没有礼貌地与裁判员、技术代表、记录台人员或对方队员交涉或触及他们,或干扰比赛的正常进行,应判为技术犯规。

罚则:应给教练员登记一次技术犯规。并给对方队 2 次罚球,不管最后一次罚球中与否仍由该队在中线掷界外球入界。

6)队员 5 次犯规。指一名队员在一场比赛中犯规次数累计达 5 次后,不得继续参加本场比赛。

7)全队 4 次犯规。某队在比赛中每节犯规累计达 4 次后,再发生对非投篮队员的犯规时应判给对方 2 次罚球。

小贴士

现代篮球运动

现代篮球运动是由美国马萨诸塞州斯普林菲尔德市(春田)基督教青年会训练学校体育教师詹姆斯·奈史密斯博士于1791年发明的。1932年6月17日在瑞士日内瓦成立了国际业余篮球联合会(简称国际篮联)。同年以美国大学生的规则为蓝本,略加修改,正式出版了第一本《国际篮球规则》(1932—1936),并决定每4年将该规则修改或补充一次。1936年第11届奥运会上,男子篮球被列为正式比赛项目。1950年和1953年分别举行了第1届世界男篮和女篮锦标赛。1976年第21届奥运会又把女子篮球列为正式比赛项目。

项目二　排球

【项目描述】

通过相关知识点的学习和实地实训,掌握排球的基本技术、战术运用和规则。

【项目要求】

正确掌握排球项目进攻和防守的基本技术、战术运用和规则。

【技能目标】

(1)掌握进攻的基本技术。
(2)掌握防守的基本技术。
(3)掌握实战战术运用。
(4)掌握排球项目规则。

【材料用具】

排球。

【相关知识点】

一、排球项目的基本技术

排球技术是在比赛规则允许的前提下采用的各种合理的击球动作和配合动作的总称。参与者在准备姿势、移动、起跳、滚翻和跃扑等动作基础上用手做发球、垫球、传球、扣球和拦网等动作组成进攻与防守的集体竞赛运动。

排球技术有两种:一种是有球技术,包括发球、垫球、传球、扣球和拦网;另一种是无球技术,包括准备姿势、移动、起跳、滚翻和跃扑及各种掩护动作等。排球技术主要由步法和手法组成。

(一)准备姿势和移动

准备姿势和移动是排球运动中运用最多的两项基本技术,它是完成传、发、扣、拦各项击球技术的前提和基础,并对各项技术动作起着重要的串联作用。

1. 准备姿势

准备姿势的目的是为了迅速起动,快速接近来球,与球保持合理位置,以便完成各种击球动作。准备姿势按身体重心的高低可分为稍蹲、半蹲和低蹲三种,半蹲运用较多。

动作要领:两脚左右开立略比肩宽,一脚稍前,两脚尖适当内收,脚跟稍提起,膝关节保持一定的弯曲程度,上体前倾,两肩的垂直面过膝,两臂自然弯曲,双手置于腹前。

2. 移动

移动的目的是为了及时接近球,保持好人与球的位置关系以便击球,同时也是为了迅速占据场上的合理位置。可以说,在排球运动中,移动是比赛的灵魂和关键。

根据来球的方向、速度、性能和落点的不同,应采用不同的移动方法。采用较多的移动方法有并步法、滑步法和交叉步法。

(1)并步法

动作要领:当来球距身体约一步左右时适合采用这种方法。移动时,前脚先向前或向两侧迈出一步(步幅大小根据情况而定),同时后脚向前用力蹬地;或向两侧用力蹬地,当前脚落地后,后脚迅速并上成接球前的准备姿势。

(2)滑步法

动作要领:当球距身体较远时,可用滑步法移动。移动时,两膝弯曲,两前脚掌用力蹬地,重心向侧方移动,移动方向一侧的脚先向侧方迈出一步,另一脚迅速滑动跟上成准备姿势。如果距离较远,可用连续滑步。

(3)交叉步法

动作要领:当来球在体侧或体前侧距离较远时,可采用交叉步。若向右移动,身体稍向右转,左脚从右脚前面向右交叉迈出一大步,然后右脚再向右边跨出一步,落在左脚的侧面,同时身体转动对准来球方向,保持传球前的准备姿势。向左移动,动作方向相反。如图2-43所示。

图2-43

(二)垫球

垫球主要用于接发球、接扣球、接拦回球,有时也用来组织进攻。接发球和接扣球是组织进攻的基础,是比赛中争取少失分、多得分,转被动为主动的重要技术。

垫球技术可分为正面双手垫球、跨步垫球、体侧垫球、低姿垫球、背垫、单手垫、侧卧垫、滚翻垫、鱼跃垫等多种方法。

动作要领:以双手垫球为例。移动对准来球,成半蹲姿势站立。当球接近腹前时,两手掌根紧靠,两手手指重叠合掌互握,两拇指平行,手腕下压,两臂外翻成一平面,如图2-44所示。

图2-44

当球飞至腹前一臂距离时，两臂夹紧伸直插到球下，配合向前上方蹬地、跟腰抬臂动作，随之身体重心向前上方移动，迎击来球，击球点保持在腹前，以前臂腕关节以上8厘米左右处击球后下部，将球垫出。

（三）发球

发球是比赛的开始，也是进攻的开始，高质量的发球可以破坏对方的战术组成，也可以直接得分，起到先发制人的作用。发球的方法可分为：正面下手发球、侧面下手发球、正面上手发球等。

1. 正面下手发球

动作要领：面对球网两脚前后开立，左脚在前，两膝微屈，上体稍前倾，重心偏于右脚，左手持球于腹前。发球时将球抛起在体前右侧，离手约20 cm高。抛球前，右臂伸直，以肩为轴向后摆动。击球时，右脚蹬地，身体重心随着右手向前摆动击球移至前脚上，在腹前以手掌击球的后下方。手触球时，手指手腕紧张，手成勺形。击球后，迅速进入场地。如图2-45所示。

图2-45

2. 侧面下手发球

动作要领：左肩对网，两脚左右开立，与肩同宽。两膝微屈，上体前倾，重心落在两脚之间，左手持球于腹前。发球时，左手把球平稳抛送于胸前，距身体约一臂远，离手约30厘米高。抛球的同时，右臂摆至右侧后下方，接着利用右脚蹬地向左转体的力量带动右臂向前上方摆动，在腹前用全掌击球的右下方。如图2-46所示。

图2-46

3. 正面上手发球

动作要领：面对球网两脚自然开立，左脚在前，左手托球于身前，用抬臂和手掌平托上送，将球平稳地垂直抛于右肩的前上方，高度适中。在抛球的同时，右臂抬起，屈肘后引，肘与肩平，抬头、挺胸、收腹，上体稍向右侧转动，身体重心移至右脚上。击球时，利用蹬地上体向左转动，同时收腹带动手臂挥动，在右肩上方伸到手臂的最高点，用全掌击球中下部。击球时，手腕主动做推压动作，使击出的球呈上旋飞行。如图2-47所示。

图 2-47

（四）传球

传球是组织战术的基础，主要用于衔接防守和进攻。传球的方法有正传、背传、侧传和跳传四种。

动作要领：以正面双手传球为例。迅速移动对正来球，采用稍蹲姿势，双手自然抬起置于脸前。当球接近额前时，开始蹬地、伸膝、伸臂，两手微张从脸前向前上方迎球，在额前上方约一球处击球。主要靠伸臂并配合蹬地的力量，手指手腕的弹力将球传出。

当手触球时，两手自然张开成半球状，手腕后仰，以承担球的压力。两拇指相对，接近"一"字形，两手之间有一定距离。用拇指内侧、食指全部、中指的二三指节触球，无名指和小指辅助控制球的方向，两肘适当分开。如图 2-48 所示。

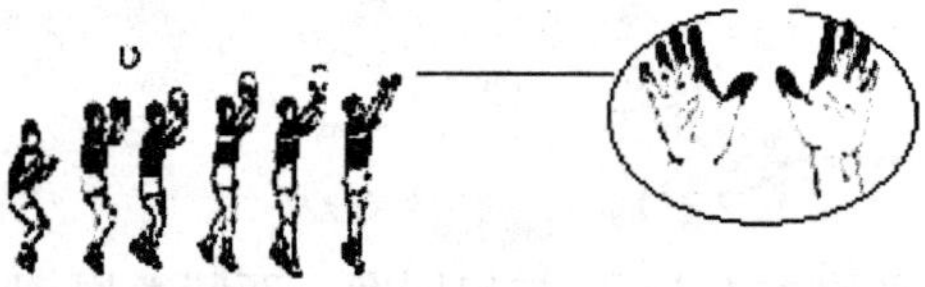

图 2-48

（五）扣球

扣球是完成接发球进攻和防守反击的最后一击，是最有效、最积极的进攻方法，是得分、得发球权的主要手段。强有力的、富有战术意识的扣球，往往使对方难以防守和组织反击，迫使对方处于被动挨打的境地。优秀运动员的扣球水平体现在高度高、力量大、速度快、变化多、技巧性强、效果好等几个方面。

扣球技术分为正面扣球、调整扣球、勾手扣球、扣快球、自我掩护扣球和单脚跳起扣球等。

动作要领：以正面扣球、两步助跑扣球为例。扣球助跑前采用稍蹲姿势，两臂自然下垂。助跑时，左脚先向前迈出一步，接着右脚再迅速跨出一大步，左脚及时跟上，踏在右脚之前，两脚尖稍向右转。在助跑跨出最后一步的同时，两臂绕体侧向后引，左脚在上踏制动过程中，两臂自后积极向上摆动，随后双脚蹬地向上起跳。起跳后，挺胸展腹，上体稍向右转，右臂屈肘向后上方抬起，身体成反弓形。挥臂时，以转体、收腹动作发力，依次带动肩、肘、腕各关节成鞭甩动作向前上方挥动。击球时，五指微张呈勺形，以全手掌包满球，在最高点击球的后中部，同时主动用力屈腕屈指向前推压，使扣出的球加速上旋。当扣球动作完成后，以前脚掌先着地再过渡到全脚掌着地，同时顺势屈膝、收腹，以缓冲下落力量。如图 2-49

所示。

图 2-49

(六)拦网

拦网是比赛的第一道防线,是得分、得发球权的重要手段,是反攻的重要环节。拦网水平的高低直接影响比赛的胜负。拦网由准备姿势、移动、起跳、空中动作和落地五个动作衔接而成。

1. 单人拦网(见 2-50)

图 2-50

(1)准备姿势

队员面对球网,两脚左右开立,约与肩同宽,距网 30 ~ 40 cm,两膝微屈,两臂屈肘置于胸前。

(2)移动

常用的步法有一步、并步、交叉步、跑步等。无论采用哪种移动步法,都要做好制动动作,以保证向上起跳,避免触网和冲撞同队队员。

(3)起跳

原地起跳时,两腿屈膝,重心降低,随即用力蹬地,两臂以肩发力,在体侧近身处,作划弧状前后摆动,帮助身体迅速跳起。移动后的起跳,其起跳动作与原地起跳一样,但要注意制动并使移动与起跳动作紧密衔接。

(4)空中动作

起跳时,两手从额前沿球网向上方伸出,两臂伸直并保持平行,两肩上提。拦网时,两臂应伸过网去接近球。两手自然张开,屈指屈腕成半球状。当手触球时,两手要突然紧张,手腕下压盖在球的前上方。

(5)落地

拦球后,要做含胸动作,以保持身体平衡。手臂要先后摆或上提,从网上收回至本方上空,再屈肘向下收臂,以免触网。与此同时屈膝缓冲,双脚落地,随即转身面向后场,准备接应来球或做下一个准备动作。

2. 集体拦网

(1)双人拦网

由前排两个队员互相靠近,同时起跳组成的拦网,称双人拦网。双人拦网是集体拦网的一种,是比赛中最常用的一种拦网形式,主要在对方大力扣球时采用。拦网的技术动作与单人拦网相同。

双人拦网时,应以一人为主拦队员,另一人为配合队员。但主拦队员不是固定的,一般情况下距对方扣球点近的队员应为主拦队员。主拦队员必须抢先移动到正对扣球点的位置,做好起跳准备,配合队员则迅速移动靠近主拦队员准备同时起跳。两队员之间的距离一定要合适:距离太远,跳起后将出现"空门";距离太近,起跳时互相干扰,致使双方都跳不高。双人拦网起跳时,两人的手臂应该在体前划小弧向上摆伸,都要尽量垂直向上起跳,要防止互相碰撞或干扰。手臂在空中既不能重叠,造成拦击面缩小,又不能间隔太宽,造成中间漏球。扣球靠近边线时,靠边线近的拦网队员外侧的手应适当内转,以防打手出界。

(2)三人拦网

三人拦网是集体拦网的一种形式,一般情况是在对方扣球进攻力强,路线变化多,而且很少轻扣和轻吊时采用。三人拦网技术动作与双人拦网相同,组成三人拦网关键在于迅速移动,取位恰当,配合密切。无论对方从哪个位置扣球进攻,一般都以③号位为主拦,②、④号位队员协同配合。也可以根据对方扣球进攻的特点,以②号位或④号位队员为主拦,另外两人主动配合。无论采用双人拦网或三人拦网,关键是队员之间的协同配合。

集体拦网时的注意事项。

1)集体拦网时,首先要确定谁是主拦,其他队员要密切配合,防止各行其是。

2)移动起跳时,两臂避免摆动过大,要防止互相干扰。

3)起跳后,手与手之间的距离,不要过大或过小,相距以小于球的直径为宜。

4)身体高度和弹跳力不同的队员集体拦网时,起跳时间应有所不同,要加强互相配合,力争在空中最高点时拦网手的高度一致,形成屏障。

二、基本战术

排球战术是根据规则,有意识地利用集体战术与个人技术的配合,所采取的有目的、有预见性的行动。全面、准确、熟练和实用的技术是组织战术的基础,而合理地运用战术又能更加充分地发挥技术的威力。

排球战术可分为个人战术和集体战术两大类。集体战术又进一步分为接发球及其进攻(简称一攻)、接扣球及其进攻(防反)、接拦回球及进攻(保攻)、接传、垫球及其进攻(推攻)四个战术系统。

(一)阵容配备的主要形式

阵容配备指比赛时场上人员的搭配布置。阵容配备的目的是合理地把全队的力量搭配好,更有效地发挥每一个队员的特长和作用。为此,在组织阵容时,应该考虑根据队员的身体素质、技术水平合理安排其在阵容中的位置,把进攻力量强的和防守技术好的队员搭配开,使每一轮次都有较强的进攻能力和较好的防守能力;主攻手、副攻手和二传手分别安插在对称的位置上,以便在轮转时保持比较均匀的攻防力量;根据战术需要和队员间默契程度,把平时配合较好的进攻队员和二传队员安排在相邻的位置上;扣球好的主攻手一开始站在最有利的位置上,如④号位;防守好的队员,应站在后排;本方有发球权时,发球好的队员最好站在①号位;发球权在对方时,发球好的队员可站在②号位;一传较差的队员尽可能不要安排在相邻的位置上,避免形成薄弱地区。

根据各队不同的技术水平和战术特点,一般有以下三种阵容配备。

1."四二"配备

即场上 2 个二传手、4 个攻手(其中 2 个主攻手、2 个副攻手),安排在对称的位置上。每一轮次前排都有 1 个二传队员和 2 个进攻队员,便于组织前排二传传球的两点进攻和后排二传插上传球的三点进攻,给对方的拦网及防守造成困难。但每一个进攻队员必须熟悉 2 个二传队员的传球特点,配合比较困难。这种较简单的战术配备通常被初学者和一般水平的球队运用。如图 2-51 所示。

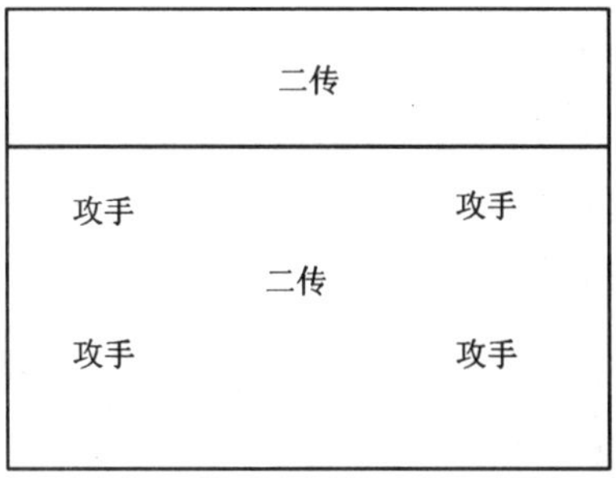

图 2-51

2."五一"配备

即场上 1 个二传队员,5 个进攻队员。为了弥补有时主要二传队员来不及传球所出现的被动局面,通常在二传队员的对应位置上,配备一名有进攻能力的接应二传队员。二传队员在前排时采用两点进攻,要充分利用两次球、吊球及后排扣球等战术变化突袭对方,以弥补"五一"配备的被动局面。二传队员在后排时采用进攻和拦网的力量。"五一"配备中,全队进攻队员只需适应一名二传队员传球的习惯、特点,容易建立配合间的默契。但防反时,二传队员如果在后排,要插上传球,难度较大。如图 2-52 所示。

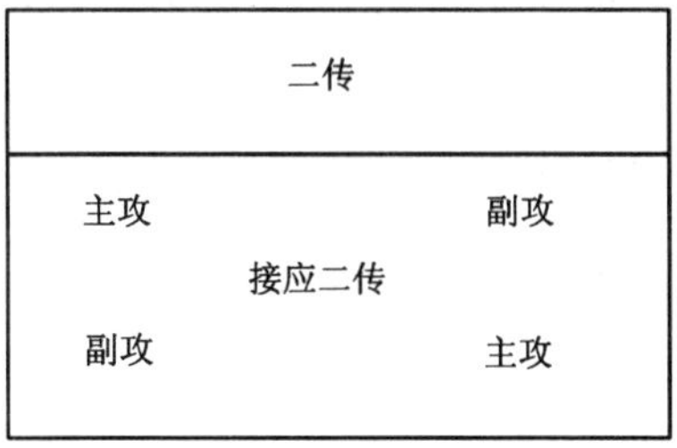

图 2-52

3."三三"配备

"三三"配备是指场上有 3 个进攻队员和 3 个二传队员。进攻队员与二传队员间隔站位。每一轮次的前排都能保持 1 ~ 2 个进攻队员和二传队员,适合初学的队采用,但进攻能力则显得不足。如图 2-53 所示。

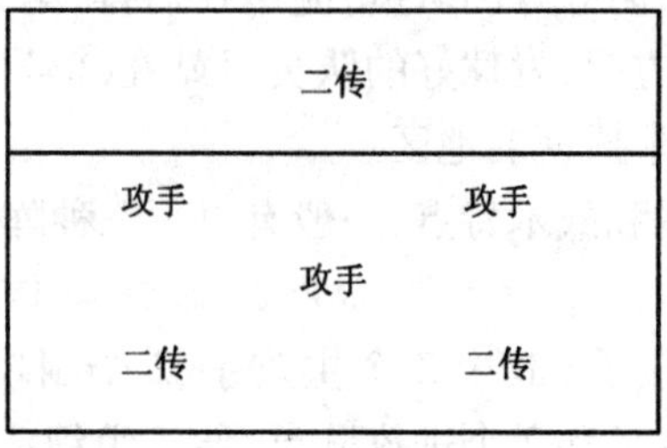

图 2-53

(二)进攻战术的基本形式

1.“中一二”进攻战术

由一名前排或后排队员③号在前排中做二传,其他队员参与进攻的阵形。“中一二”进攻阵形是最基本的进攻阵形,其特点是二传队员在中间,一传容易到位,战术可繁可简,适合不同技术水平的队。技术水平较低的队可组织前排②、④号位扣一般高球,技术水平较高的队可组织各种战术进攻乃至立体进攻。如图 2-54 所示。

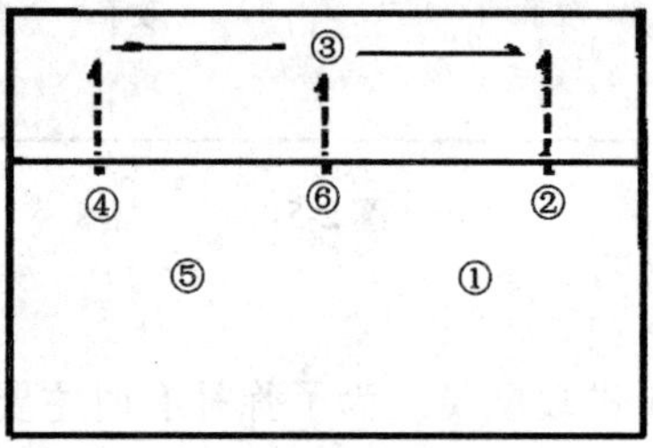

图 2-54

2.“边一二”进攻战术

“边一二”进攻战术也是一种比较简单的进攻战术形式。它与“中一二”进攻战术的相同之处,都是前排只有两名进攻队员,其不同点是二传队员不是站在③号位,而是站在②号和③号位之间,将球传给③号或④号位队员进攻。这种进攻战术称为“边一二”进攻战术。如图 2-55 所示。

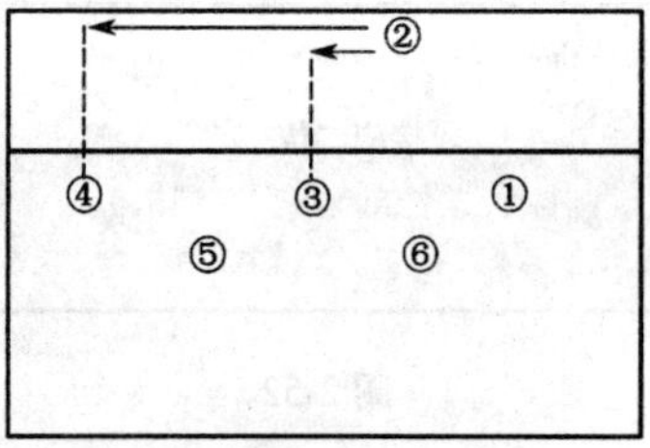

图 2-55

3."后排插上"进攻战术

"后排插上"进攻战术的基本配合方法是:由站在后排的二传队员在对方发球击球后,或由本队队员将对方进攻的球防起之后,或在对方第3次击球后,不可能进行强有力的进攻时,迅速插到网前担任二传,将球传给前排3个进攻队员中任何一个队员,扣球进攻,其他两名队员作佯攻掩护,这种进攻战术称为"后排插上"进攻战术。根据后排队员插上时起动的位置不同,可以分为①号位插上、⑥号位插上和⑤号位插上;根据场上战术的时机不同,又分为接发球时的插上和接扣球的行进插上。如图2-56所示。

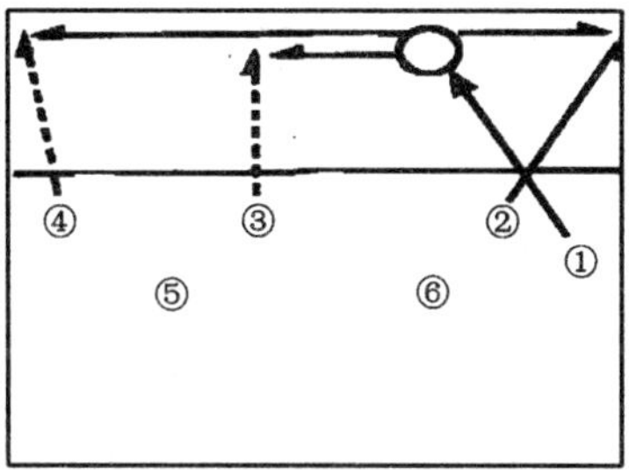

图2-56

(三)防守战术的基本形式

1.单人拦网防守战术

在对方进攻威力不大,路线变化不多时,一般多采用单人拦网防守战术。另外,因受对方战术变化的迷惑,来不及组织集体拦网时,也被迫采用单人拦网防守形式。如图2-57所示。

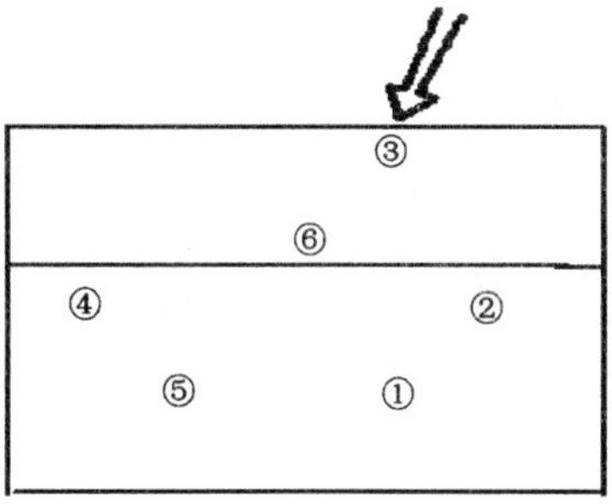

图2-57

2.双人拦网防守战术

(1)"心跟进"防守战术

该战术是固定由⑥号位队员跟进保护、防吊球的防守形式,又称为"心跟进"防守。跟进队员应根据对方进攻点的不同,来选择跟进的最佳位置和时机;不参加拦网的队员,要及时后撤到进攻线以后准备防守;后排①号和⑤号位队员应随着对方进攻点的不同,要适时、正确取位。如图2-58所示。

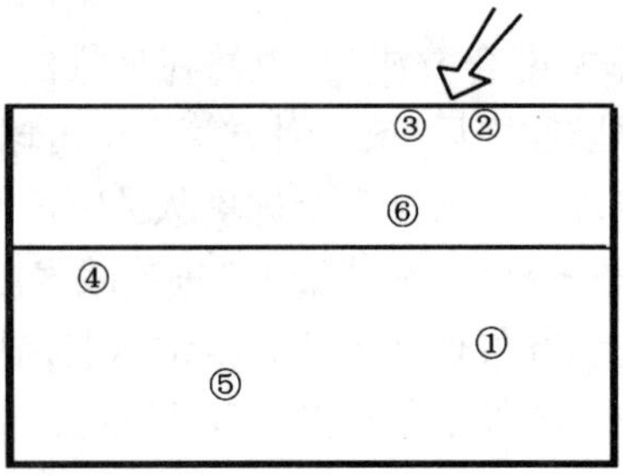

图 2-58

(2)“边跟进”防守战术

该战术是由①号或⑤号位队员跟进作保护的防守形式。前排不拦网的队员后撤参加防守,与后排 3 名队员要形成面对进攻点的弧形防守区,明确各自的防守区域和范围。其具体站位方法是:如对方从④号位进攻,则由本方②号和③号位队员组成双人拦网;④号位队员撤至进攻线以后防,守斜线进攻;①号位队员跟进到进攻线附近准备保护。如图 2-59 所示。

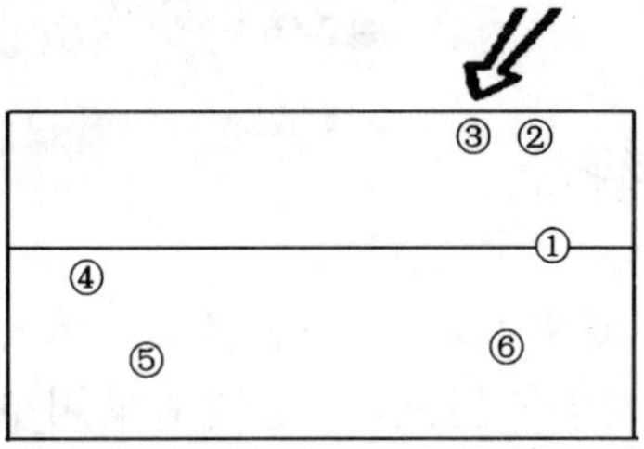

图 2-59

三、排球比赛主要规则

(一)场地与设备

比赛场区为 18 米×9 米的长方形。中间隔一球网(男子网高 2.43 米、女子网高 2.24 米),球网两边挂有标志带,其外沿有 1.80 米长的标志杆。所有的界线宽 5 厘米。边线和端线都包括在比赛场区的面积之内。如图 2-60 所示。

(二)比赛方法

1)比赛采用五局三胜制,以先胜 3 局的队为胜一场;前 4 局先得 25 分并同时超出对方 2 分的队胜一场;当比分 24:24 时,比赛继续进行至某队领先 2 分为止。

2)决胜局先得 15 分并同时超出对方 2 分的队获胜。当比分 14:14 时,比赛继续进行至某队领先 2 分为止。

(三)发球犯规、失误与判罚

犯规、失误:发球时未将球抛起,身体的任何一部位触球;脚踏端线或踏越发球区短线;球触及标志杆或从非过网区越过;球落在界外;球落地前触及空中障碍物;抛球未击,但球落地前触及发球者;鸣哨后 5 秒内未击球;发球次序错误;球越过发球掩护的个人或集体。

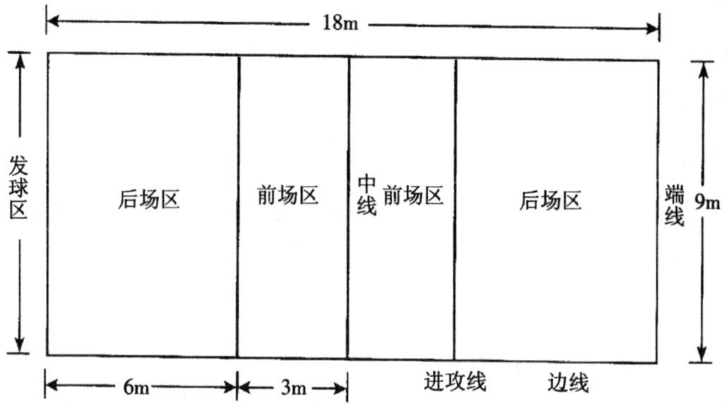

图 2-60

判罚：出现上述现象时，判失 1 分，并由对方发球。

（四）重新发球

未鸣哨允许发球而将球发出时；遇到特殊情况被认可停止比赛时，如队员受伤、来自外界的干扰等。

（五）场上队员的位置与位置错误的判断

靠近球网的 3 名队员为前排队员，其位置为④号位（左）、③号位（中）和②号位（右）。另外 3 名队员为后排队员，其位置为⑤号位（左）、⑥号位（中）和①号位（右）。如果没有按照正确的轮转次序发球，则构成发球次序错误。

（六）击球时的犯规

1. 四次击球

一个队连续触球四次则判为四次击球（拦网一次除外）。

2. 借助击球

队员在比赛场地以内借助同伴或任何物体的支持进行击球。

3. 持球

没有将球击出，以及有握、抛、推送、携带等动作，造成接住或抛出。

4. 连击

一名队员连续两次击球或球连续触及身体的不同部位（拦网除外），则判为连击，但拦网一次和接发球时除外。

（七）队员在球网附近的犯规

1）对方进攻性击球前或击球时在对方空间触及球或对方队员为犯规。

2）从网下穿越进入对方空间并妨碍对方比赛为犯规。

3）越过中线进入对方场区，指队员的一只（两只）脚或一只（两只）手超过中线触及对方场区。手或脚如果还有部分接触中线或置于中线上空则不判为犯规。队员身体的任何其他部分接触对方场区为犯规。

4）队员触及球网，但队员在试图进行击球的情况下偶尔触网不算犯规。

（八）进攻性击球犯规

在对方场区空间击球；击球出界；后排队员在前场区完成进攻性击球，并且击球时球的整体高于球网上沿，均判失去发球权或失分。

（九）不良行为

在比赛中，球队队员对裁判员、对方队员、同队队员或观众有不良的行为，根据其犯规的严重程度，给予适当的不同等级的判罚。

（十）暂停、换人规则与临场处理

1. 正常的比赛间断有暂停和换人

每局比赛中，每队最多可请求两次暂停和6人次换人，替补队员在每局比赛中只有一次被换上场的机会。

2. 国际排联世界性的比赛暂停采用以下方法

第1~4局，每局有两次技术暂停，各为1分钟，每当领先队达到8分或16分时自动执行。每个比赛队每局仅有一次机会请求30秒的普通暂停。决胜局（第5局）无技术暂停，每队在该局可请求两次30秒的普通暂停。

（十一）比赛被拖延的间断处理

任何意外情况阻碍比赛进行时，第一裁判员、比赛组织者和主管委员会成员应共同研究决定，采取措施使比赛恢复正常。一次或数次间断时间累计不超过4小时，如果比赛仍在原场地进行，间断的一局应保持原比分、原队、原场上位置，已结束的各局保留比分；如果比赛改在另外场地进行，则间断的一局应被取消，但应保持该局开始时的阵容和位置重新比赛，已结束的各局比分保留。一次或数次间断时间累计超过4小时，则全场比赛重新开始。

（十二）自由人

在比赛中，为增加来回球次数，提高防起率，尽量维持攻防平衡，使比赛更加精彩。可在参赛队的12名正式参赛队员中设一名专门防守队员，称为自由防守队员，又称为自由人。

自由人必须穿着与其他队员不同颜色的上衣，换人不计为正规换人次数。自由人不发球，也不能进行进攻性击球。

项目三 足球

【项目描述】

通过相关知识点的学习和实地实训，掌握足球的基本技术、战术运用和规则。

【项目要求】

正确掌握足球项目进攻和防守的基本技术、战术运用和规则。

【技能目标】

（1）掌握进攻的基本技术。

(2)掌握防守的基本技术。

(3)掌握实战战术运用。

(4)掌握足球项目规则。

【材料用具】

足球。

【相关知识点】

一、足球项目的基本技术

足球运动的技术是指运动员在从事足球活动和比赛中,有目的、有意识地运用脚和规则允许的身体的各个部位去合理地支配球的动作方法的总称。足球基本技术包括:传球、接控球、射门、运球、头顶球、抢截球、守门员技术。

(一)踢球技术

踢球是指运动员有目的地用脚的某一部位把球击向预定的目标。踢球的方法有脚内侧踢球、脚背正面踢球、脚背内侧踢球、脚背外侧踢球等。下面主要介绍前两种技术。

1. 脚内侧踢球

用脚内侧部位(跖趾关节、舟骨和跟骨所构成的三角部位)击球,其特点是脚与球接触面积大、出球平稳准确,多用于短距离传球和射门。

动作要领:踢定位球时,直线助跑,支撑脚踏在球的侧方 15 厘米左右处,膝关节微屈,两臂自然张开。在支撑脚着地的同时,踢球腿以髋关节为轴由后向前摆动,在前摆过程中屈膝外转,踢球腿的内侧正对击球方向,小腿加速前摆,脚尖稍翘起,脚掌与地面平行,用脚内侧部位击球后中部。向左(右)侧踢球时,支撑脚踏在球的后方,用右(左)脚脚弓对准击球方向,提起大腿,并用以带动由右(左)向左(右)横摆,同时身体重心向出球的相反方向移动,用推送动作将球踢出。

2. 脚背正面踢球

用脚背的正面部(楔骨和跖骨的末端)击球,其特点是踢球腿摆幅大、摆速快、踢球力量大,多用于长距离传球和射门等。

动作要领:踢定位球时,直线助跑,最后一步稍大,并积极着地,支撑脚踩在球的侧方 12~15 厘米处,脚尖正对出球方向,膝关节微屈,两臂自然张开。踢球腿在支撑脚前跨和助跑的最后一步离地面时,顺势向后摆起,膝弯曲,在支撑着地同时,以髋关节为轴,大腿带动由后向前摆动,当膝盖摆至接近球的正上方的刹那,小腿做爆发式的前摆,脚背绷直,脚趾扣紧,以脚背的正面踢球后中部,踢球腿随球继续前摆。

踢反弹球时,要判断好球的落点,当球落地时,踢球腿的小腿急速前摆,在球刚反弹离地时,踢球的后中部,如图 2-61 所示。

(二)停球技术

停球是指运动员有目的地用身体的合理部位把运行中的球停在所需要的控制范围内。在比赛中停球不是最终目的,而是为传球、运球、过人和射门作准备。常用的停球方式有脚

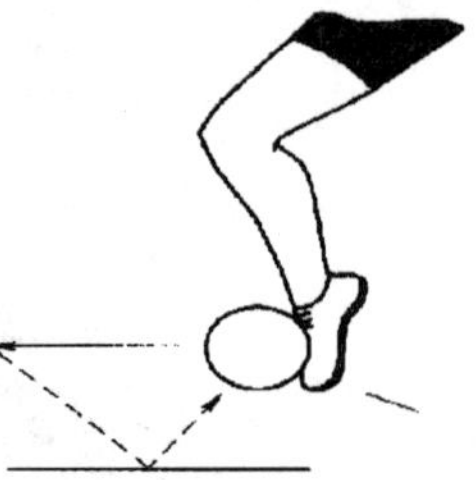

图 2-61

内侧停球、脚底停球、脚背正面停球、胸部停球。

1. 脚内侧停球

特点：脚接触球的面积大，易将球停稳，并且便于改变方向和结合下一个动作，多用来停地滚球、停反弹球和停空中球。

(1)停地滚球

支撑脚正对来球，膝关节微屈，停球腿屈膝外转并前迎，脚尖稍翘起，当脚与球接触前的一刹那开始后撤，在后撤过程中用脚内侧接触球，缓冲来球力量，把球控制在衔接下一动作所需要的位置上。如图 2-62 所示。

图 2-62

(2)停反弹球

支撑脚踏在球的落点的侧前方，膝关节弯曲，上体稍向前倾并向停球方向微转，同时停球腿提起，踝关节放松，用脚内侧对准来球的反弹路线，当球落地反弹刚离地面时，用脚内侧推球的中上部。如图 2-63 所示。

图 2-63

(3)停空中球

一种方法是，根据来球的高度，将停球脚前迎，脚内侧对准来球路线，在脚与球接触前的刹那开始后撤。在后撤过程中用脚内侧触球，缓冲来球力量，把球控制在所需要的位置上。

另一种方法是，将脚提起稍高于选择的停球点，在脚与球接触的一刹那开始下切，在下切过程中用脚内侧切于球的侧上部，将球停在地上。接空中球时，先提大腿，腿弓正对来球。触球时，小腿放松下撤。如图 2-64 所示。

图 2-64

2. 脚底停球

特点：脚底接触面积大，易将球停稳。比赛中多用于停正面来的地滚球和反弹球。

（1）停地滚球

支撑脚站在球的侧后方，膝关节微屈，停球脚提起，膝关节自然弯曲，脚尖翘起高过脚跟（脚跟离地面稍低于球高），踝关节放松，用前脚掌触球的中上部。

（2）停反弹球

支撑脚踏在球落点的侧后方，当球着地的一刹那，用前脚掌对准球的反弹路线，触球的后上部。

3. 胸部停球

特点：胸部停球面积大、有弹性、位置高，适用于停高球和平直球。胸部停球有挺胸停球和收胸停球两种方法。

（1）挺胸停球

一般用来停高于胸部的下落球。身体正对来球，两臂前后开列，重心落在两脚之间，两膝微屈，两臂自然张开，上体稍后仰，收下颌，当球与胸部接触前的刹那，脚跟提起，向上挺胸，使球弹起，然后落于体前。

（2）收胸停球

一般用来停胸部高度的水平球。身体正对来球，两脚前后开立，两臂自然张开，挺胸迎球。当球与胸部接触的刹那间迅速收胸、收腹以缓冲来球力量，把球停在身前。如图 2-65 所示。

图 2-65

（三）接球技术

1. 大腿接球

适用于接高球。接球时，大腿抬起迎球，当与球接触的一刹那即随球下撤，使球落在身前,如图2-66所示。也可用大腿上抬垫球,使球平稳弹下,如做转体接球时,以支撑腿为轴向左(右)转体,把球接到身体左或右侧。

图2-66

2. 腹部接球

适用于接反弹球。身体正对来球,两脚平行站立,当球从地上弹起时,两臂张开,上体前倾,提气,收腹,缓冲来球力量,将球接在身前,如图2-67所示。

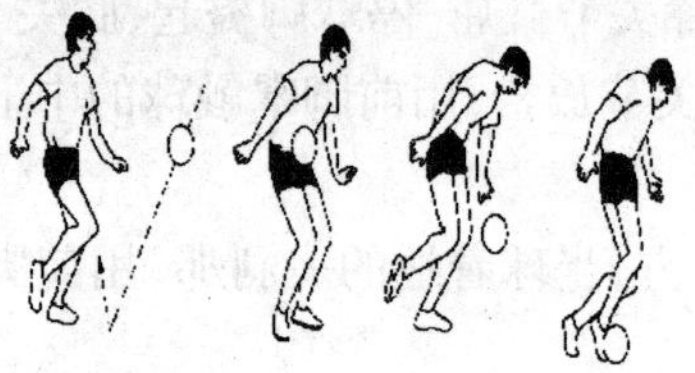

图2-67

(四)运球技术

运球是运动员在跑动中用脚连续推拨球,使球处于自己的控制范围内的动作,是完成个人突破与战术配合必不可少的技术。常用的运球方法有脚背正面运球、脚背内侧运球和脚背外侧运球等。

脚背内侧和外侧运球灵活,便于迅速奔跑和改变方向,是比赛中常用的运球方法。跑动时身体自然放松,上体前倾,步幅可大可小。脚背外侧运球时,运球脚提起,脚尖稍内转,以脚背外侧推球前进;脚背内侧运球时,运球脚提起,脚尖稍向外摆,以脚背内侧推球前进。

(五)抢截球

抢截球是防守中的主要行动,是转守为攻的积极手段。抢截球包括抢球和截球两个内容。

1. 正面跨步抢球

面向对手两脚前后开立,两膝微屈,在对手运球脚触球后即将着地或刚着地时,支撑脚立即用力后蹬,抢球脚以脚内侧对着球跨出,膝关节弯曲,上体前倾,身体重心移至抢球脚上,另一脚立即前跨,如双方脚同时触球时,则要顺势向上提拉,使球从对方脚背滚过,同时身体重心要迅速跟上,把球控制好,如离球稍远可用脚尖抢截。

2. 侧面冲撞抢截

当与对方平行跑争球时,身体重心要降低,两臂紧贴身体。当对方后侧脚着地时,可用肩和上臂作合理冲撞动作,使对方失去平衡,从而截获球。侧面冲撞抢截用于抢截者和运球者平行跑动时抢截球。

3. 侧后铲球

防守人追到距运球人侧后1米左右，可用脚掌或脚背外侧进行铲球。当运球人将球拨动时，先蹬腿，抢球腿跨出，以脚掌或脚掌外侧在地面滑行，将球踢出，小腿、大腿、臂部、上体依次着地。

侧后铲球适用于对手运球刚越过防守者时。

（六）守门员技术

守门员的技术高低、反应敏捷程度、竞争意识，直接影响全队最后一道门户的牢固。

1. 接地滚球

接地滚球分直立接球和单膝跪立接球两种。直立接球时，两脚要自然并拢不留空隙，脚尖对准来球，上体前屈，两臂自然下垂近地，手指自然张开，手心向前，两手接球底部。接球后，两臂同时弯曲并互相靠拢，将球提前紧抱。单膝跪立接球时两腿向侧前方开立，前腿弯曲，后腿跪立，膝关节触地面并靠近前脚跟，不留中空，上体前倾，两臂下垂，掌心对准来球方向，两手接球底部，并将球抱至胸前，如图2-68所示。

图2-68

2. 接高球

手指自然张开，拇指相对，食指与拇指成“桃形”，当手触球时，手腕和手指适当用力将球接住，同时屈肘，回缩并下引，顺势翻掌将球抱于胸前。要求判断球路与落点要准，跑动、起跳要准，控制高度要快。

3. 接平球

接球前，两臂屈肘置于胸前两侧，在球接触胸前的一瞬间，两臂夹紧，收缩两手，抱住球的侧上部，迅速置于胸前。

二、基本战术

足球战术就是在比赛攻守过程中，为了战胜对手，能采取的个人行动和集体配合手段的综合体现。

足球比赛是由进攻与防守不断变换组成的。因此，足球战术可分为进攻战术和防守战术，在进攻和防守战术中可分为个人战术和集体战术两大类。摆脱、跑位、选位、盯人等都属个人战术。二人或二人以上的协同配合属于集体战术。个人战术是集体战术的组成部分，集体战术是个人战术的综合。

(一)进攻战术

1."二过一"战术配合

进攻战术中的"二过一",就是比赛中两个进攻队员战胜一个防守队员的局部战术配合。"二过一"是足球比赛中运用最普遍、最简单、最基本的进攻战术。具体配合的形式和方法是很多的,下面介绍几种比赛中常用的"二过一"配合。

(1)斜传直插"二过一"

如图 2-69 所示,由进攻队员⑩与⑦拿球做向前运球,吸引防守者的注意力,然后突破斜传球。由队员⑪与⑧快速直插接球,突破防守。

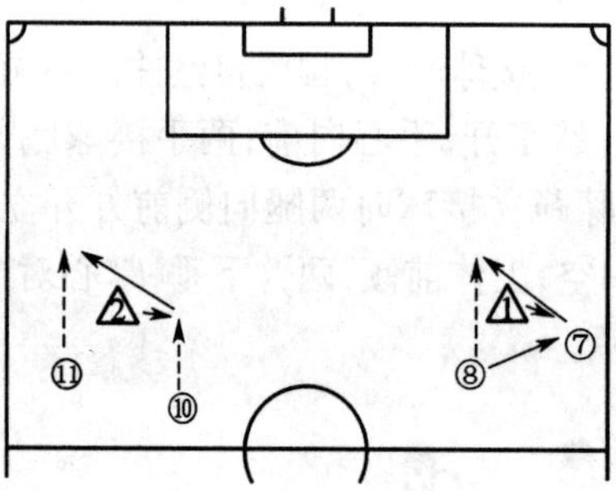

图 2-69

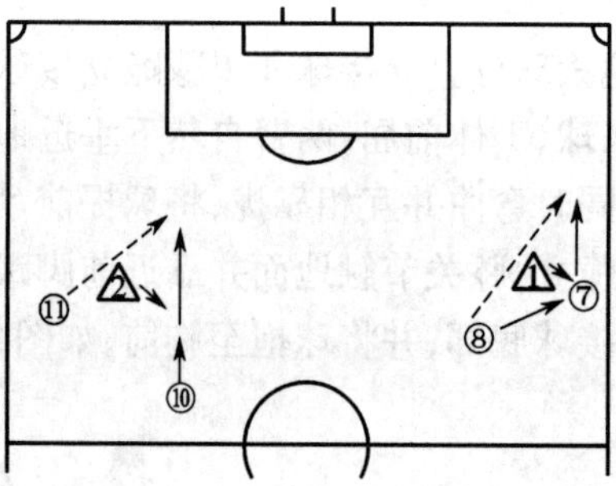

图 2-70

(2)直传斜插"二过一"

如图 2-70 所示,由进攻队员⑩与⑦作直接传球,同队的⑪与⑧都是斜线插上接球。

(3)踢墙式"二过一"

如图 2-71 所示,这种方法常用于中路突破。它是由队员⑧快速向前运球,在接近防守队员时,及时向队员⑨脚下传球,队员⑨像墙一样,一次出球将球反弹至防守者背后,队员⑧快速插上接球。

(4)回传反切"二过一"

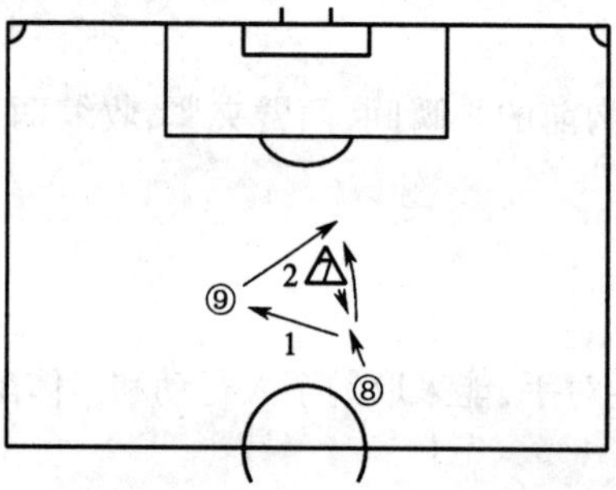

图 2-71

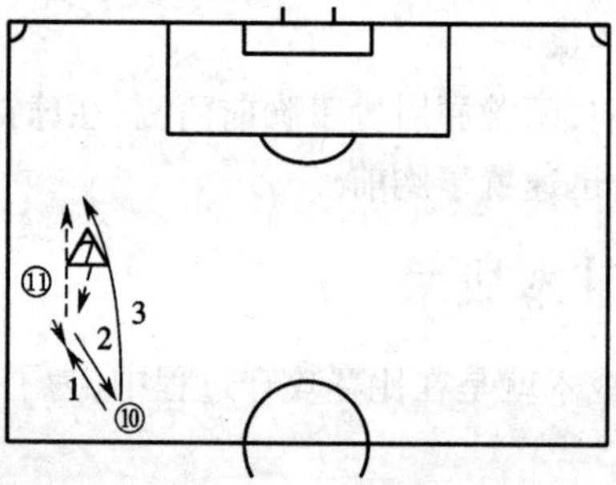

图 2-72

如图 2-72 所示,这种方法是由队员⑪回传给队员⑩,拉出防守队员身后的空当,队员⑪突然转身反切,队员⑩将球铲向防守者的身后。

2."三过二"战术配合

"三过二"是在比赛中局部地区三个进攻队员通过连续配合突破两个防守者的防守。

由于这种配合有两个同队队员可以同时接应传球,因此使持球人传球路线更多,且进攻面扩大,要求也较高,防守的难度也较大。下面介绍几种“三过二”的进攻战术配合方法。

(1)第二空当

所谓第二空当,是指当一名进攻队员跑向一个有利的空当(第一空当)并牵制一名防守队员时,使原区域出现了空当(第二空当),第二个进攻队员迅速插向第二空当,利用传接配合,突破防守。

打第二空当配合对三名进攻队员的基本要求如下。

1)扯动要逼真,能将防守者从原防守的位置上吸引开来,以形成空当。接应者应及时摆脱,迅速插向空当。传球者要掌握好传球的时机与传球的落点,使拉扯、切入、传球做到一气呵成,恰到好处。

2)根据比赛场上的实际情况要善于变化,打第一空当与打第二空当或第三空当相结合,使守方防不胜防,就能获得更佳的效果。

(2)连续“二过一”

连续“二过一”至少由两组二过一配合组成。在三人配合时应做到以下两点。

1)三名进攻队员的位置基本上呈三角形。两名无球队员不能一起跑向同一个点而造成位置重叠。

2)控球者在传球前应注意观察,选择最有威胁的进攻配合。

(二)防守战术

防守战术也包括个人的基础战术和全队的整体战术,其中选位、盯人、补位是最基本的防守战术。

1. 选位

防守队员选择的站位,原则上应站在对手与本方球门中心所构成的一条直线上,根据球的位置作相应的前后、左右移动,使球和人都能处于自己的视野之内。

2. 盯人

针对对方进攻队员,有目的地积极主动贴近对手,使其在跑位、传接球时不能充分发挥技术特长。

3. 补位

临近位置防守队员站位要有层次,不能平行线站位,相互间要有保护、补漏、交换位置。

三、足球比赛的主要规则

1. 场地

足球比赛场地应为长方形,在任何情况下宽度不得超过长度。长度(边线)必须在90米与120米之间,宽度(球门线)必须在45米与90米之间。如图2-73所示。

国际比赛的场地,长度必须在90米与100米之间,宽度必须在64米与75米之间。不论比赛场地的大小,场地上的各个区域的面积以及足球门的高度(2.44米)和宽度(7.32米)在任何情况下都不得更改,必须符合规则。国际足联还规定,世界杯足球赛决赛阶段的比赛场地长105米、宽68米。

2. 队员人数与比赛时间

每队上场队员不得多于9人,其中必须有一名守门员。如果任何一队少于7人则不得

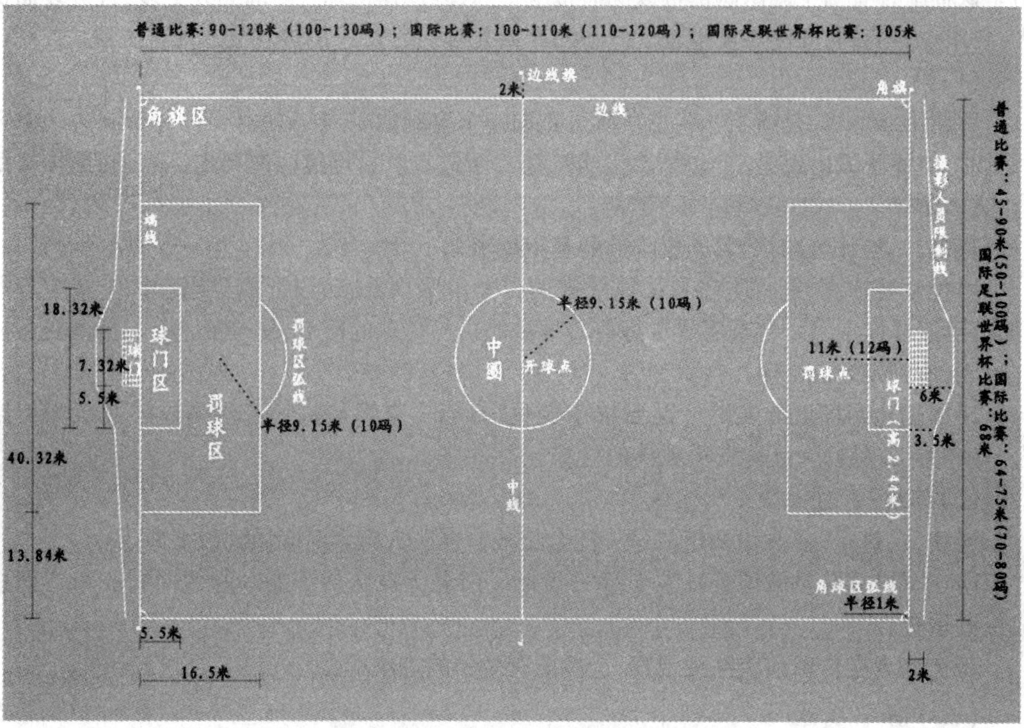

图 2-73

开始比赛或继续比赛。

比赛分为两个半场，每半场时间为 45 分钟，并根据裁判员的判断，扣除每半场中损失的所有时间。中场休息时间不得超过 15 分钟。

3. 越位

队员较球和最后第二名对方队员更接近于对方球门线，即处于越位位置。但队员在本方半场或齐平于最后第二名对方队员时，即为不处于越位位置。

队员处于越位位置本身并不是犯规。处在越位位置的队员同时有下列行为时应判罚越位犯规。

1）在同队队员踢或触及球的一瞬间，裁判员认为其就下列情况参与了现实的比赛时才判为越位犯规：①干扰比赛或干扰对方；②企图从越位位置获得利益；③干扰了比赛或干扰对方队员以及利用越位位置获得利益，如直接接得球门球、掷界外球、角球。

2）队员处在越位位置，但同队队员踢或触击球的瞬间没有干扰比赛，又未干扰对方，也没有获得利益，则没有越位犯规。

3）对于越位犯规应判给对方在越位地点踢间接任意球。

4. 犯规与不正当行为

（1）有以下十种行为之一者，应判给对方踢直接任意球

1）踢或企图踢对方队员。

2）绊摔或企图绊摔对方队员。

3）跳向对方队员。

4)冲撞对方队员。

5)殴打或企图殴打对方队员。

6)推对方队员。

7)为了得到对球的控制而抢截对方队员。

8)于触球前触及对方队员。

9)拉扯对方队员。

10)向对方队员吐唾沫、故意手球。

比赛中如果队员在本方罚球区内有上述十种情况之一,应被判罚点球。

(2)守门员在本方罚球区内有下列五种犯规之一时,将判给对方踢间接任意球

1)当手控制球时,在发出球之前行走4步以上。

2)在发出球之后未经其他队员触及,再次用手触球。

3)用手触及同队队员故意踢给他的球。

4)用手触及同队队员直接掷入的界外球。

5)拖延时间。

此外,队员有下列情况时,也将判给对方踢间接任意球:①动作具有危险性;②阻挡对方队员;③故意阻挡对方守门员从其手中发球;④违反规则的其他犯规而停止比赛被警告或罚令出场。

(3)队员有下列七种犯规之一者,将被警告并被出示黄牌

1)有非体育道德行为。

2)以语言或行动表示异议。

3)持续违反规则。

4)延误比赛重新开始。

5)当以角球或任意球重新开始比赛时,不退出规定的距离。

6)未得到裁判员许可进入或重新进入比赛场地。

7)未得到裁判员许可故意离开比赛场地。

(4)队员有下列七种犯规之一者,将被罚令出场并出示红牌

1)严重犯规。

2)暴力行为。

3)向对方或任何人吐唾沫。

4)用故意手球破坏对方的进球或明显的进球机会。

5)用可判为任意球或点球的犯规破坏对方向本方球门移动着的明显的进球得分机会。

6)使用无礼的、侮辱的或辱骂性的语言。

7)在同一场比赛中得到第二次警告。

5.任意球

任意球分为直接任意球和间接任意球两种。无论是直接任意球还是间接任意球,踢球时必须将球放定,踢球队员在球未经其他队员触及前,不得再次触球。

直接任意球直接踢入对方球门,判为得分,如直接踢入本方球门,判给对方踢角球。

间接任意球直接踢入对方球门,判为球门球,如直接踢入本方球门,判给对方踢角球。

6. 界外球

掷界外球是重新比赛的一种方法，当球的整体不论从地面或空中越过边线时，判给最后触球的对方从球越出边线处掷界外球。界外球不能直接进球得分。

队员掷界外球时应面向场地，任何一只脚的部分站在边线或边线外的地上，使用双手将球从头后经头上掷出。掷球队员在其他队员触球前不得再次触球。球进入比赛场地，比赛即为开始。

项目四　乒乓球

【项目描述】

通过相关知识点的学习和实地实训，掌握乒乓球的基本技术、战术运用和规则。

【项目要求】

正确掌握乒乓球项目进攻和防守的基本技术、战术运用及规则。

【技能目标】

(1)掌握进攻的基本技术。
(2)掌握防守的基本技术。
(3)掌握实战战术运用。
(4)掌握乒乓球项目规则。

【材料用具】

乒乓球、乒乓球拍。

【相关知识点】

一、乒乓球项目的基本技术

乒乓球技术从1926年发展至今，共有发球、接发球、推挡、搓球、攻球、弧圈球、削球、直板横打8类基本技术。根据弧线、速度、旋转、力量、落点的变化和各项技术的组合，目前可划分为五大类型的打法，即快攻类、快攻结合弧圈类、弧圈类、削球类、削攻结合类。在此主要介绍球拍的握法、基本站位与基本姿势、基本步法、发球、接发球以及攻球技术。

(一)握拍法

1. 直拍握法

以食指第二关节和拇指第一关节扣压拍前，指距一指，虎口贴住拍柄，其他三指自然弯曲，中指第一关节顶在拍后中线(见图2-74)。

2. 横拍握法

虎口贴住拍肩，中指、无名指、小指握住拍柄，拇指放在正面，食指自然伸直置于背面(见图2-75)。

图 2-74

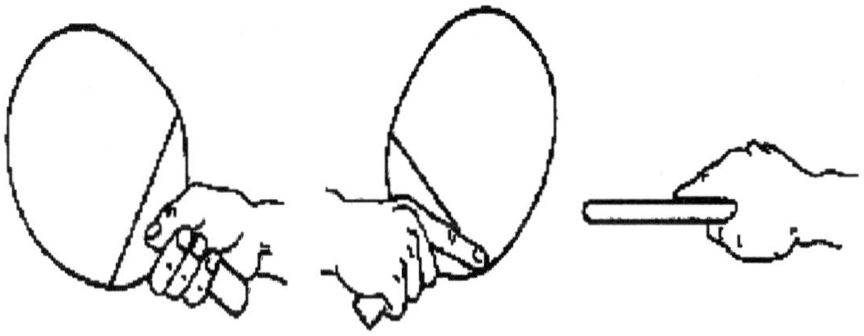

图 2-75

（二）基本站位与基本姿势

乒乓球运动员的基本站位应当根据不同类型打法来确定，一般左推右攻打法在近台中间偏左；两面攻打法在近台中间；弧圈球打法在中台偏左；横拍攻削结合打法在中台附近；以削为主打法在中远台附近。

基本姿势为两脚左右开立，比肩稍宽；两膝微曲，稍内扣；上体稍前倾，重心置于两脚之间并在前脚掌内侧；球拍置于腹前 20～30 厘米处。

（三）基本步法

常用的步法有单步、跨步、跳步、并步、交叉步、侧身步。

1. 单步

以一脚为轴，另一脚向前后或左右移动一步，随之身体重心落在移动脚上。常在来球距身体近时使用。

2. 跨步

来球方向的脚先向来球方向跨出一大步，另一脚向同一方向跟着移动一步。常在来球距身体远时使用。

3. 跳步

一脚用力蹬地，两脚同时离地向前后或左右移动。常在来球较快、角度较大、距身体远时使用。

4. 并步

一脚向来球方向跨一步，另一脚随即跟上来。常在来球距身体稍远时使用。

5. 交叉步

先以来球反方向的脚向来球方向跨出一大步，两脚呈体前交叉，然后另一脚跟着向来球方向迈出一大步。常在来球距身体很远时使用。

6. 侧身步

一种是对方来球追身，以左脚为轴，右脚向左后移动一步；一种是对方来球追身偏左方，应以左脚向左迈出一步，然后右脚向左后移动一步。常在来球逼近身体时使用。

(四)发球

每一回合、每一局比赛都是从发球开始的，任何一种打法类型的运动员，都力求根据自己和对方的打法特点发出变化多端的球，给自己创造进攻的机会或限制对方第一板的抢攻。实践证明，发球在比赛中起着至关重要的作用，它是连接整个乒乓球技、战术的重要环节。发球有平击发球、正(反)手发急球、正手发左侧上(下)旋球、反手发右侧上(下)旋球、正手发转与不转球、高抛式发球以及下蹲式发球等。下面列举几种常用的发球方法。

1. 正手发左侧上、下旋球

动作要领：正手发左侧上旋球时，手臂自右上方向左下方挥拍，球拍从球的右侧中下部向左侧面摩擦，手腕迅速上勾。正手发左侧下旋球时，球拍由球的右侧中下部向左下方摩擦。如图 2-76 所示。

图 2-76

2. 正手发下旋球与不转球

动作要领：发下旋球时，持拍手向前下方挥摆，击球前拍面稍平，击球时手腕发力摩擦球的底部。发不转球时，持拍手向前下方挥摆，击球前拍面稍竖直些，击球时不是摩擦球体而是推打球的中下部。如图 2-77 所示。

图 2-77

3. 反手发右侧上、下旋球

动作要领：持球手将球抛起时，持拍手快速向左上后方引拍，以球拍引至左肘下方外侧为宜，手腕适当内屈，拍面向左上方，待球在高点下降时，即向前击球。向前击球分两部分动作完成。从左后上方向右前下方挥摆为第一部分；从右前下方向右前上方挥摆为第二部分。这样，当发右侧下旋球时，用第一部分动作最后阶段击球，拍面从球的中下部向右侧下摩擦，触球后仍做第二部分动作，也称假动作。当发右侧上旋球时，第一部分动作为假动作，不击球，用第二部分动作击球。触球时球拍从球的中下部向右上方摩擦。如图 2-78 所示。

图 2-78

4. 反手发急上旋球

动作要领：发球时，持球手将球向上抛起的同时，持拍手迅速向左后方引拍，拍形稍前倾，腰稍向左转，待球从高点下降到低于球网时，用前臂和手腕发力，击球的中上部，同时，腰从左侧向右侧转动。

（五）接发球

接发球是乒乓球技术中一个重要的组成部分，比赛中如果接发球不好，不仅会给对方较多的进攻机会，更重要的是常会引起自己心理上的紧张和畏惧，造成一连串的失误；反之，如果接发球接得好，不仅有时可以直接得分，还可以破坏对方的抢攻，从而为自己的进攻创造有利条件。常用的接发球技术有挡、推挡、搓球、削球、抢攻、抢拉等。下面介绍几种重要的技术加以说明。

1. 接平击发球

站位靠近球台，球拍对准来球的弹起方向。在来球刚刚弹起时，用平挡回接，拍形基本与台面垂直，借来球之力将球挡回。若用快推回接，以借力为主，并向前推击。用快攻回接，击球时间为上升期或高点期，以向前发力为主，略带向前上方摩擦球。亦可用前冲弧圈球回接，击球时间为上升后期或高点期，以向前用力为主。

2. 接下旋球

接近网下旋球时可采用搓、挑技术；接旋转度较强的下旋球时，主要采用搓球技术；击来球下降期时，引拍比接一般下旋球稍高些，延长球在拍面上的摩擦时间。如果攻球回接，应注意调节拍形前倾角度，适当向上用力提拉。

3. 推挡球

推挡是我国直拍快攻打法的基本技术之一，它在直拍左推右攻打法中占有极其重要的地位。

动作要领：站位近台，身体重心保持在两脚之间。击球前持拍手上臂和肘关节内收，前臂略向外旋。击球时手臂快速向前伸，手腕外旋，食指压拍，在来球反弹的上升期向前击球，触球中上部。击球后，手臂继续前送一段距离再还原。

4. 搓球技术

搓球是用类似削球的动作，在近台回击对手下旋来球的一种击球方式。

搓球技术包括慢搓、快搓、摆短、搓侧旋四种技术，下面主要介绍快搓、慢搓和搓侧旋球技术。

(1)慢搓球

动作要领:站位近台,两脚左右开立。反手搓球时,向左上方引拍,拍形稍后仰。击球时,身体重心向前移动,同时前臂作旋内转动,由上向前下挥拍,在来球的下降期摩擦球的中下部。

(2)快搓球

动作要领:反手快搓球时,站位近台,引拍至身体左上方。击球时,上臂迅速前伸,前臂由上向前下方用力,手腕控制拍面稍后仰,在来球的上升期击球的中上部。如图2-79所示。

图2-79

(3)搓侧旋球

搓球前,球拍先迎前。搓球时,手臂向左发力摩擦球的同时,手腕用力,在球的高点期或下降前期搓球中下部。

以上只是简单地介绍了几种接发球的方法。若想进一步提高接发球的成功率和质量,还应在长期的训练中认真加以研究,根据自身的特点灵活地加以组合运用。

应当提出的是,无论采用哪种方法去接旋转发球,都应该有一定的击球速度作为保证,用速度来克制旋转常常是比较有效的。在比赛中如果不敢大胆用力回击球,采用将对方的发球被动地"碰"过去,这样更容易造成回击球失误。

(六)攻球技术

攻球技术是乒乓球的重要基本技术,是得分的主要手段之一,它包括快攻、快点、快带、快拉、突击、扣杀、杀高球等技术。下面主要介绍正手快攻和正手扣杀以及弧圈球技术。

1. 正手快攻

动作要领:站位近台,转腰带动前臂向后引拍。根据来球的长短距离和高低情况调节好拍面的前倾角度,加速挥拍击球。击球时间在高点期或上升期,击球时拍面稍前倾,触球的中上部,向前下方用力。球击出后,迅速还原,准备下一次击球。如图2-80所示。

图2-80

2. 正手扣杀

动作要领:站位的远近要视来球的长短而定,短的来球站位靠近台,长的来球站位靠中远台。击球前,腰部转动带动手臂向体侧后方引拍,加大球拍与来球的距离,以便获得更大的挥拍速度。击球时,拍形略前倾,在高点期或上升期击球,通过腰、腿同时发力以增大扣杀力量,在手腕向前下方挥拍用力的同时,控制球的落点和方向,击球的中上部。如图 2-81 所示。

图 2-81

3. 弧圈球

弧圈球是以旋转为主要特征的进攻技术,是乒乓球比赛中进攻得分的主要手段。弧圈球技术的主要特点是上旋性强、稳定性高、速度快、威胁大。

(1)正手拉加转弧圈球

动作要领:左脚在前,右脚在后,两膝微屈,重心落在右脚上。手臂自然下垂,拍形略前倾,当来球从台面弹起时,右脚蹬地,腰部向左上方转动,带动肩、上臂、前臂和手腕发力。在来球的下降期摩擦球的中部或中上部,击球后,身体重心移至左脚。

(2)正手拉前冲弧圈球

动作要领:左脚在前,右脚在后,两膝微屈,重心落在右脚上。引拍手向右后方引拍,引拍位置比拉加转弧圈球稍高。击球时间在高点期或下降初期,拍面的前倾角度要比加转弧圈球大些,摩擦球的中上部。击球后,重心移至左脚。

二、基本战术

乒乓球运动战术主要是指在比赛中根据对方的类型打法及技术特点,而采用各种技术的原则和方法。乒乓球各类型打法的战术是多种多样的。归纳起来,大致可分为以下几类:发球抢攻战术、对攻战术、拉攻战术、搓攻战术、削中反攻战术、接发球战术和弧圈球战术。但由于各类型打法和个人技术风格以及作战对象不同,因而在运用战术的具体方法上也各不相同。

(一)发球抢攻战术

发球抢攻是我国直板快攻打法的“杀手锏”,是力争主动、先发制人的主要战术。各种类型打法的运动员都普遍采用发球抢攻来抢占每个回合的上风。发球战术运用的效果主要取决于发球的质量和第三板进攻的能力。发球抢攻战术因打法的类型不同而有所差异,但常用的发球抢攻战术主要有以下几种。

1)正手发转与不转球。

2)侧身正手(高抛或低抛)发左侧上(下)旋球。

3)反手发右侧上(下)旋球。

4)反手发急球或急下旋球。

5)下蹲式发球。

(二)对攻战术

对攻战术是进攻型打法在相持阶段常用的一项重要战术。快攻类打法主要依靠反手推挡(或反手攻球)和正手攻球(或正手拉弧圈球)的技术,充分发挥快速多变的特点来调动对方,常用的对攻战术有以下几种。

1)紧逼对方反手,伺机抢攻或侧身抢攻、抢拉。

2)压左突右。

3)调右压左。

4)攻两大角。

5)攻追身球。

6)变化击球节奏,加力推和减力挡结合,发力攻拉与轻打轻拉结合,也可造成对手的被动局面。

7)改变球的旋转性质,如加力推后、推下旋;正手攻球后,退至中远台削一板,对方往往来不及反应,可直接得分或创造机会球。

(三)拉攻战术

拉攻战术是以攻为主的选手对付削球的主要战术。为了发挥拉攻的战术效果,首先要具备连续拉的能力,并有线路、落点、旋转、轻重等变化;其次要有拉中突击和连续扣杀等能力,常用的拉攻战术主要有以下几种。

1)拉反手后,侧身突击斜线或中路追身球。

2)拉中路杀两角或拉两角杀中路。

3)拉一角或杀另一角。

4)拉吊结合,伺机突击。

5)拉搓结合。

6)稳拉为主,伺机突击。

(四)搓攻战术

搓攻战术是进攻型打法的辅助战术之一,主要利用搓球旋转的变化和落点的变化为抢攻创造机会,这一战术在基层比赛中被普遍采用。搓攻战术也是削球型打法争取主动的主要战术之一,常用的搓球战术有以下几种。

1)慢搓与快搓结合。

2)转与不转结合。

3)搓球变线。

4)搓球控制落点。

5)搓中突击。

6)搓中变推或抢攻。

(五)削中反攻战术

削中反攻战术主要靠稳健的削球限制对方的进攻能力,为自己的反攻创造有利条件。它不仅增强了削球技术的生命力,也促进了攻防之间的积极转化,常用的削中反攻战术主要有以下几种。

1)削转与不转球,伺机反攻。

2)削长短球,伺机反攻。

3)逼两大角,伺机反攻。

4)交叉削两大角,突击对方弱点。

5)削、挡、攻结合,伺机强攻。

(六)接发球战术

接发球战术与发球抢攻战术同样重要,从某种意义上讲,接发球水平的高低可以反映出运动员的实战能力以及各项基本技术的应用程度。事实上,接发球者只是暂时处在被控制状态,如果你破坏了发球者的抢攻意图或者为其制造了障碍,减弱了对方抢攻的质量,也就意味着已经脱离被控制状态,变被动为主动了。控制与反控制是辩证的统一。常用的接发球战术有以下几种。

1)稳健保守法。

2)接发球抢攻。

3)盯住对方的弱点,寻找突破口。

4)控制接发球的落点。

5)正手侧身接发球。

(七)弧圈球战术

由于弧圈球战术把速度和旋转有效地结合起来,稳健性好、适应性强,许多著名选手已用它去替代攻球或扣杀,常用的战术有以下几种。

1)发球抢攻。

2)接发球果断上手。

3)相持中的战术运用。

三、乒乓球比赛的主要规则

(一)场地、器材

乒乓球台长2.74米、宽1.525米、高76厘米,网高15.25厘米。乒乓球是直径为40毫米,重2.68~2.76克的黄色、橙色或白色的球。乒乓球场最好在室内,室内空间应在3.5米×3.5米以上,并配置灯光设备。乒乓球拍的形状、大小、重量不限,但底板必须是木制的,用来击球的拍面必须覆盖颗粒胶或海绵胶。

(二)发球、接发球和方位的次序

1)选择发球、接发球和方位的权力用抽签来决定。中签者可以选择先发球或先接发球或先选择在某一方。

2)在获得每2分之后,接发球方即成为发球方,依此类推,直至该局比赛结束,或者直至双方比分都达到10分或实行换发球法。这时，发球和接发次序仍然不变，但每人只轮发1分球。

3）一局中首先发球的一方，在该场下一局应首先接发球。在决胜局的比赛中，当一方先得5分时，双方应交换方位。

（三）合法发球

发球时，运动员必须将球置于不执拍的手上，手掌张开伸平，将球垂直向上抛起，并不得使球旋转，球离手的高度不应低于10厘米，当球从最高点下落时方可击球。击球时，球和球拍在台面的水平面上，以便让对手进行判断和让裁判员看到是否合乎发球规定。裁判员如怀疑发球人有犯规行为时，可向其提出警告并不予以判分；在同一场比赛中发球人再次受到怀疑则被判失1分；如发球人明显不按规定发球时，则无须警告而直接判其失分。

（四）合法还击

对方发球或击球后，本方运动员必须击球，使球直接越过或绕过或触球网装置后，再触及对方台区。

（五）重发球

出现下列情况应判重发球。

1）在接发球一方未准备好的情况下发球，且接发球一方的队员并未做出接球动作。

2）发生了无法控制的外界干扰而使运动员无法合理发球或合理还击。

3）裁判员要求中断比赛。

4）由于要实行轮换发球制，或要警告、处罚队员。

5）比赛环境受到干扰。

（六）计胜方法

比赛中，运动员未能合法发球、发球失误、未能合法击球、击球失误，均应被判失1分。在比赛中，先得11分者为胜一局。但如果打到10平以后，则先多胜2分者为胜一局。如果采用三局两胜制、五局三胜制、七局五胜制，则分别先胜两局、三局、五局者为胜一场。

（七）轮换发球

每局比赛实行轮换发球法。具体方法是每个运动员轮流发2分球，到10平时，轮流发1分球，直到该局结束。如果接发球方进行了1分当中的第13次合法还击，则判发球方失1分。

项目五　羽毛球

【项目描述】

通过相关知识点的学习和实地实训，掌握羽毛球的基本技术、战术运用和规则。

【项目要求】

正确掌握羽毛球项目进攻和防守的基本技术、战术运用和规则。

【技能目标】

(1)掌握进攻的基本技术。
(2)掌握防守的基本技术。
(3)掌握实战战术运用。
(4)掌握羽毛球项目规则。

【材料用具】

羽毛球、羽毛球拍。

【相关知识点】

一、羽毛球项目的基本技术

正确的羽毛球技术是打好羽毛球的前提,掌握正确的羽毛球技术可以提高羽毛球运动水平。通常来说,羽毛球技术可分为握拍法、发球、接发球和步法移动等几个部分。

(一)握拍法

羽毛球握拍法正确与否,对于掌握和提高羽毛球技术水平有着重要的影响。羽毛球技术中的握拍法是多样的,但是基本的握拍法有两种,即正手握拍法和反手握拍法。

1. 正手握拍法

握拍之前,先用左手拿住球拍,使拍面与地面垂直;再张开右手,使手掌下部靠在球拍的握柄底托部位,虎口对着球拍柄。小指、无名指、中指自然并拢,食指与中指稍稍分开,自然弯曲并贴在拍柄上。如图 2-82 所示。

图 2-82

2. 反手握拍法

在正手握拍的基础上,拇指和食指将拍柄稍向外转,拇指顶点在拍柄内侧的宽面上或内侧棱上,中指、无名指和小指并拢握拍,柄端靠近小指根部,使掌心留有空隙。球拍斜侧向身体左侧,拍面稍后仰。如图 2-83 所示。

(二)发球

发球是运动员在发球区将球由静止状态用球拍击出,使之在空中飞行,落到对方的接发球区的技术动作。

发球可分为正手发球和反手发球两种。若按球在空中飞行的弧线,又可分为发高远球、

图 2-83

平高球和网前球。在单打比赛中，以上几种发球应用得较普遍；而在双打比赛中，则以发网前球结合发平快球或者平高球用得最多。

1. 正手发球

(1) 正手发高远球

准备发高远球的时候，站在离前发球线 1 米左右的发球场区中线附近，面对球网，两脚自然开立。左脚在前，右脚在后。身体重心放在右脚，身体略微向后仰，右手向右后侧举起，肘部稍弯曲，左手拿球置于胸前。发球的时候，左手将球落下，右手的大臂带动小臂，从右后方往左前上方挥动。大臂开始挥动的同时，身体重心随势由右脚移到左脚。当球落到击球人手臂向下自然伸直能触到球的部位的一刹那，握紧球拍，并利用甩手腕的力量，向前上方鞭打击球，在把球击出的同时，手臂向上方挥动，击球之后，身体重心也由右脚移至左脚，身体微微向前倾。如图 2-84 所示。

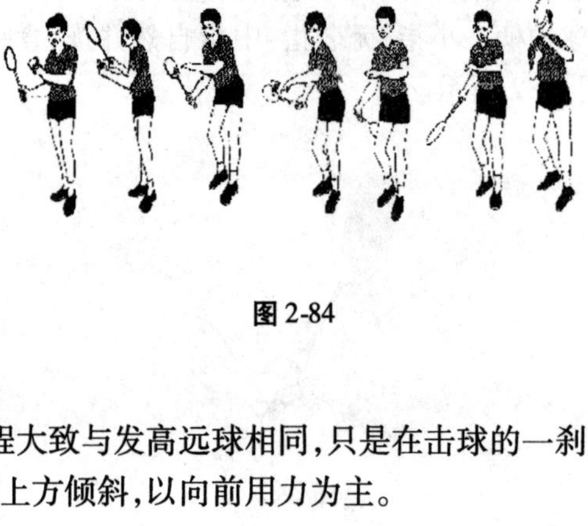

图 2-84

(2) 正手发平高球

发平高球时动作过程大致与发高远球相同，只是在击球的一刹那，前臂加速带动手腕向前上方挥动，拍面要向前上方倾斜，以向前用力为主。

(3) 正手发网前球

发网前球时，握拍要放松，上臂动作要小，主要靠前臂带动手腕向前切送，球的弧线要贴网而过，落点在前发球区。

2. 反手发球

(1) 反手发网前球

站位靠近前发球线，左脚或右脚在前均可，身体重心在前脚，上体前倾，后脚跟提起。右手反手握拍柄的稍前部位，肘关节提起，手腕稍前屈，球拍低于腰部，斜放在下腹前方；左手持球在拍面前方。发球时，球拍由后向前推送击球，使球运行的弧线最高点略高于网顶，球拍触球时，拍面呈切削式击球，使球落到对方场区的前发球线附近。

(2)反手发平球

反手发平球与正手发平球的球路、角度、落点一样。发球时,球拍的挥动方向也与反手发网前球一样,只是在击球的一刹那,手腕有弹性地击球,拍面与地面角度接近垂直,将球击到双打后发球线以内的区域。

(三)接发球

还击对方发过来的球叫接发球。接发球和发球一样,都是羽毛球最基本的技术,在比赛中同样起着重要的作用。如果说发球发得好是走向胜利的开始,那么也可以说,接发球接得好是走向胜利的第一步。发球方利用多变的发球来打乱接发球方的阵脚争取主动,接发球方则是通过多变的接发球来破坏发球方的企图。

1. 接发球的站位和姿势

(1)单打站位

单打站位一般是在离发球线 1.5 米处。站在右发球区要站在靠近中线的位置,在左发球区则站在中间位置,主要是防备对方直接进攻反手部位。一般左脚在前,右脚在后,双膝微屈,收腹含胸,身体重心放在前脚上,后脚脚跟稍抬起。身体半侧向球网,球拍举在身前,两眼注视对方。

(2)双打站位

由于双打发球区比单打发球区短 0.76 米,发高远球易被对方扣杀,所以双打发球以网前球为主。接发球时要站在靠近前发球线的地方。双打准备姿势和单打的接发球姿势基本相同,略有区别的是身体前倾较大,身体重心可以随意放在任何一脚,球拍举得高些,在球来到网上最高点时击球,争取主动,但要注意右场区对方发平快球突袭反手部位。

2. 接发各种来球

(1)接高远球或平高球

对方发来高远球或平高球时,可用平高球、吊球或杀球还击。一般来说,接发高远球是一次进攻的机会,还击得好,就掌握了主动。一些初学者常因后场技术没掌握好,还击球的质量较差,以至遭到对方的攻击。

(2)接网前球

对方发来网前球时,可用平高球、高远球、放网前球、平推还击;如对方发球质量不好,也可用扑球还击。要洞察对方发网前球的意图,如果是要发球强攻,而自己的防守能力又不强,那么,就放网前球或平推球还击,落点要远离对方的站位,控制住球,不让对方进攻。当对方连续发球强攻时,接发球一定要冷静、沉着,若疏忽麻痹,回球质量稍差,就可能让对方强攻得手。

(3)接平快球

对方发来平快球时,可用平推球、平高球还击,以快制快。由于接球方还击的击球点比发球方高,下压得狠些可以夺取主动。其次亦可以用高远球还击,以逸待劳。不能仓促还击网前球,因为击球质量稍差,就有可能遭受对方的抢攻。

至于接发球中的球路和落点变化,以及如何以己之长攻彼之短,这就关系到战术的运用问题了。

3. 击球

羽毛球击球技术方法包括击高球、吊球、杀球、搓球、推球、勾球、扑球、抽球、挑球等,每一种技术又可分为正手击球法和反手击球法。依据战术球路的需要,又可击出直线球或斜线球。

(1)高球

高球是自后场打到对方后场端线经过高空飞行的球。击高球分为正手、反手和头顶三种手法。

1)正手击高球。

首先要判断好来球的方向和落点,侧身后退,使球处在自己的右肩前上方的位置。左肩对网,左脚在前,右脚在后,重心在右脚上。左臂屈肘,左手自然高举,右手执拍,手臂自然弯曲,将球拍举在右肩上方,两眼注视来球。击球时,右上臂后引,随之肘关节上提明显高于肩部,将球拍后引至头部,自然伸腕(拳心朝上)。然后在后脚蹬地,转体收腹的协调用力下,以肩为轴,上臂带动前臂快速向前上方甩腕,在手臂伸直的最高点击球。击球后,持拍手臂向左下方挥动并收拍至体前,与此同时,左脚后撤,右脚向前迈出,身体重心由后脚移至前脚上如图 2-85 所示。正手高球也可起跳击球,按上述要求做好准备动作,然后右脚起跳,随即在空中转体,并完成引拍击球动作。击球动作是在球将从空中最高点落下的瞬间完成。

图 2-85

2)反手击高球。

当对方将球击到己方左后场区时用反手击高球。首先判断好对方来球的方向和落点,迅速将身体转向左后方,移动步法,最后一步用右脚前交叉跨到左侧底线,背对网,身体重心在右脚上,使球处在身体右上方。击球前,迅速换成反手握拍法,持拍于右胸前,拍面朝上。击球时,以上臂带动前臂,通过手腕的闪动,自下而上地甩腕,将球击出。在最后用力时,要注意拇指的侧压力与甩腕的配合,以及两腿蹬地转体的全身协调用力。

3)头顶击高球。

动作要领与击正手高球基本相同,只是击球点偏左肩上方。准备击球时,身体向左倾斜。击球时,上臂带动前臂使球绕过头顶,从左上方向前加速挥动,注意发挥手腕的爆发力击球。落地时左脚向左后方摆动幅度大些。

(2)吊球

吊球是自后场打到对方前场向下坠落的球。吊球技术分为正手、反手和头顶三种手法。按球的飞行弧线和击球动作的不同分为劈吊、拦截吊和轻吊。

1)正手吊球。

击球准备和前期动作同正手高球。只是击球时拍面稍向内倾斜,手腕快速切削下压动作,击球托的后部和侧后部。若吊斜线球时,则球拍切削球托右侧并向左下方。若吊直线球时,则拍面正对前方向下切削。

2)反手吊球。

击球准备和前期动作同反手高球。不同点在于击球时对拍面的掌握和力量的运用。吊直线球时,用球拍反面切削球托的后中部,向对方的右半场网前发力;吊斜线球时,用球拍反面切削球托的左侧,朝对方左半场网前发力。

3)头顶吊球。

击球准备和前期动作同头顶击高球。头顶吊斜线球时,中指、无名指和小指屈指外拉拍柄,使球拍内旋,拍面前倾,以斜拍面击球托左侧部位;头顶吊直线球时,球拍击球托的正中部位。

(3)杀球

杀球是把对方击来的球在尽量高的击球点上斜压下去。这种球力量大、弧线直、落地快,给对方的威胁很大,是进攻的主要技术。

1)头顶扣杀球。

准备姿势、击球动作与头顶击高球相似。当球恰好落在头顶上空或左肩上空适当高度时,持拍手臂向上举拍并绕头由左肩上方,突然加快小臂、手腕的闪动并下压,同时右脚向左后方蹬地跳起。左脚后撤,身体成背弓形,利用腰腹力和手部力量协调地向前下方用力将球击出。左脚着地时,要快速蹬地起步回位,准备回击下一来球。如图2-86所示。

图2-86

2)反手扣杀球。

准确判断对方来球,迅速移动到合适的击球位置,最后一步右脚向左后侧跨出,背对球网,反手握拍,持拍手屈臂将球拍举至左肩上方准备击球。当球落到右肩上方适当高度时,以肘关节为轴,用左脚蹬力、腰腹力、肩力及大臂带动小臂,手腕、手指快速用力向后击球。击球瞬间握紧球拍,手腕快速用力向前下方扣压。

(4)搓球

搓球是用球拍搓击球的左侧或右侧下部与球托底部,使球向右侧或左侧旋转与翻滚过网。搓球有正手搓球和反手搓球。

1)正手搓球。

侧身对右边网前,正手握拍。球拍随着前臂伸向右前上方斜举。当球拍举至最高点时,前臂向外旋转,手腕稍后伸并稍内收闪动,握拍手的食指和拇指夹住拍,中指、无名指和小指轻握拍柄,使球拍在手腕和手指的挥摆用力下,搓击来球的右下底部,使球旋转翻滚过网。

2)反手搓球。

击球前臂稍往上举,手腕前屈,手背约与网同高,而拍面低于网顶,反拍面迎球。搓球时主要靠前臂的前伸外旋和手腕由内收至外展的合力,搓击球的右侧后底部,使球侧旋滚动过网。如图2-87所示。

图 2-87

(5)推球

推球是把对方击来的网前球推击到对方后场两底角去。球飞行的弧线较低平,速度较快。

1)正手推球。

站在右网前,球拍向右侧前上举。在肘关节微屈回收时,前臂稍外旋,手腕稍向后撤,球拍也随之往右下后摆,拍面正对来球。这时,小指和无名指稍松开,使拍柄稍离开鱼际肌,拇指和食指向外捻动拍柄,拍面更为后仰。推球时,身体稍往前移,右前臂往前伸并带内旋,手腕和手指控制拍面角度,手腕由后伸至伸直并闪腕,食指向前压,小指和无名指突然握紧拍柄,拍子急速地由后经前上至左的挥动推球,使球沿边线飞向对方后场底角。在回收过程中,拍子回收。如图 2-88 所示。

图 2-88

2)反手推球。

站在左网前,以反手握拍前伸往前上方伸举。在前臂稍向左胸前收引、肘关节微屈、手腕外展时,变成反手推球的握拍法,球拍松握,反拍面迎球。当前臂前伸并带外旋、手腕由外展到伸直闪腕,中指、无名指和小指突然握紧拍柄,拇指顶压,往右前方挥拍时,推击球托的左侧后部,使球沿对角线方向飞行。击球后,手臂回收,恢复击球前的准备姿势。如图 2-89 所示。

图 2-89

(6)勾球

勾球是把在本方右(左)边的网前球击到对方左(右)边网前去的技术动作。勾球分正手和反手两种。

1)正手勾球。

用并步加蹬跨步上右网前,球拍随着前臂往右前斜上举。在前臂前伸时稍有外旋,手腕微后伸,握拍手将拍柄稍向外捻动,使拇指贴在拍柄的宽面上,食指的第二指关节贴在拍柄背面的宽面上,拍柄不触掌心。球拍随着向右侧前挥动,拍面朝着对方右网前。击球时,靠前臂稍有内旋往左拉收,手腕由稍后伸至内收闪腕,挥拍拨击球托的右侧下部,使球向对方网前掠网坠落。击球后,球拍回收至肩前。

2)反手勾球。

站在左网前,反手握拍前平举。在身体前移的过程中,球拍随着手臂下沉至离网顶20厘米处,握拍法变成反手握拍法,拍面正对来球。当来球过网时,肘部突然下沉,同时前臂稍外旋,手腕由稍屈至后伸闪腕,拇指内侧和中指把拍柄往右侧一拉,其他手指突然握紧拍柄,拨击球托的左侧后部,使球沿对角线飞越过网。击球后,球拍往右侧前回收。

(7)扑球

对方发网前球或回击网前球时,在球刚越到网顶即迅速上网向斜下扑压,谓之扑球。扑球分正手扑球和反手扑球。

1)正手扑球。

右脚蹬步上网,身体右侧前倾,手举球拍于右肩上方。击球时,利用手腕由后伸到前屈收腕的力量,带动球拍向下击球。如果球离网顶较近,靠手腕从右前向左前“滑动”击球。

2)反手扑球。

右脚跨至左前再蹬跳上网,身体右侧前倾,反手握拍举至左前上方。击球时,前臂伸直外旋带动手腕内收至外展,拇指顶压加速挥拍扑球。若来球靠近网顶,手腕可外展由左向右拉切击球,一面触网。击球后,右脚着地屈膝缓冲,回收球拍于体前。

(8)抽球

抽球是把在身体两侧、肩以下、腰以上的来球平扫过去。有正手抽球和反手抽球两种。

1)正手抽球。

站在右场区中部,两脚平行开立稍宽于肩,重心在两脚间,微屈膝收腹,正手握拍举于右肩前。击球前肘关节前摆,前臂稍往后带外旋,手腕稍外展至后伸,引拍至体后。击球时前臂内旋,手腕伸直闪动,手指抓紧拍柄,球拍由右后往右前方高速平扫盖击来球。击球后手臂左摆,左脚往左前方迈一步,右脚跟一步回到中心位置。

2)反手抽球。

右脚前交叉在左侧前,重心在左脚上,右手反手握拍在左侧前。击球前肘部稍上抬,前臂内旋,手腕外展,引拍至左侧。击球时在髋的右转带动下,前臂外旋手腕由外展到伸直闪动,挥拍击球托的底部。击球后,球拍随身体的回收到右侧前。

(9)挑球

挑球是把对方击来的吊球或网前球挑高回击到对方后场去,这是在比较被动的情况下采取的一种防守技术。挑球有正手挑球和反手挑球两种。

1)正手挑球。

正手握拍举在胸前,右脚向网前跨出一大步,左脚在后,侧身向网,重心在右脚上,同时右臂向后摆自然伸腕,使球拍后引。然后以肘关节为轴,屈臂内旋,并握紧球拍,用食指及手腕的力量,将球向前上方击出。

2)反手挑球。

反手握拍举在胸前,右脚向左前方跨出一大步,重心放在右脚上,同时右肩向网,屈肘引拍至左肩旁。然后以肘关节为轴,握拍经体前由下往上,用拇指第一指节压住拍柄的宽面,用力将球击出。

(四)步法移动

1. 上网步法

根据上网时脚步移动方法的区别,上网步法可分为跨步上网、垫步上网和蹬步上网。

(1)跨步上网

站位于球场中心稍靠后,两脚左右开立,右脚略前,上体稍前倾,两眼注视对方击球。当对方吊网前球时,在对方击球瞬间,脚跟提起轻跳并迅速调整重心至后脚以协助快速起动。左脚迈一小步,用脚掌内侧蹬起,右脚向前跨大步,以脚跟和脚掌外侧着地滑步缓冲,脚尖外斜,右脚屈膝成弓箭步,左脚随即向前拖动,以协助右脚回蹬。击球后用并步或交叉步退回中心位置。如果对方来球较近时,可用左脚蹬地随即右脚跨一大步上网。

(2)垫步上网

准备姿势同上。右脚先迈一小步,左脚立即垫一小步靠近右脚跟(或从右脚后交叉迈出一小步),并用脚掌内侧起蹬;右脚接着迅速向前跨大步(着地后的要求同上)。击球后用并步或交叉步退回中心位置。我国羽毛球运动员上网善于在垫步后跨大步。这种步法蹬力强、速度快,在被动情况下,有利于迅速调整重心,快速接应来球。

(3)蹬步上网

蹬步是为了提早击球时间,争取击球点在网顶上空,起到突击的作用。双打中,常用于上网扑球。当自己站位靠前,思想上已作扑球准备,并判定对方发(放)过来的是网前球时,右脚稍向前,刚一点地便起蹬侧身扑向网前(也可左脚蹬地扑网前),球至网顶即行扑击,触球的同时右脚先着地,左脚随着身体的惯性在右脚后着地,并立即退回中心位置。

2. 后退步法

(1)正手后退

有侧身并步后退和交叉步后退两种。

1)侧身并步后退步法。

在对方击球前刹那间,脚跟提起轻跳,迅速调整重心至右脚。接着右脚蹬地快速向右后撤一小步,上体右转侧身对网,紧接着左脚并步靠近右脚,右脚再向后移至来球位置,在移动中作好手部动作准备,待来球在右肩上方下落时作正手底线原地击球或跳起击球,击球后并步或小步跑回中心位置。

2)交叉步后退步法。

右脚后撤一小步后,左脚从体后交叉后退一步,右脚再后移至来球位置。

3)头顶交叉步后退

与正手后退大致相同,只是第一步的右脚蹬地后撤向左后方,上身转动的幅度较正手后退为大(上体左后仰,倒向左后场内);左脚从体后交叉后退一步,右脚再移至来球位置做头顶原地或起跳击球。

不论正手后退或头顶后退，都要求先迈右脚，最后一步右脚在后，重心在右脚上。

(2)反手后退

调整身体重心后，右脚先后撤一步（或垫一步）；接着身体左转，左脚同时向左后退一步；右脚再跨出一步，背对网，在底线反手击球。如站位靠后，可采用上身向左后转，左脚同时后撤一步，右脚可垫一步，再接着左、右、左、右向后退，但不论是几步，反手后退击球最后一步右脚应在后，重心落在右脚上。

3. 两侧移动步法

(1)向右侧移动

两脚开立，脚跟稍提起；判断来球后，调整身体重心；上体稍向左侧，左脚掌内侧用力起蹬，右脚同时向右侧跨大步（注意髋关节的转动）。若距来球较远，左脚可向右垫一小步再起蹬，右脚同时向右转侧跨大步。

(2)向左侧移动

调整身体重心，上体稍倒向右侧，右脚掌内侧用力起蹬，左脚同时向左侧转跨大步（注意髋关节的转动）。来球较远时，左脚可向左侧移半步，上体向左转身的同时右脚向左（前交叉）跨大步。

两侧移动步法，最后一步哪只脚在前，重心就在哪只脚上。

二、基本战术

战术就是指运动员在比赛中根据双方的情况合理运用技术，有针对性地组织自己的球路以争取胜利的策略。在双方技术水平相当的情况下，合理运用战术就成了胜败的关键。所以，羽毛球运动员在抓好技术和身体素质训练的基础上，还必须重视战术意识的培养。

（一）单打战术

1. 发球战术

1)保持发球技术动作的一致性。做到各种发球技术的前期动作一致，就能使对方无法预先把握球的时机和意图，迫使接发球队员多方防备而造成回球质量差，就有机会发动主动进攻。

2)要掌握发球的时间差。每次发球，从准备发球到球发出去（球从拍面弹出）的时间长短可有差异，这样，往往会造成对方判断错误而被动接球或接球失误（但应注意不要发生击球违例的现象）。

3)要机动地变换发球点和发球的弧线。将球发向对方接球能力最薄弱的部位，诱使其失误、失分。

4)要善于发现和把握对方接发球的习惯球路，重点防范，抓住战机，争取尽快结束战斗。

2. 接发球战术

要全面掌握接发球技术，充满信心地迎击各种发球。在接球时能一拍制胜是最理想的，但也不要在条件不允许的情况下勉强进攻。接发球要力争不让对方有直接进攻的机会，把球回击到远离对方所站位置的落点上，或者回击到与对方移动方向相反的位置上，又或者回击到对方击球技术薄弱的部位上，迫使对方被动回球。为此，要求在接发球时做到思想高度集中、见机行事、出手果断。

3. 发球抢攻战术

一般以发网前球结合发平快球、平高球开始，以高质量的发球和发球线路的变化迷惑对手，使其判断失误，一旦对方接发球质量较差时第三拍就应主动进攻，夺取主动权。

4. 压后场战术

对后场还击能力较差的对手，可以攻击对方后场底线两个角落（尤其是反手场区），待回球质量差时果断发动进攻，或待对方注意力只顾及后场时突然吊网前球。

5. 攻前场战术

对网前技术较差的对手，可多以吊球和放网前球为主，使其在网前的对抗中失误，或对方勉强回击成高球时进攻其后场。

6. 四方球结合突击战术

若对手步法较慢，体力较差，技术又欠全面，可以用平高球压对方后场底线两角和吊对方网前两角来调动对手，当对方回球质量差或站位不当时发动进攻。

7. “杀上网”及“吊上网”战术

当对方击来后场高球时，即以杀球或吊球把球下压，落点要选择在场地两边，使对方被动回球。对方还击网前球时，迅速上网以贴网的搓球，或勾对角，或快速平推创造半场扣杀机会；若对方在网前挑高球，可在其向后退的过程中把球直接杀向对方身上。

8. 过渡球战术

首先要明确过渡球是为了摆脱被动，为下一拍的反攻积极创造条件。怎样才能变被动为主动是比赛中的重要一环。在被动时要做到争取时间调整好自己的位置和控制住身体的重心。从网前或后场底线击出高远球是被动时常用的手段。当处于不停地跑动追球的状态或身体重心失去控制时，都可以打出高远球，以赢得时间，恢复身体重心，调整自己的处境。其次，利用球路变化打乱对方的进攻步骤。在接杀球或接吊球时要把球还击到远离对方位置的地方，以破坏对方吊、杀上网的连续快速进攻。如果对方吊、杀球后盲目上网，而自己位置较好时，则可把球还击到对方底线。

（二）双打战术

双打比赛不仅仅是竞赛双方在技术、战术、体力上的较量，同时也是双打同伴相互间配合默契程度的较量。因此，在学习双打战术之前，首先要了解两人之间站位形式上的配合。

一般情况下，有两人一前一后站位和两人分边（左、右）站位两种形式。一前一后站位即站在后场的人分管后半场的球，站在前场的人则负责前半场的球。这种站位形式有利于进攻，而不利于防守。所以，一般在本方进攻时多采用此站法。分边站位多在防守时采用，这样，各人分管半个场地，在防守时就没有什么空当了。站位形式不是固定不变的，它在比赛中随着进攻与防守之间的不断转换而变化。

1. 发球、接发球战术

双打的发球往往是决定胜负的关键。发球要根据对手的情况，选择好站位，注意球路、落点、变化，争取主动。因双打接发球区比单打短 76 厘米，不利于发高球，往往以发网前球为主。接发球时，如果对方发网前球弧线较高，最好能快速上网扑杀，不能扑杀的则争取以搓、推技术回击，迫使对方向上挑球，为后场进攻创造机会。接发球应尽量不用挑高球，以避免发球方的进攻。接发球的球路要有变化，不要只用习惯性的固定球路回击。

2. 攻人战术

集中攻击对方中有明显弱点的人，并伺机攻击另一人因疏忽而露出的空当，或对此人进行偷袭。双打比赛中的配对选手的技术，一般总有一人好，另一人稍差些，即便两人水平相差不多，但若能集中力量攻击其中一人，也可给其造成很大的心理压力，从而使其出现失误。

3. 攻中路战术

当对方分边站位防守时，将球攻击到对方两人的中间；当对方前后站位时，可将球下压或平推两边半场。这样可使对方防守时互抢或互让而出现失误。

4. 攻后场战术

遇到对方后场扣杀能力差的对手，可采用平高球、平推球、挑底线，把对方一人紧逼在底线两角移动。当对方还击被动时，大力扑杀。若另一对手后退支援时，即可攻网前空当。

5. 后攻前封战术

当本方处于主动进攻前后站位时，后场队员逢高球必杀，迫使对方接杀挡网前，为本方前场队员创造封网扑杀机会。前场队员要积极封锁前场，迫使对方被动挑高球，遇挑高球不到后场，就会为本方创造再进攻的机会。

6. 防守反击战术

在防守中寻找反攻的机会，以便摆脱困境，转被动为主动。例如：挑底线高球，即不论对方从哪里进攻，本方都应设法把球挑到进攻者的另一边底线。如对方正手后场攻直线，就挑对角线，如对方攻对角就挑直线。这是一种较容易争得主动的防守战术，在女子双打中运用更为有效。时机有利时，即可运用反抽或挡网前回击对方的杀球，从守中反攻，争得主动权。运用此战术时，要注意挑高球一定要挑到底线，否则将会出现对方连续攻杀而本方无力反击的局面。

三、羽毛球项目的主要规则

（一）球场和球场的设备

1）球场应是一个长方形，用宽40毫米的线画出。

2）线的颜色最好是白色、黄色或其他容易辨别的颜色。

3）所有线都是它所确定区域的组成部分。

4）从球场地面起，网柱高1.55米。当球网被拉紧时，网柱应与地面保持垂直。

5）论是单打还是双打比赛，网柱都应放置在双打边线上。

6）球网应由深色、优质的细绳组成。网孔为方形，每边长为15～20毫米。

7）球网全长至少6.1米，上下宽均为760毫米。

8）球网的上沿应有75毫米宽的白布对折成夹层，用绳索或钢丝从夹层穿过。夹层上沿必须紧贴绳索或钢丝。

9）绳索或钢丝应牢固地拉紧，并与网柱顶取平。

10）从球场地面起，球网中央顶部应高1.524米，双打边线处网高1.55米。

11）球网两端与网柱之间不应有空隙。必要时，球网两端应与网柱系紧。

（二）羽毛球

1）球可由天然材料、人造材料或混合材料制成。只要球的飞行性能与用自然羽毛和包裹羊皮的软木球托制成的球性能相似即可。

2)球应有16根羽毛固定在球托部。最好的是鹅毛球,一只鹅身上只取4只羽毛。

3)羽毛长62~70毫米,每一个球的羽毛从球托面到羽毛尖的长度应一致。

4)羽毛顶端成圆形,直径为58~68毫米。

5)羽毛应用线或其他适宜材料扎牢。

6)球托底部为圆球形,直径为25~28毫米。

7) 球重4.74~5.50克。

8)非羽毛制成的球应符合下列要求。

①用合成材料制成裙状或如天然羽毛制成的球状。

②球的尺寸和重量由于合成材料与天然羽毛在比重、性能上的差异,可允许不超过10%的误差。

③只要球的一般式样、速度和飞行性能不变,经有关组织批准,以下特殊情况可以不使用标准球:a. 由于海拔或气候等条件不宜使用标准球时;b. 只有更改才有利于开展比赛时。

(三)球的检验

1)验球时,在端线外用低手向前上方全力击球,球的飞行方向应与边线平行。

2)符合标准速度的球,应落在离对方端线外沿530~990毫米之间的区域内。

(四)羽毛球拍

1)球拍的各部分规格要求如下。

①球拍由拍柄、拍弦面、拍头、拍杆、连接喉构成。

②拍柄是击球者握住的部分。

③拍弦面是击球者用于击球的部分。

④拍头界定了拍弦面的范围。

⑤拍杆通过连接喉连接拍柄与拍头。

⑥连接喉连接拍杆与拍头。

⑦拍头、连接喉、拍杆和拍柄总称球拍框架。

2)球拍长不超过680毫米,宽不超过230毫米。

3)拍弦面。

①拍弦面应是平的,用拍弦穿过拍头十字交叉或其他形式编织而成。编制的式样应保持一致,尤其是拍弦面中央的编织密度不得小于其他部分。

②拍弦面长不超过280毫米,宽不超过220毫米。不论拍弦用什么方式拉紧,规定拍弦进连接喉区域不超过35毫米,连同这个区域在内的整个拍弦面的长度不超过330毫米。

4)球拍。

①球拍不允许有附加物和突出部,除非是为了防止磨损、断裂、振动或调整重心的附加物,或预防球拍脱手而将拍柄系在手上的绳索,但其尺寸和位置应合理。

②不允许改变球拍的规定样式。

(五)设备的批准

有关球拍、球、设备以及试制品能否用于比赛的问题,由国际羽联裁定。这种裁定可由国际羽联主动作出,或根据对其有切身利益的个人、团体(包括运动员、设备厂商、国家协会或其他成员组织)的请求而裁定。

(六)掷挑边器

1)比赛前,双方应执行掷挑边器。赢的一方将在如下2项中作出选择:①先发球或先接发球;②一个场区或另一个场区。

2)输方在余下的一项中作出选择。

(七)记分

1)一场比赛应该为三局两胜制,除非另有安排。

2)一局比赛中先得21分的一方为胜,第4)和5)款的情况除外。

3)赢得一次连接对打的一方加一分。赢得一次连接对打是指,对方违例或羽毛球因接触对方球场的地面而停止飞行。

4)如果比分为20平,首先赢得2分领先的一方为胜。

5)如果比分为29平,得到30分的一方为胜。

6)本局胜方将获得下一局的发球权。

(八)交换场区

1)以下情况运动员应交换场区。

①第一局结束。

②第三局开始前。

③在第三局或只进行一局的比赛中,领先的一方得分为11分时交换场地。

2)如果运动员未按上述规定交换场区,一经发现即在死球时交换,已得比分有效。

(九)发球

1)合法发球。

①一旦发球员和接发球员都站好各自的位置,任何一方都不允许延误发球。

②发球员和接发球员应站在斜对角的发球区内,脚不触及发球区和接发球区的界线。

③从发球开始直到球发出之前,发球员和接发球员的两脚必须都有一部分与球场接触,不得移动。

④发球员的球拍应首先击中球托。

⑤在发球员的球拍击中球的瞬间,整个球应低于发球员的腰部。

⑥在击球瞬间,发球员的拍杆应指向下方,使整个拍头明显低于发球员的整个握拍手。

⑦发球开始后,发球员必须连续向前挥拍,直至将球发出。

⑧发出的球,应向上飞行过网,如果未被拦截,球应落在规定的接发球区内(落在线上或界内)。

2)根据上述规定,如果发球不合法,应判违例。

3)发球员发球时未能击中球,应判违例。

4)一旦双方运动员站好位置,发球员挥拍时,发球员的球拍头第一次向前挥动即为发球开始。

5)发球员应在接发球员准备好后才能发球,如果接发球员已试图接发球则应被认为已做好准备。

6)发球开始后,发球员的球拍击中球或者未能击中球均为发球结束。

7)双打比赛中,发球员或接发球员的同伴站位均不限,但不得阻挡对方发球员或接发球员的视线。

(十)单打

1)发球区和接发球区。

①发球员的分数为0或双数时,双方运动员均应在各自的右发球区发球或接发球。

②发球员的分数为单数时,双方运动员均应在各自的左发球区发球或接发球。

2)发球员和接发球员应交替对击直至违例或死球。

3)得分和发球。

①接发球员违例或因球触及接发球员场区内的地面而成死球,发球员得1分。随后,发球员再从另一发球区发球。

②发球员违例或因球触及发球员场区内的地面而成死球,发球方就失去发球权,接发球员得1分。随后接发球员成为发球员。

(十一)双打

1)一局比赛开始和每次获得发球权的一方,都应从右发球区发球。

2)只有接发球员才能接发球;如果他的同伴去接球或被球触及,则为违例,发球方得1分。

3)击球次序和位置。

①发球被回击后,由发球方的任何一人击球,然后由接发球方的任何一人击球,如此往返直至死球。

②发球被回击以后,运动员可以在球网的各自一方任何位置击球。

4)得分和发球。

①接发球方违例或因球触及接发球方场区内的地面而成死球,发球方得1分,原发球员继续发球。

②发球方违例或因球触及发球方场区的地面而成死球,原发球方失去该次发球权,接发球方得1分

5)发球区和接发球区。

①每局开始首先发球的运动员,在该局本方得分为0或双数时,都必须在右发球区发球或接发球。

②每局开始首先接发球得运动员,在该局本方得分为0或双数时,都必须在右发球区接发球或发球;得分为单数时,则应在左发球区接发球或发球。

③他们的同伴发球或接发球时的站位,与上述两条相反。

6)发球都应从左右两个发球区交替发出(规则(十二)和(十四)规定的情况除外)。

7)自一局开始,发球权是从首先发球员到首先接发球员,然后是该接发球员的同伴,接着是对方应站在右发球区的运动员,之后是他的同伴,如此传递。

8)运动员发球顺序和接发球顺序不得错误。一名运动员在同一局比赛中不得连续两次接发球(规则(十二)和(十四)规定得情况除外)。

9)一局胜方的任一运动员可在下一局先发球,负方的任一运动员可以先接发球。

（十二）发球区错误

1）以下情况为发球区错误。

①发球顺序错误。

②在错误的发球区发球。

③在错误的发球区准备接发球，且球已发出。

2）如果发球区错误，在一次发球击出前未被发现，则错误不予纠正。

3）如果发球区错误在下一次发球出前被发现，则按下列情况处理。

①双方都有错误，应重发球。

②错误一方赢了这一回合，应重发球。

③错误一方输了这一个回合，则错误不予纠正。

4）如果因发球区错误而重发球，则该回合无效，纠正错误重发球。

5）如果发球区错误未被纠正，则比赛继续进行，并且不改变运动员的新发球区和新发球顺序。

（十三）违例

以下情况均属违例。

1）发球不合法。

2）比赛时出现下列情况。

①球落在球场界线外，即不落在界线上或界内。

②球从网孔或网下穿过。

③球不过网。

④球触及天花板或四周墙壁。

⑤球触及运动员的身体或衣服。

⑥球触及球场外其他物体或人。

关于比赛球馆的建筑物结构问题，必要时地方羽毛球组织可以制定羽毛球触及建筑物的临时规定，但有关组织有否决权。

3）比赛时，球拍与球的最初接触点不在击球者网的这一边（击球者在击中球后，球拍可以随过网）。

4）比赛进行中出现下列情况。

①运动员的球拍、身体或衣服触及球网或球网的支撑物。

②运动员的球拍或身体从网上侵入对方场区。

③运动员的球拍或身体从网下侵入对方场区导致妨碍对方或分散对方注意力。

④妨碍对方，即阻挡对方紧靠球网的合法击球。

⑤比赛时，运动员故意分散对方注意力的任何举动，如喊叫、故作姿态等。

5）比赛时出现下列情况。

①击球时，球停滞在球拍上，紧接着被拖带抛出。

②同一运动员两次挥拍或连续两次击中球。

③同方两名运动员连续击中球。

④球触及运动员球拍后继续向其后场飞行。

6)运动员严重违犯或一再违犯规则(十六)的规定。

7)发球时,球挂在网上,停在网顶或过网后挂在网上。

(十四)重发球

1)由裁判员或运动员(没有裁判员时)宣报重发球,用于中断比赛。

2)遇不能预见或意外的情况,应重发球。

3)除发球外,球过网后挂在网上或停在网顶,应重发球。

4)发球时发球员和接发球员同时违例,应重发球。

5)发球员在接发球员未准备好时发球,应重发球。

6)比赛进行中,球托和球的其他部分完全分离,应重发球。

7)司线员未看清,裁判员也不能作出裁决时,应重发球。

8)发球区错误应重发球。

9)重发球时,最后一次发球无效,原发球员重新发球(规则(十二)的规定除外)。

(十五)死球

下列情况为死球。

1)球撞网并挂在网上,或停在网顶。

2)球撞网或网柱后开始向击球者网的这一方地面落下。

3)球触及地面。

4)宣报了违例或重发球。

(十六)比赛连续性、行为不端及处罚

1)比赛从第一次发球起至比赛结束应是连续的。

2)下列比赛中,每场比赛的第一局与第二局之间允许不超过90秒的间歇,第二局与第三局之间允许有不超过5分钟的间歇。

①国际比赛项目。

②国际羽联批准的比赛项目。

③所有其他的比赛(除非有关组织预先公布不允许这些间歇)。

有电视转播的比赛,裁判长可在赛前对是否有间歇作出决定。

3)暂停比赛。

①遇有不是运动员所能控制的情况,裁判员可以根据需要暂停比赛。

②在特殊情况下,裁判长可以要求裁判员暂停比赛。

③如果比赛暂停,已得分数有效,续赛时由该分数算起。

4)不允许运动员为恢复体力或喘息延误比赛。

5)接受指导和离开球场。

①不允许运动员在一场比赛中接受指导(有间歇的比赛或暂停比赛的除外)。

②在一场比赛中,运动员未经裁判员同意,不得离开球场(规则所述的不超过5分钟间歇除外)。

6)裁判员是比赛是否延误唯一的裁决者。

7)运动员不得有下列行为。

①故意延误或中断比赛。

②故意改变球的形状或损坏球，以此影响球的速度或飞行性能。

③举止无礼。

④规则未述的其他不端行为。

8）对违犯规则的运动员，裁判员应执行下列行为。

①警告。

②对已被警告过的一方判违例。

③对严重违犯规则或屡犯的一方判违例并立即向裁判长报告，裁判长有权取消违犯规则一方的该场比赛资格。

（十七）裁判职责和受理申诉

1）裁判长对比赛全面负责。

2）临场裁判主持一场比赛并管理该球场及其周围。裁判员应向裁判长负责。

3）发球裁判员应负责宣判发球员的发球违例。

4）司线裁判对球在其分管线的落点宣判界内或界外。

5）临场裁判员对其所分管职责内的事实的宣判是最后的裁决。

6）裁判员应做到下列几点。

①维护和执行羽毛球比赛规则，及时地宣报违例或重发球等。

②对申诉应在下一次发球前作出裁决。

③使运动员和观众能随时了解比赛的进程。

④与裁判长磋商后撤换司线或发球裁判员。

⑤在缺少临场裁判员时，对无人执行的职责作出安排。

⑥在临场裁判员未能看清时，执行该职责或判重发球。

⑦记录与规则（十六）有关的情况并向裁判长报告。

⑧将所有与规则有关的争议提交裁判长（类似的申诉，运动员必须在下一次发球击出前提出；如在一局比赛结尾，则应在离开赛场前提出）。

项目六 网球

【项目描述】

通过相关知识点的学习和实地实训，熟悉网球项目的基本技术要领和方法，培养终身健康意识。掌握网球的基本技术、战术运用和规则，提高网球球技、战术水平和对网球运动的欣赏水平。

【项目要求】

正确掌握网球项目进攻和防守的基本技术、战术运用和规则。

【技能目标】

（1）掌握进攻的基本技术。

（2）掌握防守的基本技术。

(3)掌握实战战术运用。

(4)掌握网球项目规则。

【材料用具】

网球、网球拍。

【相关知识点】

一、网球项目的基本技术

(一)握拍法

学习打网球,首先要掌握握拍的方法,这对初学者来说是非常重要的。其握拍方法有:起源于美国东部沙土场地的东方式握拍法、起源于欧洲大陆草地球场的大陆式握拍法、起源于美国西部的西方式握拍法三种主要握拍法。现在还有一种很普及流行的双手握拍法,尤其是双手的反手击球握拍法被世界许多一流的网球高手所采用。一般来说东方式握拍法比较适合大部分的网球爱好者,也是多数优秀球员所选择的握拍方法。

1. 东方式握拍法

东方式握拍法因广泛使用于美国东部的沙土场地而得名,分正手和反手两种握法。这种握法的优点是:对来球高一些或低一些,都能用正、反手击球,而大陆式或西方式握拍法却无此优点。

(1)东方式正手握拍法

东方式正手握拍法亦称"握手式"握拍法,其握法是:拍面与地面垂直,手握拍柄好像与人握手一样。准确地说,用握拍手的虎口对正拍柄右上侧楞,手掌根与拍柄右斜面紧贴,拇指垫握住拍柄的左垂直面,食指稍离中指压住拍柄右垂直面,五指握紧拍柄。这种握法能增大正手击球的力量。如图 2-90 所示。

(2)东方式反手握拍法

从正手握拍法把手向左转动 1/4,即转动 120°(或拍柄向右转动 1/4,即转动 120°),使虎口对正拍柄左侧棱面上,即用手掌根压住拍柄的左上斜面,拇指直贴在拍柄的左垂直面上,食指压住拍柄右上斜面。如图 2-91 所示。

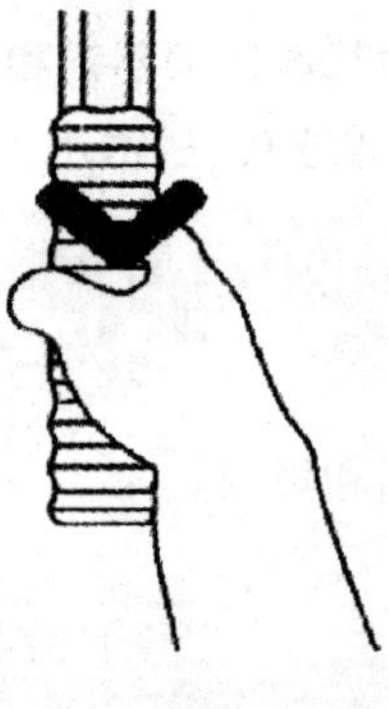

图 2-90

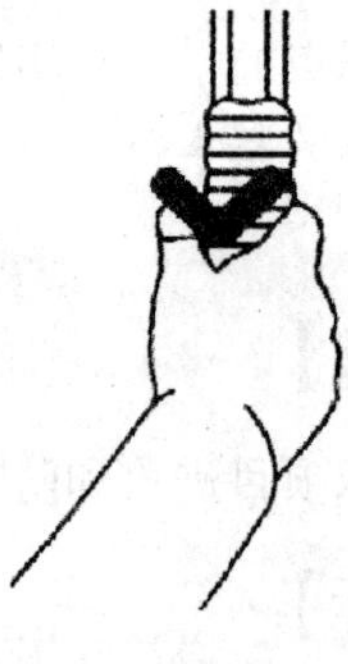

图 2-91

2. 大陆式握拍法

这种握拍法因起源于欧洲大陆草地球场而得此名。此握拍法对处理低球很适合,适合于臂力、腕力都较强的人。但是这种握拍姿势对于过高的来球,不易控制拍面,因手握在拍柄的上方,故打高球不太方便。它与东方握拍不同之处是:大陆式握拍法对正、反手击球都无须变换握拍,而始终如一。大陆式握拍法是将球拍侧立,从上而下握拍,犹如手握铁锤柄的姿势。正确的握法是:虎口对准拍柄上面楞面正中间,手掌根抵住拍柄上部的小平面,拇指直伸围住拍柄,食指紧贴拍柄右上斜面,无名指和小指都紧贴拍柄。如图 2-92 所示。

3. 西方式握拍法

此握拍法是在美国西部加利福尼亚州的水泥硬地球场上发展起来的。这种握法的正反手击球都使用网拍同一个面,在软式网球中多采用这种握法。用这种握法,在打反弹球时,正手能打出强劲的上旋球,反手多打斜球。特别适合打跳球和齐腰高球,但对截击球和低球,特别是反手近网球,极不方便。因此这种握法在现在的硬式网球中逐渐被淘汰,已经很少有人使用,在优秀的网球选手中几乎见不到了。

图 2-92

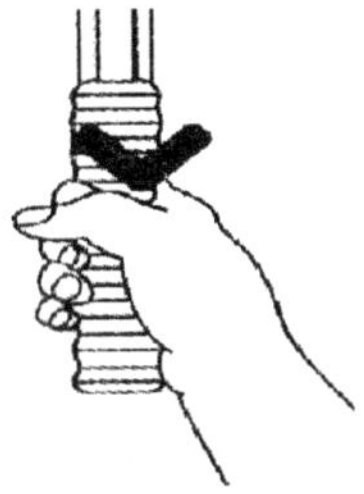

图 2-93

(1)西方式正手握拍法

拍面与地面平行,用手从拍上面抓住拍柄,手掌根贴在拍柄右下斜面,拇指和食指都不前伸,拇指压在拍柄上部小平面,食指下关节握住拍柄的右下斜面。如图 2-93 所示。

(2)西方式反手握拍法

虎口"V"字形向右转动,对准拍柄右垂直面,掌根贴往右下斜面,与拍柄底部齐平。拍面翻转,用与正拍击球时同一拍面击球。即正手握拍后,把球拍上下颠倒过来,用同一拍面击球。在硬式网球中,多数人感到这种颠倒球拍打反手低球很不方便。因此,很少有人使用此种握拍法。

4. 双手握拍法

此握拍法一般是两只手采用东方式握拍。这种握拍法对于力量不足的人学打球可以增加力量,便于打出上旋球。但缺点是对步法要求高,步法移动慢的人到位率低,不易掌握;对两只手臂协调配合及用力均匀程度要求高,协调能力差的人也不易掌握。

(1)双手正手握拍法

右手是东方式握拍法,握在拍柄的后(上)方,左手是东方式反手握拍法,握住拍柄的前(下)方。

(2)双手反手握拍法

双手反手握拍法即右手以反手东方式握法,左手以正手东方式握法,左手紧贴右手上方。双手反手握拍法适合初学者,这是因为初学者打网球时,由于力量小,握不紧拍,也挥不动拍或反手存在些毛病,所以只好用双手反手握拍法去击反手球。其要领:右手以反手东方式握法,左手以正手东方式握法,左手紧贴右手上方,如图 2-94 所示。

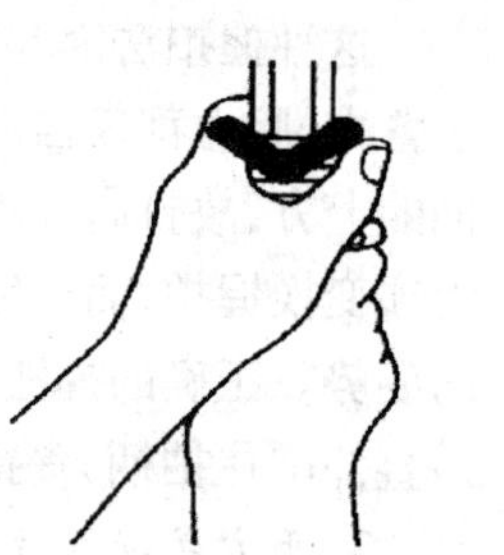

图 2-94

(二)基本步法

1. 正手击球步法

在端线外做好准备姿势,正手击球时,一般跨出一两步或几步就可到达适当的击球位置。当到达时,右脚跨出最后一步并向左转动,重心在右脚上,然后左脚跨交叉步,形成关闭式站位,最后重心前移至左脚并击球。如图 2-95 所示。

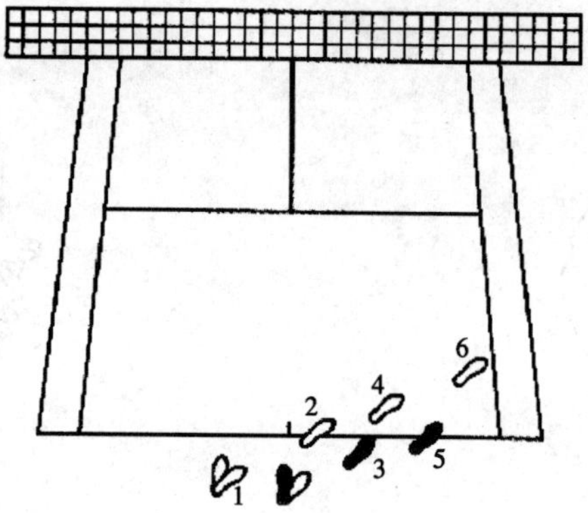

图 2-95

2. 反手击球步法

反手击球步法与正手击球步法相反,即左脚先向左迈步,当到达适当的击球位置时,左脚跨出最后一步并向左转动,然后右脚跨交叉步,最后重心前移并击球。如图 2-96 所示。

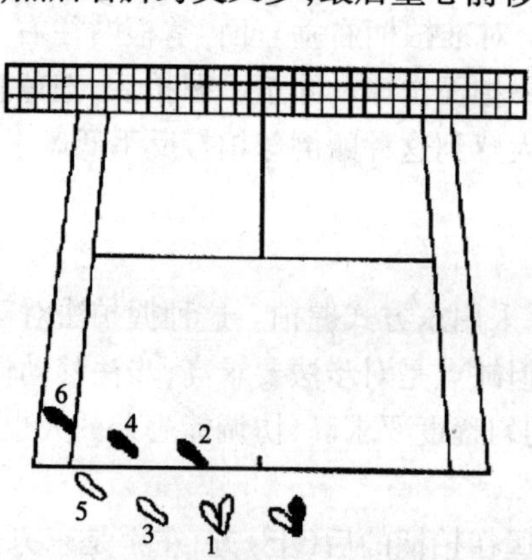

图 2-96

3. 前进步法

当来球落点位于中场发球线附近时，大多采用跑步迎上的击球步法，如图 2-97 所示为从底线跑动迎上正手击球步法。反手击球前进步法与此相同，方向相反。

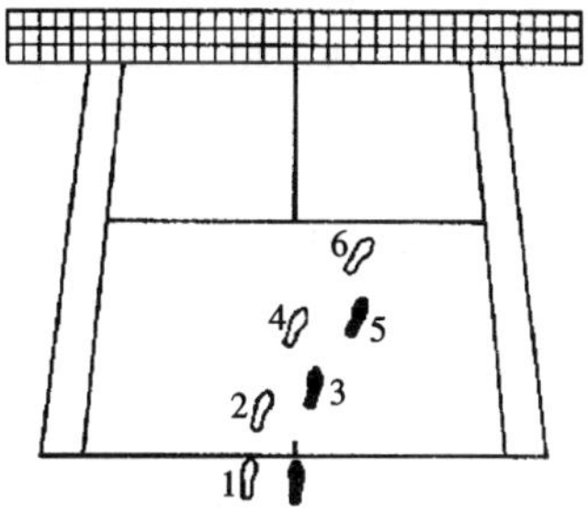

图 2-97

4. 后退步法

当对方来球落点深时多采用后退步法，如图 2-98 所示为底线正手后退击球步法。后退反手击球步法与此相同，方向相反。

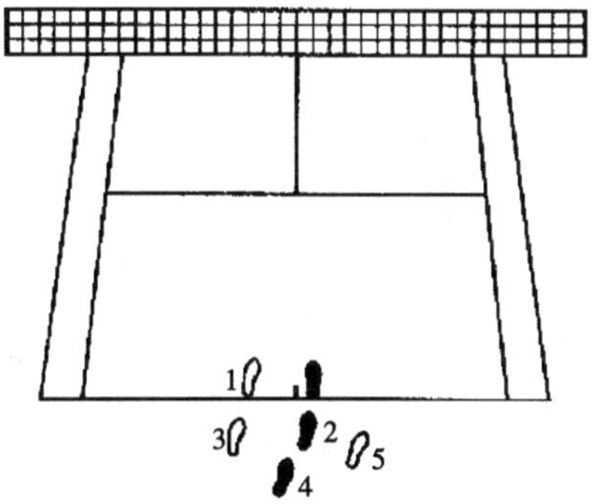

图 2-98

（三）击球

1. 正手击球

从准备姿势开始（右手持拍为例），以右脚为轴，向右转肩转髋，同时左脚前跨一步使两脚与肩同宽。身体左侧对准球网，重心移到右脚上，转体同时带动球拍直接后引，将拍面引到与身体平行位置。球拍高度齐膝，拍头略高于手腕，左臂微前伸保持身体平衡。挥拍击球时身体重心移至左脚，并以左脚为轴向左转髋转肩，带动右手臂向前迎击球的中部，击球点在左脚侧前方。球离弦后，球拍随惯性挥至左肩上方，并迅速还原到准备回击下一次来球的状态。如图 2-99 所示。

图 2-99

2. 反手击球

(1)单手反手击球

从准备姿势开始,以左脚为轴,向左转肩转髋,同时右脚跨出一步,使两脚与肩同宽,身体右侧对球网,重心移至左脚上。转肩同时左手转动拍颈使右手成东方式反手握拍,并带动球拍后引与身体平行,击球肘贴近身体,左手轻持拍颈,拍头略低于来球。击球时身体重心移至右脚,左手放开拍颈,以右脚为轴向右转髋转肩,带动右手臂由下向前上挥拍,击球中部偏下,击球点在右脚侧前方。击球后球拍随惯性继续挥至右肩上方,并迅速恢复成准备姿势,随时回击下一次来球。如图 2-100 所示。

图 2-100

(2)双手反手击球

当判断准来球是飞向反手方向时,在移动到位的最后一步应保持右脚在前,身体右侧朝向来球方向。双手握球拍向左后方摆动,右臂伸展较大,左臂弯曲。在迎球过程中,挥臂与转体动作配合,使球拍由低向高挥动,击球点在右脚侧前方,拍面垂直,触球的中部。击球后双手随势挥至右侧头部高度,身体重心移向右脚。动作完成后,迅速恢复成准备姿势。如图 2-101 所示。

图 2-101

(四)发球

1. 动作要点

(1)准备姿势

采用大陆式或东方式反拍握拍法。侧身站立在端线外中场标记旁,左肩对着左边网柱,面向右边网柱,两脚分开约同肩宽,左脚与端线约成45°,右脚约与端线平行,重心在左脚上。左手持球轻托球拍在腰部,拍头指向前方。

(2)抛球与后摆

抛球与后摆拉拍动作是同步开始的,持球手拇指、食指和中指三指轻轻托住球,掌心向上。当球拍从身后向头上方做大弧度摆动,身体做转体、屈膝、展肩时,持球手柔和地在身前左脚前上举,直伸至头顶。此时右肘向后外展约同肩高,拍头指向天空,左侧腰、胯成弓形,身体重心随着抛球开始先移向右脚,然后平稳地开始前移。此刻,肩与球网成直角。

(3)击球动作

当左手抛出球时,球拍继续向上摆起,这时候持拍手的肘关节放松,可以使向前转动的身体和右肩自动地让手臂和身体充分伸展。当身体向前上方伸展击球时,肩、手臂已经回转,双肩与球网平行。挥拍击球时,持拍手腕带动小臂有一个旋内的“鞭打”动作。

(4)随挥动作

球发出后,身体向体内倾斜,保持连续的完整的向前上方伸展的随挥动作。球拍挥至身体的左侧(美式旋转发球,球拍随挥至身体的右侧),重心移向前方,做到完美自然地跟进并保持身体平衡。

2. 发球的种类及方法

(1)平击发球

平击发球在诸多发球中是球速最快的发球法,也叫炮弹式发球。该发球不但球速快,而且反弹快。发平击球时的击球点应在身体的右眼前上方,以拍面中心平直对准球,击球的后中上部。因此手腕的向前抖甩和前臂的旋内“鞭打”非常重要。身体充分向上向前伸展,以获得最高击球点,提高发球命中率。

(2)切削发球

这是一种以左侧旋转(略带下旋)为主的发球法,由球的右上往左下切削发球。该发球不但球速快、威胁大,而且容易提高发球命中率。在发球时把球抛到右侧斜上方,球拍快速从右侧方至左下方挥动。击球部位在球的中部偏右侧,使球产生右侧旋转。

(3)上旋发球

这是以上旋为主,侧旋为辅的发球法。发上旋球时把球抛到头后偏左的位置,击球时身体尽量后仰成弓形,利用杠杆力量对球加以旋转,球拍快速从左向右上方挥动,从下向上擦击球的背面,并向右带出,使球产生右侧上旋。

(五)接发球

1. 准备姿势与站位

两脚自然开立与肩同宽,双膝稍屈,脚跟离地,重心落在前脚掌上,拍头约与腰同高并指向对方,两脚不停地轻轻跳动或身体微微晃动,两眼紧紧地注视着对方的抛球动作,包括抛球的高度、方向和拍面等。如果对方拍面有角度即为切削发球,可准备向边上移,要是判断不出角度,可以用耳朵听,因为平击球的声音比旋转球要大得多,这样便于以最快的速度到达接发球的位置上。

站位的左右位置,从理论上讲,应站在发球员与左右落点连线夹角的分角线上,这样站位,正反拍接发球距离相等,不会出现明显的空当,或者站在略偏于反手位置上。前后的位置要根据对手发球方式和力量大小来确定,如接大力发球要站在底线后 1 ~ 2 米处,接其他发球一般应站在底线前后就可以。接第二次发球时,要向前踏进一大步,因为,第二发球多半是缓慢地落在近网的地方,如果发球特别软,则向前再进几步。

2. 击球

接球时的击球动作与正常击球动作基本相同。当对方球发出后,接球员要预测击球点及时起动,迅速做出转体引拍动作,只是后摆距离要短一些,幅度大小要根据对方不同的发球来调整,握紧球拍,手腕固定,并向击球方向踏出异侧脚,同时,向前迎击球,击球点是在体前侧胸部高度处,对着球击出的方向,送出球拍,尽量加长球拍接触的时间,要像打落地球那样,做好随挥动作。

3. 随挥跟进

击球后很少有随挥动作,拍头竖起,顺势结束在较高处,身体重心在前脚掌上,脚跟离地,准备对方下一次回击。并立刻移动到自己场地的中央,或随球上网。

(六)截击球

1. 正手截击球

截击时站在网前 2 ~ 3 米的位置,准备姿势与一般击球基本相同,但球拍要举得高一些,约与眼部同高。截击时后摆动作要小,击球点保持在身体前方,拍触球瞬间手腕固定,用力握紧球拍,略加向前推击的动作。截击较近的球,左脚跨出一小步,截击较远的球要跨出一大步。如图 2-102 所示。

图 2-102

2. 反手截击球

准备姿势同正手截击球。击球点要比正手截击球靠前一些,因此要及早跨出右脚,重心也要置于右脚。击球时手腕固定,用力紧握球拍,拍面稍前倾,触球中上部。击球后右臂伸展,向前下方压送。如图 2-103 所示。

3. 截击高球

如果对方来球高度较高,但又不够高压的高度球时,必须在身体前面截击。截击高球要有一定的后摆,触球前要握紧球拍,手腕绷紧并朝上,击球时球拍对准球,重心向前,然后用

图 2-103

简短的随挥动作，对着球推击向前下方送出，准备下一次回击。反手截击高球时，扶拍手帮助球拍向后摆，同时，控制好拍面，球拍后摆幅度不要太大，拍头朝上，眼睛盯住球，击球挥拍时扶拍手放开，触球一刹那，手腕绷紧，球拍从高到低向前下击球，击球后随球随挥出去。

4. 截击低球

截击低球比截击高球困难一些。击低于网的来球，首先是降低身体重心，屈膝至球的适当高度，如果不降低身体，仅靠垂下拍头去击球，那么就会以无力的手腕动作将球向上勾起。在采用前弓步击球时，有时膝盖可触及地面，拍头略低于手腕，拍面开放些，在身体前面击球，击球时最好加以上旋或侧旋，尽量要把球打在深处以迫使对手向上击球，击球后球拍随着球出去的方向做短促的随挥动作。

（七）高压球

1. 落地高压球

当对方挑出又高又深且落点在后场的球时，应迅速侧身和举拍，用垫步或轻松的后退步向后移动，退到球弹起后即将落下的位置的后面，球落地，弹起后再次落下的整个过程眼睛都要盯住球。击球前位置要调整好，垂下拍头，身体重心跟进，向前挥拍时，抬起肘关节，在身体前面击球，挥拍时通过手腕的扣击动作使拍头加速，同时要握紧球拍，在击球一刹那，手臂、手腕和球拍在一条直线上，击球后，扣腕动作要继续，并在身体的另一侧完成随挥动作。

2. 凌空高压球

当对方挑出很高的球，你可以打落地高压球。如果高球挑较低并且富有进攻性，那么，你不得不在空中击球。一旦对方挑出这种球，就要快速侧身后退，身体应朝着球飞行的路线左边让开一些，这样就能在右肩上方击球，而不是在头顶上击。同时，要早一点举拍，眼睛要全神贯注地盯球，另一手对着球，这样做不仅能保持身体的平衡，而且能容易调整场上位置。球拍的后摆动作要简短一些，拉过肩，垂下拍头，同时翘起手腕，不需要把球拍下垂到很深的挠背状，但要抬起肘部，以最快的速度触及，转肩，整个手臂伸直，但球拍接近球时，做扣腕动作。扣腕动作是打高压球发力的关键，收腹、挥臂使球拍前挥通过手腕的扣击使拍头加速。

（八）挑高球

1. 防守型挑高球

当跑到离球场很远的地方接一个非常被动的球时，势必要使用防守型挑高球。眼睛要注视着球，在跑向球时要使球拍后摆，直到球拍后摆指向身后的挡网，击球动作与普通的正手相同，使对手不知道你是抽球还是挑高球。击球时，拍面要打得更开些，击球的下部，可以打下旋球，手腕绷紧，球拍与球接触时间要长一些，拍和手向前上方送出，眼睛始终盯住球，尽量往高处和深处打。球拍顺着球的飞行路线向上做随挥动作，动作在身体前面高处结束。

然后迅速跑回到场地的有利位置上。

2. 进攻型挑高球

进攻型挑高球又称为上旋挑高球,技术难度大,一般只被高水平选手所使用。上旋挑高球采用西方式握拍法,击球前拍头低于来球,击球时抖动手腕,产生很大的摩擦力,使球剧烈向前旋转。无论是防守型还是进攻型的挑高球都应做到动作隐蔽,防止被对方过早识破,从而增加挑球过顶的难度。另外,挑高球必须有一定难度和深度,否则很容易被对方截击高压,从而陷入更加被动的境地。

二、基本战术

在掌握了网球基本技术后,要了解网球打比赛的规律,形成自己的打法,建立起自己擅长的风格。在网球比赛中运用战术的主要目的是:争取进攻,保持主动,力争使对方随着自己的节奏走,要把球打到对手无能为力的地方,最终获得比赛的胜利。

(一)单打战术

1. 发球战术

(1)发球时的站位

应选择既有利于进攻,又便于衔接下一个动作的位置。在右区发球时,一般站在接近中点线的位置。在中点线附近发直线球易击中对方的反手,破坏其强有力的进攻性击球。在左区发球时,可站在中点线附近或距中点线稍远的位置。

(2)发变化球

及时发现对方接发球的弱点,发出不同性能的球,在落点、线路上进行变化,以增加对方接发球的难度。

第一发球因失误不失分,所以要发攻击性最强、威胁最大的球。力量既要大,又要落点好,力求做到稳、准、狠。第一发球失误后,进行第二发球。要注意发球的把握性,尽量发出攻击力强的球,重点放在稳健、准确、发好落点上。

2. 接发球战术

(1)接发球站位

一般站在对手发球扇面角度的角平分线上,也可根据个人接发球能力予以适当调整。若对手较差,站位应稍偏左;若对手擅发斜线和带旋的球,站位应稍偏右。

(2)接发球击球

要把握好击球的方法,选择好击球的落点。为自己创造上网的机会,不能只是被动地击球、挡球。常用的击球方法有平击抽球、拉旋转球、切削球、拉底线两角球、挑高球上网等。

3. 上网战术

(1)上网时机

一般在发急速旋转球后将球击向底线中间区域时,对方接反弹至底线外或反弹至边线外的球时,对方击被动的过渡球时,应及时上网。

(2)上网的位置

网前的位置应根据个人掌握网前击球的技术情况、移动速度、来球的角度、来球的高度等因素来确定。一般距网 2~2.5 米为宜。离网较近,攻击的角度大、截击球机会多、控制面积大、移动距离较短,同时还可使回球的路线短,从而取得主动权。

(3)击球

应力求积极主动地击球,或进行强有力的击球和具有战术意图的击球,尽量避免被动击球。

4. 底线战术

底线战术可起到过渡、稳定战局和以守为攻的作用。大多数用长抽球攻击对方的弱点,逼右攻左或退左攻右,打对方底线的两角,迫使对手左右移动,消耗体力,打乱其步法节奏。

5. 底线结合上网战术

在底线击球时,无论正手还是反手击球,都应力求给对手造成威胁,利用有力的长抽球拉开对手,然后伺机上网,截击对手来球或打高压球攻击对手的空当。

(二)双打战术

1. 发球战术

(1)发球站位

发球队员站位应稍靠边线。同伴站位一般在离网2~3米、距边线2~2.5米处为宜,以防对手回击直线球,并伺机截击高压球。亦可采用同伴底线站位,发球队员发球后立即上网的打法。

(2)发球

第一发球,基本原则是大力(发向对方反手区)、准确(打落点),迫使对方打过渡球,压制其回球角度,伺机上网截击或大力抽杀。第二发球,尽量发好落点,减少对方回击球的威力。同伴要做好充分准备,以防对方的袭击和强攻。

2. 接发球战术

(1)接发球站位

站位的原则是便于接发球后的上网,利用较小的移动距离取得较大的防守控制范围,一般站在对方发球扇面角度的角平分线上,右手持拍可稍偏左一些;反之,稍偏右一些。同伴的站位应在半场发球区内,随时准备上网迎击来球或及时后退至端线进行防守。

(2)回击球

接发球队员的回击球应积极主动,通过线路的变化,变被动为主动。网前的同伴队员应根据对方发球、同伴接发球、双方队员场上位置的移动情况,做出恰当的预判,迅速移动到来球位置截击球。

3. 上网战术

采用上网战术,首先应选择好正确的基本位置。一般应距网2~3米。这样不仅能进和退,能击高于网的强有力的进攻性来球,而且也能迅速后退对付对手的挑高球。两人之间要保持适当的距离,既各自看好自己的边线球,又防止对方从结合部突破。随着场上的变化,两人要及时变换位置,左右交换,前后补位,不要同时偏向一边。两人之间的球,应掌握近球者先击,正手方便者先击球,同时要互相呼应,防止互相让球。

4. 底线战术

底线战术可采用准、低、快的抽击球方法向对方两人之间,或向对方的两底线角,或向对方两边线位置击球。还可运用削击球、拉旋转球等方法击球,争取制造良好的上网截击球机会。有时为了打破双方底线抽球的平衡局面,可突然放一短球,引一人上网,然后向网前队员的身后吊球或向其身后击球,使底线队员的防守困难。比赛中还应注意对方有人在网前封网时，回击的球应避开其截击。

三、网球项目的主要规则

（一）场地和器材

国际比赛场地有草地、泥沙地、硬地和涂塑胶合成地面等。网球场边线长 23.77 米，端线单打长为 8.23 米、双打为 10.127 米。球网中央高 0.121 4 米，两侧柱高 1.07 米，将发球区分为左、右两个发球等同的区域。网球直径 6.35 ~ 6.67 厘米，重量 56.7 ~ 58.47 克。

（二）竞赛规则简介

1. 发球

1）发球员应站在端线后的中点和边线的假定延长线之间的区域里，用手将球向空中抛起，在球触地前用拍击球。

2）发球时的规定：发球员在整个发球动作中不得通过行走或跑动改变原来站的位置；两脚只准站在规定的位置，不得触及其他区域。

3）发球员的位置：①每局开始先从右区端线后发球，得或失 1 分后，应换到左区发球；②发出的球应从网上越过，落到对角的对方发球区内或周围的线上。

4）发球失误：①未击中球，发出的球落地前触及固定物（球网、中心带和网边等）；②违反有关发球站位的规定。发球员第 1 次发球失误后，应在原发球位置进行第 2 次发球。

5）发球无效：发球触及网后仍落到对方发球区内或接球员未做好准备，均应重发。

6）交换发球：第一局比赛终了，接球员成为发球员，发球员成为接球员。以后每局终了均依次互相交换直至比赛结束。

7）交换场地：双方在每盘的第 1、第 3、第 5 等单数局结束后，以及每盘结束时双方局数之和为单数时，交换场地。

2. 失分

发生下列任何一种情况均判失分。

1）在球第 2 次着地前未能还击过网。

2）还击的球触及对方场区界线以外的地面、固定物或其他物件。

3）还击空中球失败。

4）故意用球拍触球超过一次。

5）运动员的身体、球拍在发球期间触及球网。

6）过网击球。

7）抛拍击球。

3. 压线球

落在线上的球都算界内球。

4. 双打发球、接球次序

（1）发球

每盘第一局开始时，由发球方决定由何人首先发球，对方则同样地在第 2 局开始时，决定由何人首先发球。第 3 局由第 1 局发球员的同伴发球。第 4 局由第 2 局发球员的同伴发球。以下各局均按此次序发球。

(2)接球

先接球的一方,应在第1局开始时决定何人先接发球,并在这盘单数局避免继续先接发球。对方同伴应在第2局开始时决定何人接发球,并在这盘双数局继续先接发球。他们的同伴应在每局中轮流接发球。

5. 双打还击

接发球后,双方应轮流由其中任何一名队员还击,如运动员在其同伴击球后,再用球拍触球,则判对方得分。

6. 计分方法

(1)胜一局

每胜一球得1分,每局的记分采用0、15、40的方法,先得1分呼报15:0,再得1分呼报30:0,得第3个1分呼报40:0,先胜4分者胜1局。双方各得3分时为平分,平分后净胜2分为胜一局。

(2)胜一盘

一方先胜6局为胜一盘。双方各胜5局时,一方净胜2局为胜一盘。

(3)决胜局

在每盘的局数为6平时,采用长盘制,一方净胜2局为胜一盘;选用短盘制时(决胜盘除外,除非赛前另有规定),先得7分者为胜该局及该盘(若分数成6平时,一方须净胜2分);首先发球员只发第1分球,对方发第2、第3分球,然后轮流发两球,至比赛结束。

(4)胜一场

正式比赛时,男子单打和男子双打采用五盘三胜制。女子单打、女子双打和混合双打采用三盘二胜制。

学习情境三　健身体育

项目一　健美操

【项目描述】

通过相关知识点的学习和实地实训，了解健美操的起源与发展；熟悉健美操理论知识及健美操基本技术与技能；掌握科学的锻炼方法和动作创编、套路编排方法；提高和培养学生吃苦耐劳、相互协作的团队精神和优良品质。

【项目要求】

熟悉健美操理论知识及健美操基本技术与技能，正确掌握健美操项目科学的锻炼方法和动作创编、套路编排方法。

【技能目标】

(1)掌握健美操基本技术与技能。
(2)掌握健美操项目科学的锻炼方法和动作创编、套路编排方法。
(3)掌握健美操比赛规则。

【相关知识点】

一、健美操项目概述

健美操是在音乐的伴奏下，运用各种不同类型的操作方法，融体操、舞蹈、音乐为一体的身体锻炼项目。健美操既是健身美体、陶冶情操的大众健身方式，又是竞技运动的一个项目。健美操是一项富有趣味性的运动，能给练习者带来热情奔放的情感体验，适合现代人追求健美和自娱自乐的需求，而且健美操不受年龄、性别、形体、素质、个性和气质的限制，因此深受广大群众的喜爱。此外，由于健美操不受气候的影响，对场地、器材条件的要求不高，练习起来简便安全，适合不同地区，不同条件的单位和个人开展，因此，健美操运动具有广泛的群众性。

(一)健美操的起源与发展

健美操是集音乐、舞蹈、体操、美学于一体的新型体育项目。它的起源可以追溯到两千多年前。古希腊对人体美的崇尚举世闻名，他们认为，在世界万物之中，只有人体的健美才是最匀称、最和谐、最庄重、最有生气和最完美的。他们提出了“体操锻炼身体，音乐陶冶精神”的主张。古希腊人喜爱采用跑跳、投掷、柔软体操和健美舞蹈等各种体育项目进行人体美的锻炼。这些形式的锻炼既是现代体操的雏形，也是现代健美操的起源。

早在19世纪,欧洲一些国家开始出现了以身体活动和音乐伴奏相结合的韵律体操,并开办培养音乐体操教师的学校,将音乐体操作为体育教育的手段逐步传播。20世纪80年代初,美、英、法及欧洲一些国家的健美操迅速得到推广,电视节目中健美操形成"热点",学校的体育教学大纲也将此列入其中。英国在1956年就建立了大不列颠健美操协会,该协会通过举办健美操教师训练班,向学员讲授解剖学、人体造型学、教学法以及大量的体操和舞蹈动作,为健美操的广泛发展奠定了基础。

现代健美操实际上是从20世纪60年代初开始萌芽的,最初是美国太空总署医生库帕博士为宇航员设计的体能训练内容。1969年杰姬·索伦森综合了体操和现代舞创编了健美操,这种操带有娱乐性,简单易学,深受人们欢迎,在美国迅速兴起,掀起热潮。美国自20世纪60年代以来兴起了一种健身舞。健身舞把徒手操和有扭动动作的现代舞结合起来,在节奏强烈、情绪欢乐的摇滚乐伴奏下,做伸展身体各部位的动作。据报道,美国跳健美操的人数超过1 800万,几乎与打网球的人数不相上下。从1985年开始,美国还多次举行全国性的健美操比赛,使健美操发展到了竞技性阶段。目前,美国健美操运动处在世界领先地位。法国在美国之后也开始盛行健美操运动,应运而生的健美操中心遍布全国各地,仅在巴黎就有1 000多个。据报道,法国目前做健美操的人数已超过法国体操联合会的人数,达到400多万人。在日本、菲律宾、新加坡、中国香港等亚洲国家和地区,健美操也很流行,包括徒手健美操、艺术杂要、韵律健美操、健身操、爵士健美操、迪斯科健美操等,形式多种多样。

现代健美操在我国兴起应该是20世纪80年代初,1981年1月4日在《中国青年报(星期刊)》发表了作者陆保钟、牛乾元的特约稿"人体美的追求"。1982年2月中国青年出版社出版了印数近29万册的《美·怎样才算美》一书,选登了陈德星主编的《女青年健美操》和牛乾元主编的《男青年哑铃操》,从此"健美操"一词迅速被广大体育工作者采用。在各种新闻媒体的大力宣传下,健美操运动在我国拉开了序幕,随着健美操的深入开展,健美操从社会进入了学校,并根据国家教育部对体育教学的要求被列入各级学校体育教学大纲之中。目前健美操已成为我国各级各类学校体育课或课外活动中一项深受师生欢迎的教学内容和锻炼方法。

(二)健美操的特点

1. 美观性

健美操是建立在美学等科学理论指导下的人体运动方式,讲究造型美,要求动作美观大方,准确到位。讲求有效地训练身体各个部位,使人体匀称和谐的发展,培养健美的体形和风度,塑造健美的自我。健美操是表现美的人体运动,美是健美操给人特有的感受。健美操既注意外在美的锻炼,又强调内在美的培养,较为明显地反映了健身、健心、健美的自然性整体效应。人体运动是受主观意识指挥的一种精神作用的外在表现,所以人体又能在运动中体现出思想、意志、道德、情操、情感、作风、气质等内在美。现代科学已证明,人体是身心辩证的统一体,人体动态所表现出的力与美既是外在美又是内在美,构成了健美操的自然美。

2. 力度性

健美操以力量性为主的徒手动作为基础,它所表现的力是力量、力度、弹力、活力的综合。健美操动作要求的力度和力量性很强,不论是短促的肌肉力量、延续力量,还是瞬间的控制力量都展现较高的力度感。健美操的力量性与体操相比较,少些呆板、机械,趋于自由、自然;健美操力量性与舞蹈相比较,少些抒情、柔软,而趋于欢快、有力。由于身体动作的快速变化及脚下富于弹性、连续不断的跑跳,使全身充满着生命活力。健美操所形成的动作力量性风格,可充分表现出人体健美的风采、美的神韵、力的坚韧。健美操表现形式狂热奔放,并伴有情感上的力度。健美操的力量性最能发挥人的个性,具有强烈的表现力、感染力和吸引力,这是它的生命力之所在。健美操以自身独有的力量性运动风格活跃于体坛。

3. 节奏性

健美操是在节奏鲜明、欢快奔放的现代乐曲伴奏下进行的身体练习。音乐是人所创造的特有的表达手段,它可以用短暂的时间,在激励人的情绪上发挥出巨大的力量。练习者会因受音乐节奏的感染而情不自禁地被卷入一种运动状态之中,随着振奋人心的节律,将上百个动作一气呵成地完成并且始终保持精神饱满、情绪激昂。这一特殊锻炼身体的方式,是其他体育项目不能相比的。

健美操所有的动作均在一定的节奏下进行,它将人体动作经过有节奏的组织和规范,使之摆脱自然状态,使动作节奏化。健美操锻炼时的节奏感是通过身体运动表达的,节奏性运动使健美操能充分表现出人体运动的艺术美。

4. 丰富性

由于人体结构复杂,动作多变,人的情绪丰富,性格迥异,因此决定了健美操动作的丰富性。健美操不仅保留了徒手体操中各种类型的基本动作,而且从相关的运动项目和艺术门类中吸收了诸多动作,经过加工、提炼、操化,使之成为具有健美操风格的动作。健美操每节操很少是单关节的局部运动,大多为多关节的同步运动。它不仅可使身体各关节的活动次数变化,而且可以变换运动组合形式,形成丰富多彩的动作。总之,人体运动是创编健美操取之不尽的源泉。

随着健美操运动的发展和变化,不断创编出独特新颖的具有显著特征的健美操动作,是健美操长盛不衰的显著特点。

二、健美操的基本动作和分类

健美操的基本动作是练习者必不可少的学习内容。基本动作正确与否,不仅会影响人的健美姿态,还会影响动作的难易程度和锻炼效果。了解和掌握健美操的基本动作,可以为健美操动作设计和教学训练奠定基础。

目前,世界健美操和我国健美操种类繁多,分类方法也各不一样,如果根据健美操活动的目的和所要解决的任务来划分,可将健美操分为大众健美操、竞技健美操、表演健美操三大类。

(一)基本动作

健美操基本动作包括:手形动作、头颈部动作、肩部动作、上肢动作、胸部动作、腰部动作、髋部动作及下肢动作等。

1. 手型动作

健美操手型主要有掌和拳两种。掌即为分掌与合掌。分掌是五指用力分开,手腕保持一定的紧张度;合掌为五指并拢伸直。拳是五指弯曲紧握,大拇指压在食指弯曲部位。如图3-1所示。

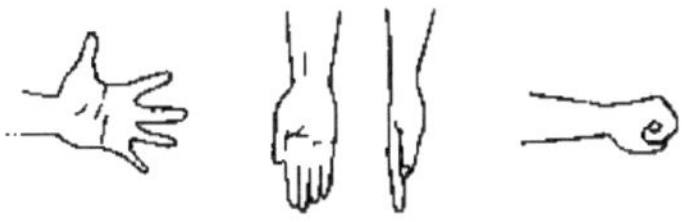

图3-1

2. 头颈部动作

头颈部动作有:屈、转、绕及绕环。

1)屈指头颈关节的弯曲角度,包括前屈、后屈、左屈、右屈。

2)转指头颈部绕身体垂直轴方向的转动,包括左转和右转。

3)绕指头以颈为轴心的弧形运动,包括左绕和右绕。

4)绕环指头以颈为轴心的圆心运动,包括左、右绕环。

要点:上体保持正直,头颈移动的方向要准确,颈部被动肌群要充分伸展。

3. 肩部动作

肩部动作由提肩、沉肩及绕肩动作组成。

1)提肩指肩胛骨做向上的运动,包括单肩提、双肩同时提和双肩依次提。

2)沉肩指肩胛骨做向下的运动,包括单肩沉、双肩同时沉和双肩依次沉。

3)绕肩指以肩关节为轴做小于360°及360°以上的圆形运动,包括单向前、后绕环,双肩同时和依次向前和后绕环。

要点:提肩时要尽力向上,沉肩时要尽力向下,动作幅度大而有力;绕肩时上体不能摆动,颈与头不能前探或回缩。

4. 上肢动作

上肢动作是由举、屈、伸、摆、绕、绕环、振、旋等动作组成。

1)举是指以肩为轴,臂的活动范围不超过180°而停止在某一部位的动作,包括单臂和双臂的前、后、侧平、侧上、侧下及下举等。如图3-2所示。

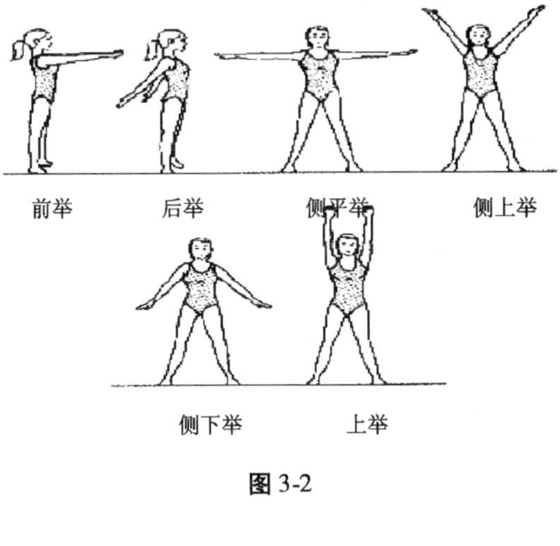

图3-2

2)屈指肘关节形成的弯曲角度,包括胸前屈、胸前平屈、肩侧屈、肩上侧屈、肩下侧屈、肩上前屈、腰间屈及头后屈,如图3-3所示。

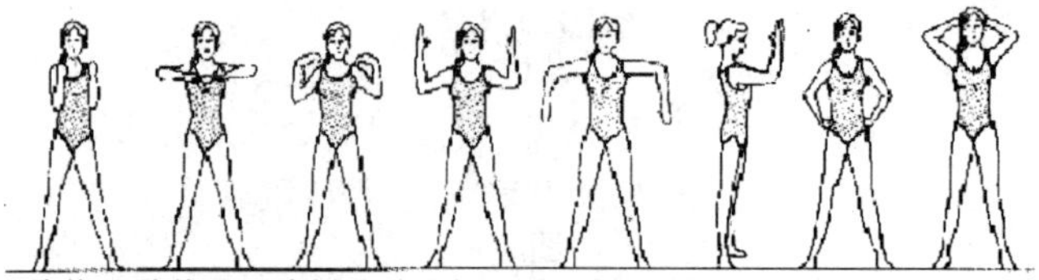

图3-3

3)绕指双臂或单臂向内、外、前、后做180°以上,360°以下弧形运动。

4)绕环指以肩关节为轴,双臂或单臂向前、向后、向内、向外的绕环,如图3-4所示。

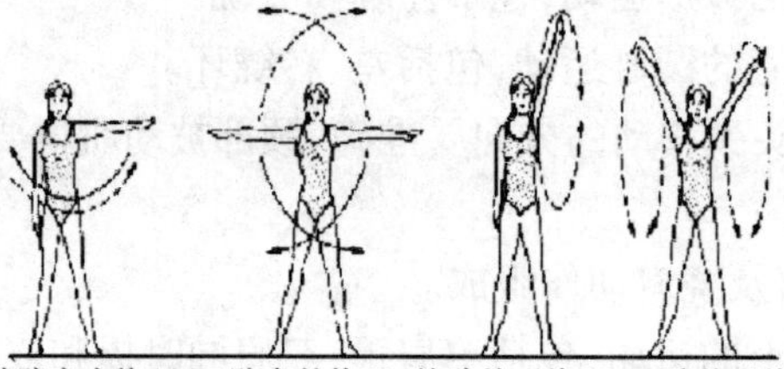

图3-4

5)振指以肩为轴,臂用力摆至最大幅度,包括上举后振、下举后振、侧举后振。

6)旋指以肩或肘为轴做臂旋内或旋外动作。

要点:上体保持正直,位置要准确,幅度要大,力达身体最远端。

5.胸部动作

胸部动作由含胸、展胸及移胸动作组成。

1)含胸指两肩内合,缩小胸腔。

2)展胸指两肩外展,扩大胸腔。

3)移胸指髋部固定,做胸左、右的水平移动。

要点:含、展、移胸要做到最大极限。

6.腰部动作

腰部动作由屈、转、绕和绕环动作组成。

1)屈指下肢不动,上体沿矢状轴和水平轴的运动,包括前屈、后屈及左右侧屈。

2)转指下肢不动,上体沿垂直轴的扭转,包括左转、右转。

3)绕和绕环指下肢不动,上体沿垂直轴做弧形、圆形运动,包括左、右绕和绕环。

要点:身体远端尽力向外延伸,绕环幅度要大,充分而连贯。

7.髋部动作

髋部动作由顶髋、提髋、绕髋和髋绕环动作组成。

1)顶髋指髋关节做急速的水平移动,包括左顶、右顶、后顶、前顶。

2)提髋指髋关节急速向一侧上提的动作,包括左提、右提。

3)绕髋和髋绕环指髋关节做弧形、圆形移动,包括向左、向右绕髋和髋绕环。

要点：髋关节做顶、提、绕和绕环时，应平稳、柔和、协调、稍带弹性，如图 3-5 所示。

图 3-5

8. 下肢动作

下肢动作由弹踢、踢、蹲等动作组成，如图 3-6 所示。

1）弹踢指弹踢腿屈膝抬起（大小腿成 90°），向各方向做弹伸的动作，包括正、侧、后弹踢。

2）踢指腿向各方向做由下至向上的加速摆动作，包括前踢、侧踢、后踢。

3）全蹲时大小腿折叠，半蹲时大小腿形成夹角。

图 3-6

9. 基本站立动作

基本站立是由直立、开立、点地立、提踵立、弓步、跪立等动作组成，如图 3-7、图 3-8 所示。

1）直立指头颈、躯干和脚的纵轴保持在一条直线上。

2）开立指两脚左右分开，与肩同宽或宽于肩。

3）点地立指一腿直立（重心在站立脚上），另一腿向各方向伸直，脚尖点地，包括前点立、侧点立、后点立。

4）提踵立是指两脚跟提起，用前脚掌站立。

5）弓步指两腿前后或左右开立，一腿绷直，另一腿弯曲，屈腿的膝部与脚尖垂直，包括前弓步、侧弓步、后弓步。

6）跪立指大腿与小腿成直角的跪姿，包括双腿跪立、单腿跪立。

10. 基本步伐动作

基本步伐由屈伸步、滚动步、并步、交叉步、蹉步、踏点步、点弓步动作组成。

1）屈伸步指两腿同时或依次屈伸，可前、后、左、右、原地、一步或多步屈伸。

2）滚动步指两腿从前脚尖至全脚掌依次落地，两脚同时交替做。

3）并步指一脚向前（后侧）出，另一脚跟进并拢。

4）交叉步指一脚向另一脚前或后交叉行进。

5）蹉步指一脚向另一脚跟进，并带有轻微跳。

6）踏点步指一脚屈伸，另一脚前（侧、后）点地。

图 3-7

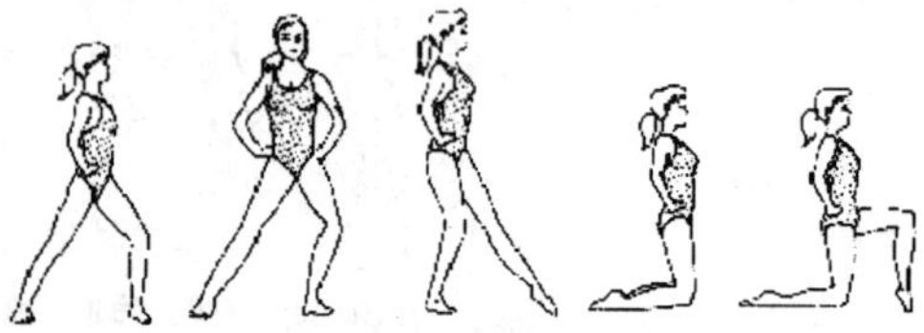

图 3-8

7)点弓步指一脚向侧成弓步,另一脚跟进并拢,交替进行。

11. 跑跳步动作

动作说明:跑跳步由跑步、跑跳步、并腿跳、开并腿跳、弹踢跳(见图 3-9)、高踢腿跳、后踢腿跳、吸腿跳、侧摆腿跳、弓步跳等动作组成。

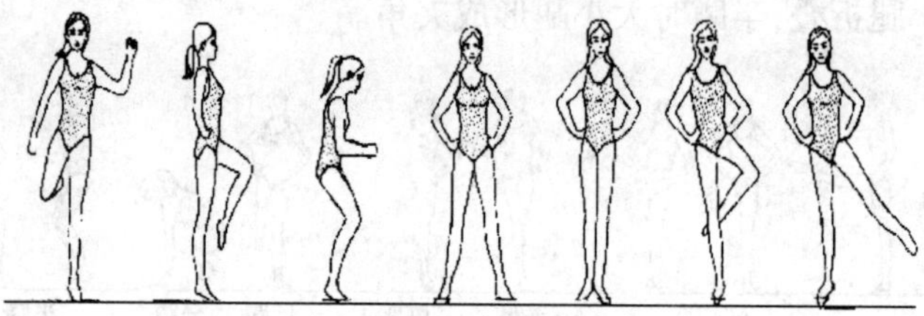

图 3-9

1)跑步指两脚交替有短暂腾空过程。

2)跑跳步指两脚交替进行,跑后支撑阶段有一次跳的过程。

3)并腿跳指双腿并拢,直膝或屈膝跳。

4)弹踢跳指单脚跳,同时,另一腿屈伸向前,侧弹踢。

5)高踢腿跳指单腿跳,同时,另一腿直腿向前,向侧高踢。

6)后踢腿跳指两脚交替有短暂腾空,小腿向后屈伸。

7)吸腿跳指单脚跳起,同时另一腿屈向前、侧上提。

8)侧摆腿跳指单腿跳,同时另一腿向侧摆动。

9)弓步跳指并腿跳起,落地时成前(侧、后)弓步。

要点:跳跃要轻松自如,有弹性,注意呼吸配合。

(二)健美操的分类

1. 健身健美操

健身健美操也称大众健美操,是集健身、娱乐、防病为一体的群众性、普及性健身运动。不同年龄的人都可以参加学习和锻炼。大众健美操的主要目的在于健身。通过锻炼身体,可增强体质,促进身体的全面发展,提高工作能力。在掌握健身练习基本方法的过程和欢快娱乐的操舞中调节身心,陶冶情操。从成套编排和动作设计来看,健身健美操的动作简单、活泼、流畅,讲究针对性和实效性,节奏感强,节奏速度适中,每 10 秒在 20 拍左右。健身健美操是在有氧的条件下进行的练习,它的练习时间较长,运动强度中等,并按照一定的顺序来锻炼身体的各个部位，对强身健体、减少脂肪有明显作用。

2. 竞技健美操

竞技健美操是根据竞赛规则与规程要求组编的一套具有较高艺术性、以比赛取得优异成绩为目的的健美操。竞技健美操只进行自编动作的比赛，自编动作必须符合规则要求。每套动作有规定的时间要求，成套动作根据基本规定动作、特色难度动作、完成情况、现场表演、体形、成套动作时间等因素进行评分。目前，我国大型竞技性健美操比赛有全国健美操锦标赛，全国大学生健美操锦标赛、冠军赛、精英赛等。竞技健美操可分为单人、混双、混合3人、混合6人健美操。

3. 表演健美操

表演健美操的主要目的是，在表演中展示自己的价值和魅力，在观赏中陶冶情操、净化心灵，促进健美操活动的广泛开展，满足人们表现自我的需要。

（三）健美操运动组合动作

健美操运动有单一动作和组合动作之分，其中单一动作是健美操运动的基础，而组合动作是健美操运动的高级形态，它由不同的单一动作经过合理的编排组成。在进行健美操比赛时，组合动作极具观赏性。由于篇幅关系，这里只介绍手臂组合动作和跳跃组合动作。

1. 手臂组合动作

(1)手臂屈伸(4×8拍)

预备姿势：左腿前弓步，两臂屈肘于股侧握拳。

1)第一个八拍。

1拍，两臂向前冲拳，拳心向下；2拍，还原；3~4拍，同1~2拍；5拍，上体稍前倾，大臂不动，小臂向后伸直，拳心向下，头向右转稍前倾；6拍，还原；7~8拍，同5~6拍。

2)第二个八拍。

同第一个八拍，但向右转180°成右弓步。

3)第三个八拍。

1~2拍，左顶髋，右腿屈膝内扣，同时左臂侧举，右臂肩上屈，拳心向下；3~4拍，同1~2拍，但方向相反；5~8拍同1~4拍。

4)第四个八拍。

同第三个八拍，但速度快一点。

(2)手臂摆动(8×8拍)

预备姿势：并步站立，两臂自然下垂（兰花手型）。

1)第一个八拍。

1~2拍，两膝弹动一次，同时两臂摆至前平举；3~4拍，两膝弹动一次，同时两臂摆至侧后举；5~6拍，两膝弹动成起踵，同时两臂经侧摆至上举，掌心向外；7~8拍，两膝弹动一次，两臂落下。

2)第二个八拍。

同第一个八拍，但第八拍成分腿半蹲，两臂侧平举。

3)第三个八拍。

1~2拍，左顶髋，同时右臂摆至上举，手心向外，左臂摆至下举，手心向内；3~4拍，同1~2拍，但方向相反；5~8拍同1~4拍。

4)第四个八拍。

同第三个八拍。

5)第五至第八个八拍。

同第一至第四个八拍,但第八个八拍成并腿直立。

(3)手臂绕及绕环(8×8拍)

预备姿势:并步直立。

1)第一个八拍。

1~2拍,滚动步,两臂侧举,推掌向前小绕环;3~4拍,同1~2拍,但方向相反;5~8拍同1~4拍。

2)第二个八拍。

同第一个八拍,但方向相反。

3)第三个八拍。

1~3拍,大臂不动,小臂以肘关节为轴,向下做垂直绕环,一拍一周;4拍,小臂伸直,五指分开,掌心向前;5~8拍,同1~4拍,但方向相反。

4)第四个八拍。

同第三个八拍。

5)第五个八拍。

1~2拍,提踵立,两臂经上向后大绕环一周;3~4拍、5~6拍,同1~2拍;7~8拍,屈膝半蹲,同时两臂前摆至胸前上屈,握拳。

6)第六个八拍。

同第五个八拍,但方向相反,成分腿站立。

7)第七个八拍。

1~2拍,滚动步,两臂侧举,推掌向前小绕环;3~4拍、5~6拍、7~8拍,同1~2拍。

8)第八个八拍。

同第一个八拍,但方向相反。

2.跳跃动作组合

1)第一个八拍。

1拍,左脚向前跑,同时右腿后屈,两臂经胸前屈向两侧打开至肩侧(握拳,拳心向内)。

2拍,右脚向前跑,同时左腿后屈,两臂屈肘内收于胸前(拳心向后)。

3拍,同1拍。

4拍,同2拍。

5~8拍,同1~4拍。

2)第二个八拍。

1拍,右腿原地跳,同时左腿屈膝上提,左手叉腰,右臂胸前屈(推拳,拳心向右)。

2拍,左腿还原,同时两臂屈肘旋内向右打开至肩侧屈(拳心向前)。

3拍,右腿原地跳,同时左腿前踢,右臂前伸(五指分开,掌心向左)。

4拍,还原。

5~8拍,同1~4拍,但方向相反。

3)第三个八拍。

1～2 拍，向左跑两步，臂自然摆动。

3～4 拍，左腿跳转 180°，成左腿支撑，右腿前举，同时左臂上举，右臂侧举。

5～8 拍，同 1～4 拍，但方向相反。

4）第四个八拍。

1～2 拍，左脚跳两次，同时右腿向侧摆，右臂体前下伸（五指分开，掌心向内），左臂体侧肘上提。

3～4 拍，同 1～2 拍，但方向相反。

5 拍，同 1～2 拍，但左脚仅跳一次。

6 拍，同 5 拍，但方向相反。

7～8 拍，同 5～6 拍。

5）第五个八拍。

1～2 拍，左右脚一次交替跑两次，同时左臂向内绕环成肩侧屈（握拳，拳心向内）。

3～4 拍，脚同 1～2 拍，同时右臂向内绕环成肩侧屈（握拳，拳心向内）。

5 拍，向左转体跑，同时两臂胸前屈。

6 拍，向左转体跑，同时两臂屈肘扩胸。

7 拍，同 5 拍。

8 拍，向左转体跑，同时两臂上举，拳心相对。

6）第六个八拍。

1 拍，分腿跳成开立，同时两臂由内向外大绕环。

2 拍，跳成开立，同时两臂下落至斜上举。

3～4 拍，同 1～2 拍。

5 拍，跳成开立，同时两臂前举。

6 拍，跳成开立，同时两臂还原至体侧。

7 拍，跳成开立，同时两臂胸前平举（屈腕，手臂相对）。

8 拍，跳成开立，同时两手伸腕合掌于胸前。

7）第七个八拍。

1 拍，跳成开立，同时两臂上伸（两手合掌）。

2 拍，跳成开立，同时两臂前伸成胸前平屈（两手合掌）。

3～4 拍，同 1～2 拍。

5 拍，跳成开立，同时合掌推至右侧。

6 拍，跳成开立，同时合掌还原于胸前。

7 拍，跳成开立，同时合掌推至左侧（屈腕，手臂相对）。

8 拍，同 6 拍。

8）第八个八拍。

1 拍，拍手。

2 拍，跳成弓步，同时上体向左转 90°，左臂肩前平屈（五指分开，掌心向内）。

3～4 拍，同 1～2 拍，但方向相反。

5～8 拍，同 1～4 拍。

9）第九个八拍。

1 拍，左脚原地跑，同时右腿屈膝后踢，两臂体前交叉（掌心向后）。

2 拍，右脚原地跑，同时左腿屈膝后踢，两臂旋外到体侧斜下举（掌心向前）。

3 拍，脚同 1 拍，同时两臂肩侧屈（掌心向前，拇指触肩）。

4 拍，脚同 2 拍，同时两臂斜上举（拳变掌，掌心向前）。

5 ~ 8 拍，同 1 ~ 4 拍。

10）第十个八拍。

1 拍，右腿摆腿跳，同时左臂侧屈（拳心向内），右臂侧下屈（掌心向下），头向左侧。

2 拍，还原跳成并立。

3 ~ 4 拍，同 1 ~ 2 拍。

5 ~ 8 拍，原地后踢腿跑 4 步，同时两臂左前上举，击掌 4 次。

三、主要规则

健美操比赛规则是健美操训练和比赛的导向，也是对健美操进行评判和欣赏的准则。健美操的比赛规则每修订一次，都会对健美操的发展提出新的要求。我们了解了健美操的比赛规则，才能更好地理解和欣赏该项运动。

（一）规定操的主要规则

1. 规定操的制定

规定操是主办单位制定的。它是按规则精神、比赛性质、参加单位的技术水平而确定的一套本次参赛单位或个人必须完成的套路。规定操一般都有较详细的图解和文字说明；对完成动作的技术规格和身体姿势都有特定的要求；对典型动作错误扣分也分别列表说明；并将全套动作分为若干部分，每部分都有固定的分值。规定操应在规定的音乐伴奏下进行。

2. 规定操的评分要点

对规定操进行评分的依据是，运动员所做的动作是否符合规定的图解和说明，完成动作的技术和姿势是否正确。

运动员在完成规定操时，会由于多种原因而在不同地方出现错误，如漏做动作、附加动作、改变动作方向或路线、中断动作等情况，对此必须分别进行减分。

（1）漏做动作

指规定操中某一部分或某一节的动作未做。凡漏掉未做的部分或动作则要扣去该部分或动作的分值。如若该动作没有分值，则要视该动作在成套动作中的价值予以适当扣分。如漏做该动作是为了利于完成后面的动作，则还应酌情追加减分。

（2）附加动作

指非规定的多余动作，每次出现附加动作均按规则规定减分。

（3）改变动作方向或路线

指规定操的动作和连接方向被改变，或身体某部位未按规定的运动轨迹运动。每出现一次，就要按规定规则减分一次。

（4）中断动作

在完成全套操过程中，如果出现了 4 拍以上的停顿，则视为中断。如中断后不再做了，则对未做动作按漏做处理并追加扣分。中断一次按规定要扣除 0.3 ~ 0.5 分。

3. 规定操的评分内容

(1)完成情况

包括动作的准确性、动作力度、动作幅度、熟练性、协调性和一致性。

1)动作的准确性：按动作正确的技术要求，做到姿势正确、到位准确、技术规范。对所出现的错误按轻微、显著和严重三种情况进行减分。

2)动作力度：力度是健美操的特殊要求，完成动作时要有一定的力度。动作松懈、软散没有力度的表现，按规定扣除0.1~0.5分。

3)动作幅度：局部动作幅度小，一般扣0.1~0.2分；整套动作幅度小，则扣0.3~0.4分；如果由于幅度而影响了表演效果和动作质量，则要扣0.5~1.0分。

4)熟练度：在完成成套动作过程中，稍有停顿现象，扣0.1~0.2分；有明显的停顿，扣0.3~0.4分；不熟练、停顿和中断时有发生，节奏被破坏，完成动作笨拙，除对停顿、中断进行减分外，还要扣除不熟练得分0.5分。

5)协调性和一致性：协调性是指运动员完成身体各部位动作的配合；一致性是指集体完成动作姿势、幅度、方向、速度、节奏等的统一、整齐度。对协调、一致性稍差、明显差和很差要按规则规定，分别按轻微、显著、严重错误进行减分。

规定操每一段或每节都有其分值规定，对该段或该节的错误减分不得超过所规定分值。

(2)总印象

从总体上看动作完成质量的好与坏，是否体现健与美的精神气质。

1)优美性：不优美，扣0.2~0.3分；不太优美，扣0.1~0.2分。

2)表现力：包括气质、情绪、感情的表现。表现欠缺一些，扣0.1~0.2分；表现平淡，没有感染力，扣0.3~0.4分。

3)音乐：音乐的节奏与动作的节奏应该一致、合拍。如不合拍，视其程度分别扣0.1~0.5分。

4)全队动作的一致性：一人失去节奏，一致性稍差每次扣0.1分；两人失去节奏每次扣0.2分；若干人失去节奏扣0.3~0.5分。

(二)自编操的主要规则

健美操自编评分因素包括艺术分10分和完成分10分，总分20分。各组裁判员评分去掉最高分和最低分，所剩分数或所剩分数的平均分为运动员的艺术分和完成分，两个分数相加为总分。从总分中减去裁判长的减分为最后得分。

健美操成套自编操，根据规则和规程要求，有时有特定的动作，有时又没有要求。有特定动作要求就要规定出分值和技术上的规格，一般不存在扣分问题。

1. 基本要求

(1)时间

2.5~3分钟(计时由动作开始到动作结束)。

(2)音乐

音速10秒22~26拍，允许动作开始有前奏(不超过2×8拍)，但成套动作结束时音乐应同时结束。

(3)参加人员

每队4~6人，性别不限。

(4)场地

10×10米的地板或地毯,标记带为5厘米的红色或黑色带,标记带是场地的一部分。

(5)服装

运动员必须穿健美操服和运动鞋,着装整洁、美观、大方,不允许使用悬垂饰物,禁止戴首饰。

(6)比赛程序

比赛分预赛和决赛,凡参赛队预赛进前八名者进入决赛,不足八名时,递减一名录取。

(7)裁判组

1名裁判长,3~5名艺术裁判,3~5名完成裁判,视线员2名,辅助裁判若干名。

(8)评分方法

比赛采取公开示分方法,裁判员评分精确到0.1分,运动员得分精确到0.01分。

2.评分

成套动作的评分包括:艺术分、完成分和裁判长减分。

(1)艺术分

从10分起评,对每个错误都给予减分。通常评分因素包括以下几个方面。

1)动作设计(5分):应符合健身、娱乐原则,安全无损伤原则,全面发展原则,以及年龄特点原则。

2)基本步伐、手臂动作及动作组合(2分):7种基本步伐(踏步、开合、吸腿、踢腿、弓步、弹踢腿跳、后踢腿跑)。手臂动作要体现多样性和动作的不对称性;动作组合中应使身体的各部位(头、手、上臂、前臂、躯干、腿和脚)协调配合,共同参与的部位越多评价越高;同一动作组合允许出现一次对称动作。成套动作的设计要以操化动作为主,在融合现代舞蹈和传统武术等项目的动作时,必须符合健美操运动的特点,但不允许出现任何清楚地显示其他项目特征的造型或静止动作(如芭蕾、健美、搏击等)。成套动作中至少应出现两次运动员之间的交流配合动作。成套动作中不鼓励出现难度动作,如出现类似动作,不予以加分,对出现的错误要予以减分。开始和结束允许出现托举动作,但不允许出现违例动作。

3)过渡与连接(2分):在成套动作中应合理、流畅地连接健美操基本步伐、动作组合,做到灵活与流畅的空中、地面的相互转换。运动员可以依次或分批做动作,但任何一名运动员不允许停顿1×8节拍。

4)强度(1分):包括动作的频率、速度、幅度以及完成动作的耐力、移动速率。

5)音乐(1分):音乐的选择应完整并与成套动作的风格协调。音响效果应是高质量的,并有足够音量,必须和运动员成套动作相配合。

6)队形与空间的运用(2分):成套动作的队形变化应是自然、迅速、流畅、清晰、美观,全套动作的队形变化至少5次,但必须充分、合理、均衡地使用场地。成套动作中至少出现两次空间的变化(地上和腾空均可)。

7)表演(2分):运动员在完成动作时,充分显示出热情、活力、魅力,并传达给观众。运动员的动作必须与音乐的节拍相符,并配合乐曲。

(2)完成分

从10分起评,对每个完成错误给予减分。通常完成评分因素包括技术技巧和一致性两方面。

1)技术技巧:在成套动作中准确完成动作,展示完美的姿态、身体各部分的正确位置、身体的正确姿态,并体现动作的准确性(技术规范、部位准确、方向清楚、控制完美)和动作的力度(爆发力、力度和耐久力)。

2)一致性:整体完成动作的能力,运动范围一致性。所有运动员应体现出一致与均衡的运动强度。所有运动员应具有一致的表演技巧。

3)完成裁判对于以上每类错误的减分标准如下。

小错误　每次减 0.1 分(稍偏离正确完成)

中错误　每次减 0.2 分(明显偏离正确完成)

大错误　每次减 0.3 分(较严重偏离正确完成)

严重错误　每次减 0.4 分(严重偏离正确完成)

失误　每次减 0.5 分

3. 裁判长减分

裁判长的职责是记录评判整套动作,并根据技术规则负责监控在场全体裁判的工作,还负责对成套动作时间不足或超时、参加人数不足或超过、音乐速度不符合要求、运动员被叫到后 20 秒钟未出场、运动员着装仪容不符合规定和身体触及线外地面、做违例动作等情况给予减分(0.1 ~0.5 分)。

1)时间不足(成套动作时间少于 2.5 分钟),扣 0.2 分。

2)时间超过(成套动作时间多于 3 分钟),扣 0.2 分。

3)参赛人数不足或超过,扣 0.2 分。

4)音乐速度不符合要求,扣 0.2 分。

5)运动员被叫到后 20 秒钟未出场,扣 0.2 分。

6)运动员着装仪容不符合规定,扣 0.2 分。

7)运动员身体触线外地面,每次扣 0.1 分。

8)违例动作减分,每次扣 0.5 分。

项目二　跆拳道

【项目描述】

通过相关知识点的学习和实地实训,了解跆拳道的起源与发发展。熟悉跆拳道的健身价值,养成练习跆拳道的健身习惯。掌握跆拳道的基本技术与技能,提高个人防身技能。

【项目要求】

熟悉跆拳道理论知识及跆拳道基本技术与技能,正确掌握跆拳道项目科学的锻炼方法和动作创编、套路编排方法。

【技能目标】

(1)掌握跆拳道基本技术与技能。

(2)跆拳道项目科学的锻炼方法和动作创编、套路编排方法。

【相关知识点】

一、跆拳道项目概述

意为以脚踢、摔撞，拳是指以拳头打击，道是一种艺术方法。跆拳道是一种利用拳和脚的艺术方法。它是以脚法为主的功夫，其脚法占70%。跆拳道的套路共有24套；另外还有兵器、擒拿、摔锁、对拆自卫术及10余种基本功夫等。跆拳道是经过东亚文化发展的一项韩国武术，以东方心灵为土壤，承继长久传统，以“始于礼，终于礼”的武道精神为基础，是朝鲜半岛较普遍流行的一项技击术，是一项运用手脚技术进行格斗的韩民族传统的体育项目。它由品势（特尔）、搏击、击破、特技、跆拳舞五部分内容组成。跆拳道是创新与发展起来的一门独特武术，具有较高的防身自卫及强壮体魄的实用价值。它通过竞赛、品势和功力检测等运动形式，使练习者增强体质，掌握技术，并培养坚忍不拔的意志品质。跆拳道分为世界跆拳道联盟（WTF）和国际跆拳道联盟（ITF）。

二、跆拳道项目的起源与发展

跆拳道起源于朝鲜北半岛，是由一位崔泓熙大将军所创，他退伍后，融合了民间元素，最后成型。早期是由韩国古代三国之一新罗的跆根、花郎道演化而来的韩国民间较普遍流行的一项技击术，是一项运用手脚技术进行格斗的民族传统的体育项目。其根源甚至可以追寻到古代的徒手搏击，另外，韩国民间秘密流传着民族武术，到朝鲜时代有《武艺图谱通志》出版，虽然跆拳道从搏击、跆根、花郎道发展而来，但真正被大众接受，还是从20世纪50年代起，其内涵风格以及名字均得到规范和统一。据说崔泓熙将军早年在留学日本时，学习了日本松涛馆流空手道，并融入到跆拳道中去，因此在跆拳道中，可以看到少数松涛馆流的手部招式。总之现代的跆拳道是结合当代东亚武技之长的韩国发源武术运动之一。

1961年9月韩国成立了唐手道协会，后更名为跆拳道协会，并成为全国运动会正式竞赛项目。1966年3月22日由跆拳道始创人崔泓熙将军创立第一个国际组织——国际跆拳道联盟成立，当时有9个国家加入。崔泓熙为首任联盟主席，总部设在加拿大。1973年5月，以金云龙为首的世界跆拳道联合会在首尔成立，有美国、中国、日本、马来西亚、加拿大、朝鲜、菲律宾、柬埔寨、澳大利亚、科特迪瓦、乌干达、英国、新西兰、埃及、奥地利、墨西哥等20多个国家和地区加入，目前会员仍在不断增加。

现时跆拳道在全世界的组织主要分为两个体系，分别为：国际跆拳道联盟体系及世界跆拳道联盟体系。ITF体系成立的时间比较早，而WTF体系成立时间则比较晚。而现时奥运会采用的是WTF体系。

1975年世界跆拳道联盟被国际体育联合会接纳为正式会员。1980年国际奥会正式承认世界跆联。迄今为止，世界跆联已有160个会员国，约7 000万爱好者参加练习。1996年亚特兰大奥运会结束之后，当时WTF的总裁金云龙成为了国际奥委会（IOC）的副会长，随即宣布跆拳道将会在下一届（2000年的悉尼奥运会）成为正式的比赛项目，后又被发现悉尼奥运会时裁判有不公平裁决。到了2008年跆拳道发生选手怒击裁判事件，选手投诉裁判不公令韩国代表全数夺金，跆拳道是否值得成为奥运项目又再被讨论起来。

三、跆拳道的礼仪

跆拳道中的礼仪是跆拳道基本精神的具体体现。跆拳道练习虽然是以双方格斗的形式进行，但是不管它怎样激烈，由于双方都是以提高技艺和磨炼意志品质为目的，所以在双方各自内心深处都必须持有向对方表示敬意和学习的心理。因此在练习或比赛前后都一定要向对方敬礼，即跆拳道运动始终倡导的“以礼始，以礼终”的尚武精神。礼仪是跆拳道运动必不可少而且十分重要的组成部分。

（一）练习时的礼仪

1）每一个跆拳道练习者在进入训练馆之前都必须身穿白色整洁的跆拳道道服，按照要求系好道带，光脚或穿着道鞋进入训练场地。进入道场时，首先要向国旗和教练行跆拳道的鞠躬礼，以此来表示对祖国的热爱、对国旗的尊重和对教练的尊敬。

2）见到队友时也应该行礼问好，以表示友好。训练课中应时刻保持道服的干净与整洁，每次需要整理服装时要先向教练行鞠躬礼，然后背对国旗、教练及队友整理服装，整理完毕后转身面向教练行鞠躬礼，以表示抱歉，其目的是养成干净整洁的习惯。

3）训练中如果出现气势不够、注意力不集中、动作不到位、没有全力以赴等情况，在教练示意后应立即行礼以表示抱歉，为的是让练习者在训练过程中可以注意力集中，刻苦训练，减少不必要的伤害。

4）队友之间应相互帮助，在脚靶训练和模拟实战等需要两个人配合的训练中，两个人应以相互敬礼为开始、相互敬礼为结束，必须认真负责地帮助队友做好每一个动作并及时地纠正错误，两个人在交换脚靶或任何训练用品时都需用双手接送，同时行鞠躬礼，这样可以培养队友间的团队精神和相互尊重的良好情感。

5）训练过程中，练习者应该严格按照教练的要求进行练习，教练讲话时练习者需跨立站好或端正坐好目视教练认真听讲，不得随意打断教练讲话，如要提问需行礼鞠躬，得到许可后才可以提出问题，得到解答后行礼鞠躬并道谢。

（二）比赛时的礼仪

1）在比赛开始前，首先要向教练敬礼，然后向裁判敬礼，在每局比赛的开始还要求向对方敬礼，以表示尊重。

2）在比赛中，如果红方使用了犯规行为攻击青方，当裁判员对红方作出判决时，红方必须服从接受并向裁判员行礼以表示歉意。

3）在比赛结束时，应再次向对方行礼，并向对方的教练敬礼、握手以表示感谢。在比赛过程中即使出现了误判，也要等该场比赛结束后，有礼貌地向裁判员提出问题并要求改正。

四、跆拳道的段位

跆拳道用段位表示跆拳道练习者造诣水平，练习者是以腰带颜色来区分等级的，段位越高表明水平越高。跆拳道的段位可分为十级、九段、三品。

第十级——白带：白色象征纯洁，代表你刚刚踏入跆拳道的大门而一无所知。

第九级——黄带：黄色是大地的颜色，代表你在跆拳道的土壤里开始生长。

第八级——黄绿带：说明在此之上颜色是绿色。

第七级——绿带：绿色是植物的颜色，代表你开始像树木一样生根、成长。

第六级——绿蓝带：说明在此之上的颜色是蓝色。

第五级——蓝带：蓝色是天空的颜色，代表你已经具备了天空一般宽广的胸怀。

第四级——蓝红带：说明在此之上的颜色是红色。

第三级——红带：红色是危险的颜色，说明你已经具备了很强的攻击力。

第二级——红带黑一条：说明在此之上的颜色是黑色。

第一级——红带黑二条：说明你这时的破坏力已经非常大了。

在此十级之上的是黑带，黑色是所有颜色的总和，代表从现在开始你可以不畏惧任何黑暗力量的威胁。

黑带是跆拳道高手的象征，是实力的体现，更是一种荣誉和责任。黑带段位分一段至九段。

一段至三段是黑带新手的段位，四段至六段是高水平的段位，七段至九段只能授予具有很高学识造诣和对跆拳道的发展作出重大贡献的杰出人物。黑带一段以上选手有资格参加国际比赛。

一至三段称为"副师范"，四至六段称为"师范"，他们有资格给别人授予段位。七至八段以上称为"师贤"，九段称为"师圣"。全世界黑带九段只有十人，其中韩国九人。四段以上有资格申报国际教练、国际裁判，并有资格担任道馆馆长或总教练。

一段至三段的段位，由中国跆拳道协会或其注册认可的团体分会考核颁发。晋升四段至六段，须由世界跆联(国技院)或国际跆联晋级委员会考核。晋升七段至九段，须由 WTF 或 ITF 特别委员会进行评审。

五、跆拳道的道服

一段至三段的道服衣边有黑色带条，四段以上道服裤腿两边有黑色带条，道服为开襟的。当考获国际教练资格后，道服的衣袖再有黑色带条。根据道服上的肩章和腰带上的罗马数字1(Ⅰ)到9(Ⅸ)可区别段位和级别。而13岁以下的黑带称为"Pee-Wee"，13岁后会自动入段。

入段后可穿着衣袖有黑色带条之道袍，道服为套头式。腰带上绣有颜色横条以代表段位，亦有人直接绣以段位作为代表，如直接在带上绣上"五段"而不是五条横条。15岁前考到的黑带为"品"，只能系上黑下红的腰带，15岁后会自动入段。一开始考"品"，而在日后考高段位时可有年龄上的优惠。同时跆拳道六段以上为荣誉段位，必须对跆拳道事业有贡献的人才有资格考获。

六、跆拳道的基本动作

(一)基本步法

1. 前进步

由准备姿势开始，两脚成斜马步，两手握拳置于胸前。前进时后脚蹬地向前迈步，身体侧转成另一侧斜马步，可连续进行。这是前进步的一种——上步。注意拧腰转髋。前进时，后脚蹬地，前脚向前滑行称为前滑步；后蹬地，前脚向前跳跃为前跃步。前滑步和前跃步都属于前进步，是主动进攻时采用的步法。也可用于假动作，配合手臂动作进行，便于快速接近对方。

2. 后退步

由准备姿势开始，前脚掌用力蹬地，后腿先退后一步，前脚随即后退两脚以及身体仍保持原来姿势。若前脚掌蹬地后，后脚沿地向后滑行一步，前脚随即同样向后滑行一步，两脚以及身体仍保持原来姿势，叫做后滑步退。这种步法可以拉开和对手的距离，避开对方的进攻，准备做反击动作。

3. 后撤步

由准备姿势开始，以后脚前脚掌为轴，前脚抬起向后经后脚内侧向后撤一步，形成和原来相反的实战姿势。后撤步可根据实战需要左右变化，调整与对方的相对距离，准备进行攻击或反击。

4. 侧移步

由准备姿势开始，两脚前脚掌同时向左右侧蹬地，离开原来的位置。向左移叫左移步，向右移叫右移步。侧移步的作用是避开对方有力的攻击，移动到对方的侧面，准备进行反击。

5. 跳换步

由准备姿势开始，两脚同盟进蹬地使身体腾空，空中两脚前后交换，同时转体；落地时身体姿势成另一侧的准备姿势。跳换步的腾空不宜高，略离地面即可；换步时要拧腰转髋，迅速敏捷，其目的是干扰对方的攻防思路，选择适宜自己进攻的方位和转换自己身体的得分部位使对方不能得分。同时争取反击的空间和时间，马上转入进攻。

6. 弧开步

由准备姿势开始，前脚的前脚掌原地蹬踾地面，后脚同时向左（右）蹬地后右（左）跨移一脚，成为和原来准备姿势不同方向的准备姿势。向左跨为左弧形步（或左环绕步），向右跨步为右弧形步（右环绕步）。

7. 前（后）垫步

由准备姿势开始，后（前）脚向前（后脚）脚并拢的同时，前（后）脚蹬地向前（后）迈（退）步，仍成原来的实战姿势。垫步动作的要点是后脚（前）向前（后）要迅速，不等后（前）脚落定，前（后）脚就要蹬地前（后）要移动，前（后）脚移动的距离要适当，既能照顾与对方的位置关系，又便于自己后面的连接动作。垫步动作要迅速、轻捷、连贯，要快速接近或远离对方。后面的连接动作，无论是进攻还是防守，都要连续迅速，可在垫步过程 中做动作，不给对方任何机会。

8. 前冲步

由准备姿势开始，后脚向前迈前一步，身体姿势同时转正，随即前脚向前冲一步仍成为准备姿势，可连续冲几步成准备姿势。前冲步的动作要点是两腿要连贯快速，类似加速冲刺。步幅小、频率要快、灵活多变，是主动追击对方的有效步法。连续动作要轻捷快速，给对方造成慌乱。

9. 组合步

指各种步法之间的不同组合。实际上，跆拳道技术在实战动用的过程中，无不通过各种步法的运用和变化而得到实施，而且使用的步法都是有意义或无意地组合起来综合运用的。运用步法的目的是为了调整距离，使自己的动作更加快速灵活，进而达到进退自如、制节奏、有效攻击、有效防守的目的，步法的组合应根据实际情况的变化而改变，把攻击和反击的技术与步法紧密结合起来，做到在移动中进攻，在移动中防守，在移动中反击，使步法的运用和拳法、腿法融为一体，成为进攻、防守、反击的有机连接技术，从而取得实战胜利。

（二）跆拳道的基本步型

1. 准备势

两脚分开与肩同宽，两脚尖微外展，两手握拳抱于腹前，拳面相对，拳心向内。

2. 开立步

开立步亦称自然站立。两脚左右开立与肩同宽，两脚尖微外展，两臂自然下垂于体侧，两手轻握拳，身态自然。

3. 并步

两脚并拢，身体直立，两脚内侧贴紧并拢。

4. 马步

马步亦称骑马式站立。两脚左右开立大于肩宽，两脚平行，挺胸立腰，上体正直；两膝关节屈下蹲，重心在两脚之间。

5. 侧马步

侧马步亦称半月立。由马步站法为基础，上体向侧（左或右）转，屈膝略内扣，身体重心偏重于前脚。

6. 弓步

弓步亦称前屈立步，两脚前后开立，相距约一步半；前腿屈膝，后腿伸直，后脚前后开立与前脚的延长线成30°；前腿膝关节和脚面垂直，重心偏于前脚。

7. 前行步（高前屈立）

两脚前后开立，姿态和平时向前走路时相似，步幅不大，重心偏于前脚。

8. 三七步（后屈立）

两脚前后相距一步，后脚尖外展约90°，后膝屈曲，前腿膝微屈，脚尖朝前。

9. 虚步（猫足立）

身体姿势和三七步相似，只是前脚的脚尖点地，脚跟提起，两膝关节微内扣，重心落于后脚。

10. 独立步（鹤立步）

一腿直膝站立，脚尖外展约90°；另一腿屈膝上提，脚贴于支撑腿内侧或膝窝处。

11. 交叉步（交叉立）

交叉步有两种形式，一种是一脚向另一脚的后面插步，脚掌着地，两腿膝关节交叉叫后交叉步；另一种是一脚向另一脚前面插步，脚掌着地，两腿膝关节做前交叉步。

（三）跆拳道的基本进攻技术

跆拳道的基本进攻技术主要包括拳法、掌法、肘法、膝法和脚踢法。这些技法组成了跆拳道实战的基本形式。

1. 拳的基本进攻技术

拳法是一种非常重要的技术。运用拳法时，拳必须握紧，动作发力要迅猛短促，完成击打动作后要立即回收，以免被对方抓住手臂或手腕。拳击出的过程中要做手臂的内旋动作，拳击至最远端时手臂伸直,拳向下。下面介绍几种主要的拳法。

(1)冲拳

冲拳又分左冲拳和右冲拳。

1)左冲拳:实战姿势站立(见图 3-10a),右脚蹬地,左脚以前脚掌为轴,脚跟外旋,重心移至左脚,转腰,上体催动左臂将左拳从胸前向前旋臂直线冲出;冲拳的同时右臂做下格动作(如图 3-10b 所示);接触目标的瞬间拳心向下,目视前方,动作完成后按原路线返回,成实战姿势站立。(如图 3-10c 所示)

图 3-10

2)右冲拳:实战姿势站立(图 3-11a 所示);右脚蹬地;同时,以前脚掌为轴向内扣转,重心移至左脚,右脚随之转动扣膝;转腰,上体催动右臂将右拳从胸前向前旋臂直线冲出,冲拳的同时左臂做下格动作(见图 3-11b);接触目标的瞬间拳心应向下,目视前方,动作完成后按原路线返回,成实战姿势站立(见图 3-11c)。

图 3-11

3)冲拳动作要领。

①冲拳时,应充分利用蹬地、转髋、转腰、顺肩和旋臂的力量,力点应在拳面。

②冲拳时,发力要果断,整个动作要协调流畅。

③击打瞬间,肩、肘、腕、指各关节应紧张用力,动作完成后迅速放松,将拳收回成实战姿势站立。

4)冲拳实战作用:比赛中,用于击打对方的躯干部位。

(2)抄拳

左脚上成三七步,同时左手前伸抓住对方的衣襟,右手握拳收于腰右侧。两脚不动,重心前移成左弓步;同时左手回拉,右拳从腰间由下向上抄起用拳面击打对方的下颌部。抄拳的动作亦可用左手拳进行。击打的部位除下颌部,还可击打腹部。

(3)弹拳

两脚前后开立成左三七步,两手握拳,两臂屈肘置于腹前,左拳在内,右拳在外,拳心朝下。重心前移,成左弓步,同时左手臂屈肘上提至胸前,翻肘,以肘关节为轴,前臂向上摆起,用拳背弹击对方的鼻骨、人中穴或眼睛。

(4)截拳

两脚开立,左手握拳屈肘置于胸前,拳眼向上;右手握拳收于右侧腰间,拳心向上。左脚向左迈一步成左弓步,同时左臂以肘关节为轴,臂内旋向前向左侧前方用锤拳截击对方的面部、胸部或肋部。截击的位置在身体左侧前方,用力方向由内向外横向击打。

(5)鞭拳

两脚前后开立成右弓步,左手握拳收于腰左侧,拳心向上;同时右手握拳,右臂屈肘上提至肩高,右臂放置于左肩前方,拳心向内。右臂以肘关节为轴,由内向外用拳背鞭打对方的面部或胸部。左右势动作相同,只是方向相反。

(6)劈拳

两脚左右开立与肩同宽,右手握拳置于右侧腰间,拳心向上;同时左手握紧斜置于腹前,拳心向内。两脚不动,左臂由腹前向左上经脸前向左下直臂抡臂,用锤拳劈击对方的头部、颈部或锁骨。

(7)双冲拳

两脚并步站立,两拳拳心向上置于腹前。右脚前迈一步成左弓步,同时两拳自腰间向前冲击,两臂内旋,以双冲拳击打对方的面部、胸部和腹部。

2. 掌的基本进攻技术

掌法在跆拳道实战中是非常多见的。虽然正式的跆拳道比赛不准使用掌法,但是,掌法在跆拳道品势练习、实战格斗以及防身自卫中,具有非同寻常的攻击效果,轻者致伤,重者致残致命,因而练好掌法对增强实战格斗和防身自卫能力有着重大的意义。

(1)砍掌(手刀砍)

两脚开立成准备姿势,两手握拳置于腹前,手心向内。左脚前迈一步成左弓步,同时右手臂提肘上举,经由右前方将右手由拳变掌提到右前与头同高,随即前伸右臂,右臂外旋由外向内用右手刀向左前平砍,掌心向上。砍掌动作左右手刀砍势相同,只是方向相反。砍掌分仰掌砍击和俯掌砍击,攻击部位在颈动脉、锁骨和两肋。

(2)插掌(贯手)

准备姿势开始。左脚向前迈一步成左弓步,同时右手自腰间由拳变掌向前伸臂插出,右臂伸直,力达指尖。左手握拳收于腰间。插掌动作左右掌动作相同,只是方向相反。插掌分立插和平插掌两种形式,可仰掌亦可俯掌,攻击部位在脸部、心口、肋间和颈部。

(3)底掌掐击

准备姿势开始。左脚向前迈一步成左弓步,同时右手自腰间由拳变底掌向前掐击,利用底掌的大拇指和四指掐击对方的咽喉。掐击动作可左手亦可右手,只是方向相反。攻击的主要部位是对方的咽喉。

(4)掌根推击

亦叫熊掌推击。由准备姿势开始。左脚向前迈一步成左弓步,同时右手自腰间由拳变熊掌向前推出,力点在掌根;左手握拳,拳心向上收于腰间。掌根推击可用左手亦可用右手,动作相同,方向相反。掌根推击的部位在面部、胸部和腹部。

(5)双插掌

准备姿势开始。左脚向前迈一步成左弓步,双手自腰间由拳变贯手向前同时插击。如果改变手型,将贯手改为熊掌,就可将动作变为熊掌双推击。插击或推击的部位主要是胸部、肋部和面部。

3.肘的基本进攻技术

肘关节由于骨结构本身的特点,使用肘的骨尖部,其击打的力度和威胁都很大,尤其是在贴身的近距离攻击中,肘的威力能更充分发挥,给对方以强有力的打击。因为肘关节前后左右都可以使用,所以肘的进攻动作可以向多个不同方向击出。

(1)顶肘

准备姿势开始。左脚向前迈出一步成左弓步,同时左臂屈肘上提至胸前,左拳置于胸前,拳心向下;右拳变掌提到胸前,用右手掌推动左拳,以左肩关节为轴,左肘关节领先,将左肘向前顶击。顶肘的动作左右肘关节都可进行,只是方向相反。顶肘攻击的主要部位是头面部、胸部、腹部和肋部。

(2)挑肘

准备姿势开始。左脚向前迈一步成左弓步,同时右拳自腰间上举,右肘关节屈曲收紧,肘尖自下向上挑起。挑肘动作可用左右肘完成,只是方向相反。挑肘攻击的主要部位有下颏和腹部。挑肘时要拧腰顺肩,以增加挑肘的距离和力量。

(3)摆肘

准备姿势开始。左脚向前迈一步成左弓步,同时,右臂以肩关节为轴,将屈曲夹紧的大小臂抬平后自外向内或自内向外用力摆击肘尖部;左手拳变掌用力推或压右拳贴紧胸部并助右肘摆动。肘关节由外向内摆动叫内摆击肘,由内向外摆动叫外摆击肘。摆肘攻击的主要部位是两颊部和胸部。

(4)砸肘

准备姿势开始。左脚上前一小步成前行步,同时,右臂以肩关节为轴屈肘上举,当右拳靠近耳侧时肘抬至水平以上,随即右肘用力向下砸。砸肘动作左右肘相同,只是方向相反。砸肘攻击的主要部位有头顶、面部和锁肩胛骨。也可用于对方倒地后的下砸攻击动作。

4.膝的基本进攻技术

跆拳道以腿为主,仅踢击动作就有前踢、侧踢、后踢、勾踢、旋踢、推踢等。因腿的攻击力远远高于手的力量,且攻击时放长击远,威慑力大,是得分的主要方法。而膝关节在跆拳道实战格斗中被用做近距离攻击对方的主要武器之一,因为膝关节是人体关节武器化中最具力量的一种,而且使用简单,一旦击中会置敌于死地。膝关节的主要使用技术是顶膝和撞膝技术。

(1)顶膝

准备姿势开始。左脚上前迈半步成左弓步,同时双手自腰间前举,由拳变掌抓对方的肩部或衣襟。随即双手用力向下压拉对方的肩部或衣襟,同时提右膝向上顶击。顶击的主要部位有腹部、裆部、头面部。顶膝时两手的下压、下拉用力和提膝上顶的力量协调进行,形成合力顶击对方,达到置敌于死地的目的。

(2)撞膝

准备姿势开始。左脚掌为轴碾地,身体左转,同时右腿屈膝上提,自右下向左上侧用膝部撞击,两拳抱于腹前。撞击的动作可用膝分别向异侧方向进行。撞击的用力方向是横向的,撞击的主要部位是腹腔神经丛和两软肋部。做动作时提膝、转体、撞击的动作连续协调,形成加速撞钟式的动作,以提高杀伤力。

5.脚踢的基本进攻技术

跆拳道以其变幻莫测,优美潇洒的腿法著称于世,被世人称为踢的艺术,这是跆拳道区别于其他格斗术的一个重要特点。跆拳道的腿法讲究变化多端和灵活多样,对人体的柔韧性、大脑反应的灵敏性、身体运动的稳定性都有很高的要求,是对人体机能和体能的综合考验。跆拳道实战中脚踢进攻时一般使用的部位包括脚前掌、脚趾、脚背、足刀、脚后跟、脚后掌(脚跟底部)。利用这些部位可以进行站立踢、跳动踢、助跑踢、转身踢和飞踢等不同形式的踢法进攻,而且每种踢法踢击的部位各有不同。实战过程中,运用脚踢时要根据具体情况,如对方所处位置、暴露的部位、防守的姿势以及双方的距离,选择不同的踢法。脚踢时要利用步法保持身体的平衡,并有效接近对方做出踢击动作。注意两臂的防守。踢击完成马上回到准备姿势,准备下一次的进攻和防守。腿的回位动作要快,以免被对方抓住或抱住。脚踢的练习方法主要是靠平时用各种腿法踢击悬挂的沙袋,经过反复练习提高踢的力量、速度和高度。

(1)前踢

实战姿势的基本姿势开始。右脚蹬地髋关节向左旋转,双手握拳置于体侧,同时右腿以髋关节为轴屈膝上提。当大腿抬至水平或稍高时,髋关节向前送,向前顶,小腿以膝关节为轴快速向前上方踢出,力达腿尖,整条腿踹直。踢击后迅速放松,右腿沿原路线弹回,将右脚放置在左脚前面仍成实战姿势。

动作要领:膝关节夹紧,小腿放松,要有弹性;髋往前送,高踢时髋往上送;小腿回收与前踢的速度一样快。前踢的主要攻击部位有面部、下颌、腹部和裆部。前踢亦可用于防守。将前踢发力部位由脚尖改换为脚跟时,前踢动作就变为前蹬动作,动作方法要点相同,只是脚的姿势发生了变化。

(2)侧踢

实战的基本姿势开始。右脚蹬地右腿以髋关节为轴屈膝提起,两手握拳置于体侧;随即左脚以前脚掌为轴外旋180°,髋关节向左旋转,右腿以膝关节为轴向前蹬伸,右脚快速向右前上方直线踢出,力点在脚跟。发力后没起腿路线收腿,放松,重心落下(原处或向前均可),再次回到实战姿势。

动作要领:起腿时大小腿,膝关节夹紧;踢出发力时头肩、腰、髋、膝、腿和踝成一直线;大小腿直线踢出,原路线收回。侧踢动作的主要攻击部位有膝部、腹部、肋部、胸部和头面部。

(3)后踢

实战姿势开始,转身后腿后撤背对对方。重心后移至左脚,右脚蹬地后屈膝提起,右脚贴近左大腿，两手握拳置于胸前；随即左脚蹬地伸直，右脚自左大腿内侧向后方直线踢出，力达脚跟。踢击后右脚沿原路线快速收回，成实战姿势。

动作要领：起腿后上体和大小腿折叠收紧；后踢时动作延伸要长，用力延伸；转身、提腿、出脚动作连续一次性完成，不能停顿；击打目标在正后偏右。后踢动作的主要攻击部位有膝部、腹部、裆部、胸部和头面部。

(4)劈腿

实战姿势开始。右脚蹬地，重心前移至左脚。同时，右腿以髋关节为轴屈膝上提，两手握拳置于胸前；随即充分送髋，上提膝关节至胸部，右小腿以膝关节为轴向上伸直，将右腿伸直举于体前，右脚过头。然后放松向下以右脚后跟（或脚掌）为力点劈击，一直到地面，成实战姿势。

动作要领：腿尽量往高，往头后举，要向上送髋，重心往高起；脚放松往前落，落地要有控制；起腿要快速、果断；踝关节要放松。劈腿的主要攻击部位有头顶、脸部和锁骨。

(5)摆踢

实战姿势开始。右脚蹬地重心前移，右腿以髋关节为轴屈膝上提，两手握拳置于体侧；左脚以前脚掌为轴外旋180°，右腿以膝关节为轴继续向前上方伸成直线，顺势右脚的脚掌用力向右侧屈膝鞭打，顺鞭打之势上体右转，右腿屈膝回收，右脚落回原处，成实战姿势。

动作要领：提膝，伸直，右侧屈膝鞭打动作要连贯快速，没有停顿；击打点在体前偏右侧，以脚掌为击打点；左脚旋转支撑在保持平衡，踹击后迅速将腿收回。摆踢攻击的主要部位是头面部和腹胸部。

(6)后旋踢

实战姿势开始。两脚以两脚掌为轴均内旋约180°，身体随之右转约90度，两拳置于胸前。上体右转，与双腿拧成一定角度。右脚蹬地将蹬地的力量与上体拧转的力量合在一起，右腿继续向右后旋摆鞭打，同时上体向右转，带动右腿弧形摆至身体右侧，右腿屈膝回收；右脚落到右后成实战姿势。

动作要领：转身旋转，踢腿连贯进行，一气呵成，中间没有停顿；击打点应在正前方，呈水平弧线；屈膝起腿的旋转速度要快；重心在原地旋转360°。后旋踢攻击的主要部位有面额和胸部。

(7)推踢

实战姿势开始。右脚蹬地，重心前移，右脚以髋关节为轴提膝前蹬，用右脚脚掌向前蹬推，力点在脚掌，推力向正前方。

动作要领：提膝后尽量收紧膝关节；重心往前移，利用身体的重量和力量；推的时候腿往前伸展，送髋；推的路线水平往前。推踢的主要攻击目标是腹部。

(8)横踢

实战姿势开始。右脚蹬地，重心前移至左脚，右脚屈膝上提，两拳置于胸前；左脚前脚掌碾地内旋，髋关节左转，左膝内扣；随即左脚掌继续内旋至180°，右腿膝关节向前抬至水平状态，小腿快速向左前方横向踢出；击打目标后迅速放松收回小腿。右腿落回原地成实战姿势。

动作要领：膝关节夹紧，向前提膝，尽量走直线；支撑脚外旋180°；髋关节往前顺，身体与大小腿成直线；严格注意击打的力点在正脚背；踝关节放松，击打的感觉是“面团”、“鞭梢”。横踢攻击的主要部位有头部、胸部、腹部和肋部。

(9)跳踢

跳踢指先跳起使身体腾空，然后在空中完成各种踢法的攻击技术。跳踢包括旋风踢、双飞踢、腾空后踢、腾空劈腿、腾空后旋踢、跳步横踢等多种方法，是跆拳道高难技术动作，在后面的教学篇中将专门进行分解教学和介绍练习方法。

(10) 单腿连踢

同一条腿连续进行两次以上的进攻方法。这种技术也属于跆拳道高难技术动作。

(11) 双腿连踢

两条腿连续进行两次以上的进攻。这种技术同样属于跆拳道高难技术动作。

七、基本战术

运动员在比赛中，根据自己和对手的情况，充分发挥自己特长，限制对方特长，为战胜对手而采取的计策和方法即为战术。

跆拳道战术的实质在于使运动员能在跆拳道比赛中依据各种可能发生的情况，运用自己平时训练中所练就的各项技能，最有效地发挥自己的优势去战胜对手。在运用战术的过程中，要树立正确的战术思想，体现以我为主、快速灵活的方针，要遵循跆拳道的技术发展变化规律，使战术训练有明确的目的性。

(一)跆拳道比赛的战术原则

跆拳道比赛的战术原则是指制订战术计划、实施战术方案必须遵循的准则。主要的战术原则有以下几种。

1. 根据跆拳道比赛技术特点的功能设计战术

技术是实现战术的基础，战术又是通过一定的技术动作实现的，不同技术动作的组合，表达了不同的战术意识。因此，根据跆拳道比赛技术动作的特点和功能设计战术是合理、有效地发挥技术的战术原则之一。它能使我们从跆拳道技术的整体性、相对独立性、相关性、动态性、有序性和互变规律性的系统观点出发，正确地制定战术，而不是孤立地、片面地只考虑某一个战术环节和某一个战术动作的技术因素，制定单一的战术方案。跆拳道比赛的技术以踢法为主，制定战术时根据踢法的不同形式、方位、远近、高低以及动作之间的连接规律，按照不同动作的不同作用，充分运用竞赛规则允许的条件，制定不同的战术方案。

2. 攻防兼顾的战术原则

跆拳道的比赛紧张、激烈、刺激，如果比赛中只一味讲究进攻或单纯防守，就会攻防失调、顾此失彼。因此，比赛中一定要遵循攻防兼顾的原则，在瞬息万变的激烈对抗中临战不惧、临危不乱，保持合理的攻防节奏和效果。攻防兼顾原则的运用是根据比赛时的具体情况灵活应用的，比赛时如果面对的是强于自己的对手，就要加强防守，运用防守反击战术与对手对抗；如果面对的是弱于自己的对手，就要采取主动进攻战术，争取主动战胜对方。如果两人功力相当，要攻防兼顾，充分发挥智能，运用适当的战术，做到有序进攻，稳妥防守，抓住战机，猛烈进攻。

3. 控制与反控制原则

在跆拳道比赛中，经常会遇到这样的情况：一名运动员虽然具有较好的专项身体素质和较高的技战术水平，但比赛中被对方控制而不能有效发挥，因而导致比赛的失败。这种控制就是运用技战术扼制对方进攻的有效方法。如果控制能力好，运用技战术合理，就会占据比赛的主动和优势；相反，就会处于劣势和被动。但如果具有更强的反控制技战术，就会变被动为主动。

4. 灵活多变原则

跆拳道赛场上的局势是千变万化的，比赛时如果利用为数不多的战术，甚至采用固定的战术，容易被对方摸到规律，使自己陷入被动挨打的局面。因此，在设计战术和进行战术训练时，要根据比赛中可能发生的情况，多考虑几种战术组合及其相互之间的衔接配合和变化运用。利用多种技战术方法，最大限度地体现不同的进攻方向和进攻点。利用比赛场上的时间、空间、角度、方向和位置，以及真假动作的交替变化，即利用一切可以利用的条件和规则允许，设计和练习灵活多变、多种形式的战术组合、战术意图。而且这些战术一定要有针对性和实效性，否则只有华而不实的技术战术动作组合，形式再多、动作再漂亮，也不可能取得最终的胜利。

5. 根据对方的实际情况设计战术

《孙子兵法》曰："知己知彼，百战不殆。"只有正确地认识自己，清楚地了解对方的实际情况，才能百战百胜。跆拳道比赛中同样需要运用这一策略。要想战胜对方，就要了解对方的具体实力和各种优缺点，然后针对这些具体情况设计相应的战术，实现运筹帷幄，决胜于比赛之中的战略战术意图。因此，在双方交战前一定要全面了解对手的具体情况。

（二）跆拳道比赛的战术种类

跆拳道比赛的战术种类是指运动员在临场复杂多变的比赛中，根据比赛的规律和各方面的情况随机应变，有判断、有目的、有预见地决定自己对付对手的策略思维活动。符合自己特点的战术容易掌握和运用，并可以达到有效使用的目的，而要切实提高战术的质量，则战术要先进，要充分了解战术本身的优点和缺点，以及对方的适应情况，挖掘发展潜力大的战术，不断地创造新战术。

1. 技术战术

利用技术全面、熟练、有效果的特点，变化运用各种技术，发挥自己的得意技术，掌握比赛的主动权，抑制对手，达到取胜对手的目的。

2. 假动作或假象战术

用逼真的假动作或假象欺骗对手，引其上当，分散其注意力，使其露出破绽，利用这个机会猛烈攻击而得分。

3. 心理战术

比赛开始前，利用情绪、动作和表情等威慑对手，比赛中用气势压倒对手，或利用规则允许和基本允许的各种手段，干扰对方情绪，给对方造成心理负担，使对手技术战术发挥失常，挫伤对方的锐气，发挥自己的优势，在气势上战胜对方。

4. 破坏战术

用技术破坏对手技术,控制其动作发挥,使对方进攻无效并且消耗体力,丧失信心,导致比赛失败。

5. 防守反击战术

利用防守好的特点,在防守的基础上利用反击技术打击对方。

6. 体力战术

对于耐力好的运动员来说,要充分发挥体力比对方好的优势,让对手和自己一直处于运动之中,与对方比拼体力,耗掉对方的体力而战胜对手。

7. 规则战术

在竞赛中,有对攻击部位和攻击方法的限制,但也有规则限制模糊的地方,可以利用规则允许或基本允许使用的各种制胜办法攻击对手,也可以利用规则的漏洞。

8. 步法战术

利用自己步法灵活和动作敏捷的优势,围绕对手游斗,引对手上当或扰乱其情绪;待对方反击时又迅速撤退或靠近对手,扰乱对手的情绪和攻防意图,破坏对手进攻而战胜对手。

9. 优势战术

在比赛平分的情况下,利用规则上允许的技术,靠主动进攻次数或使用高难技术而取胜。规则中规定,在比赛平分的情况下,裁判员根据双方主动进攻的次数和使用高难技术的多少进行判定,进攻次数或使用高难技术多的一方为胜方。

10. 特长发挥战术

利用自己的特长、优势技术不断得分的战术。

11. 空间战术

充分利用赛场的空间,攻击对手不同的得分部位或同一部位,或故意露出某一部位引诱对手进攻,实行反击。

12. 语言战术

教练员和运动员达成默契的配合,用语言引诱对手上当受骗,但要注意语言的隐蔽性和合理性,即能够使对方上当,又不要触犯规则。

八、跆拳道基本规则

(一)跆拳道的场地

跆拳道的比赛场地是10米×10米的水平、无障碍物、正方形的场地,如图3-12所示。比赛场地应为有弹性的垫子。红色及蓝色区域均为比赛区,宽为1米的红色区域为警告区,用以提醒运动员不要越出边界线。黑色的为仲裁席,距离比赛场地边界0.5米;两侧红色、蓝色的为运动员休息区,距离比赛场地边界1米。此外,场上还有一名主裁判,比赛开始时站在场地中心向第三边界线1.5米的位置,比赛过程中始终与运动员保持三角形站位。(比赛场地边界线外还应有1~2米的安全区)。有必要时,比赛场地可根据实际需要置于高出地面1米左右的平台上,为保证运动员的安全,边界线外应有与地面夹角小于30°的斜坡。

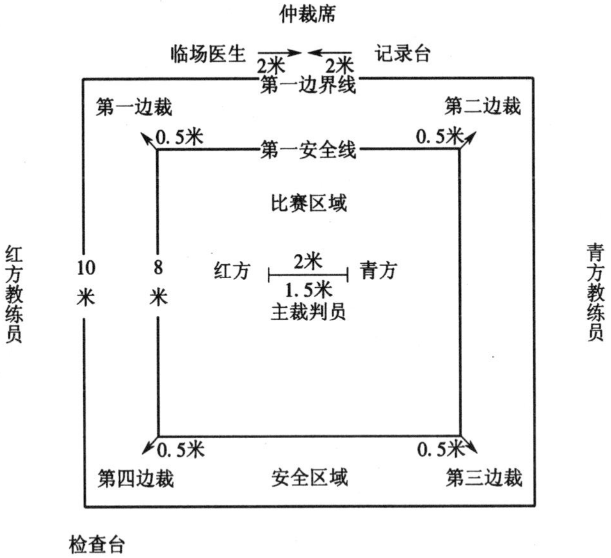

图 3-12

(二)运动员重量级别的划分

跆拳道同许多搏击型项目一样,在比赛中为保持公平性,需要划分重量级别。跆拳道重量级别划分如表 3-1 所示。

表 3-1　跆拳道重量级别

级别	男子	女子
Fin（鳍量级）	54 公斤以下	47 公斤以下
Fly（蝇量级）	54～58 公斤	47～51 公斤
Bantam（雏量级）	58～62 公斤	51～55 公斤
Feather(羽量级)	62～67 公斤	55～59 公斤
Glight（轻量级）	67～72 公斤	59～63 公斤
Welter（次中量级）	72～78 公斤	63～67 公斤
Middle（中量级）	78～84 公斤	67～72 公斤
Heavy（重量级）	84 公斤以上	72 公斤以上

奥运会跆拳道比赛项目重量级别划分如表 3-2 所示。

表 3-2　奥运会跆拳道比赛项目重量级别

男子	女子
58 公斤以下	49 公斤以下
58～68 公斤	49～57 公斤
68～80 公斤	57～67 公斤
80 公斤以上	67 公斤以上

(三)跆拳道的比赛时间

跆拳道的每场比赛分为3局,每局比赛时间为3分钟,局间休息1分钟。青年锦标赛每场比赛为3局,每局比赛时间为2分钟,局间休息1分钟。

(四)跆拳道比赛中裁判员的口令

跆拳道裁判常用口令如表3-3所示。

表3-3 汉语、韩语中文对照音表

汉语	韩语中文对照音	汉语	韩语中文对照音
一	哈那	开始	西乍
二	督儿	分开	嘎溜
三	赛的	继续	该索
四	乃	结束	格曼
五	打司	准备	准比
六	要司	计时	给喜
七	伊利咕	暂停	喜干
八	压督儿	警告一次	给应告
九	阿呼	扣分一次	嘎姆正
十	油儿	红	轰
立正	喳列	青	橙

(五)跆拳道比赛中允许使用的技术

跆拳道比赛中使用拳的技术时必须握紧拳,用拳正面的食指或中指部分击打;使用脚的技术时,必须用踝关节以下的脚的前部击打。这里需要注意,指、掌、肘、膝等技术只适合于平时练习或品势表演中使用,在比赛中禁止使用;抓、搂、抱、推、等动作在比赛中也是禁止使用的,如出现,将被判罚警告一次,警告两次将被扣1分。

(六)跆拳道比赛中允许攻击的部位

跆拳道比赛中允许攻击的部位包括髋骨以上至锁骨以下以及两肋部,但背部没有护具保护的部位禁止攻击。头部两耳向前头颈的前部只允许用脚的技术攻击。

(七)跆拳道比赛中如何得分

使用允许的技术,准确有力地击中有效得分部位,即为得分一次,得分一次累加1分。有效得分部位包括腹部和两肋部以及面部允许被攻击的部位。如使用允许的技术击中被护具保护的非有效得分部位,击倒对方时按得分计。

(八)跆拳道比赛的获胜方式

1)击倒胜(K·O胜)。

2)主裁判终止比赛胜(RSC胜)。

3)比分或优势胜(判定胜)。

4）对方弃权胜（弃权胜）。

5）对方失去资格胜（失格胜）。

6）主裁判判罚犯规胜（犯规胜）。

（九）竞赛

跆拳道比赛包括两方，一是“Chung”（蓝），二是“Hong”（红）。双方以脚踢打对手的头和身体或用拳击打对方的身体而得分。比赛分三个回合，每回合三分钟，两回合之间休息1分钟。选手可通过下述方法获胜：将对方击出场外，得分最高，使对手被罚分达到3分，或对手被剥夺比赛资格。

比赛开始前，裁判分别发出“cha-ryeot”和”kyeong-rye”指令后，双方立正并相互鞠躬，然后裁判喊“Shi-jak”！宣布比赛开始。

（十）得分

每个合理的攻击将得分，下述为合理的攻击。

1）击打对手的得分部位，除了头外，得分部位包括腹部及身体两侧，这三个部位标于对手的护具上。禁止击打对方小腹以下部位。

2）用规则允许的身体部位击打对手。须用正确紧握的拳头的食指和中指的前部或脚踝关节以下的部位击打对方。若三位裁判中的至少两位对击打进行了认定并记录，则得分有效。

（十一）犯规

犯规是跆拳道比赛中的一个重要因素，不仅仅因为被罚3分在高水平比赛中极为罕见，还意味着自动失败。仅仅1个罚分就可左右比赛的胜负。

跆拳道犯规分两种：Kyong-go 和 gam-jeom。最常见的一种犯规 Kyong-go 意味着罚0.5分，但是若仅有一次这种犯规，则不计人罚分，除非再次犯规而累计罚1分。若选手抓、抱、推对方，逃避性地背对对方，假装受伤等时，则判 Kyong-go。另一种更为严重的犯规称为 gam-jeom，将被罚1分。典型的犯规行为包括扔对手，在对手双脚离地时故意将其放倒，故意攻击对手后背，用手猛击对手的脸部。

（十二）击倒

选手被击倒后裁判如拳击比赛一样开始10秒的读秒。在跆拳道比赛中一方由于对手发力而使其脚底以外的其他任何部位触地则判为被击倒。裁判也可在选手无意或无法继续比赛时开始读秒。一旦出现击倒，则裁判喊“kal-yeo”，意为“暂停”，指示另一方退后，裁判开始用韩语读秒从1至10。即使被击倒的选手站起来欲继续比赛，他或她必须等待裁判继续读秒至8或“yeo-dul”，然后裁判判定该选手是否能继续比赛。若其无法继续比赛，则另一方以击倒获胜。

（十三）胜方

除了决赛以外的其他比赛若以平局结束，则分数高的一方获胜。若双方仍旧平分秋色，则由裁判根据比赛中双方表现的主动性来决定在3回合各3分钟的比赛中哪一方占优。若为争夺金牌的决赛，双方则需进行第四回合（突然死亡回合）的较量，率先得分者获胜，若无人得分，则裁判判定通过判断谁在该回合中占优势而决定最后的胜方。

(十四)比赛区域

场地内,正中是一个8平方米的蓝色正方形区域,其外边为红色的警告区,提醒选手正接近边线或平台的边缘。一旦选手的脚踏入警告区则裁判自动暂停比赛。故意进入警告区可判为 Kyong-go,而故意跨过边线将判为 gam-jeom 。

(十五)防护服

跆拳道是一项身体全面接触的运动,要求参赛选手穿防护服,头部、身上、前臂、胫骨、腹股沟佩戴护具。比赛前所有参赛选手将接受检查以确保其穿上所要求的护具。

(十六)其他规则

1)若同时出现的犯规在一种以上,则裁判以处罚较重的犯规为准。

2)若双方均被击倒且读秒至10后无法恢复,则击倒前得分高者获胜。

3)若选手得分后立即犯规,则其所获分数可判为无效,如故意摔倒(一种避免受击打的战术)。

4)头部被击中倒地的选手在30秒内不得参加比赛。

(十七)竞赛形式

悉尼奥运会中的跆拳道比赛进行单淘汰赛直至最终的冠亚军决赛,而铜牌以更为复杂的方式决出。所有负于两位决赛者的选手均有另一个机会进行次级比赛而决出铜牌。两位半决赛的负者直接进入次级比赛。所有负于两位决赛者的其他选手在其原所在组进行单淘汰赛,两位优胜者获得余下的两个半决赛席位。每一组的优胜者与另一组的半决赛的负者进行交叉半决赛,两位胜者争夺铜牌。

九、跆拳道考级项目与要求

(一)中国跆拳道协会统一考级内容

1. 白黄带(九级)

1)基本礼仪:如进馆礼仪、鞠躬方法、道服穿着等。

2)基本动作:①基本准备姿势、基本踢腿准备姿势;②马步冲拳一次,两次,三次。

3)步法部分:前滑步、后滑步、上步、后撤步。

4)基本腿法:上踢腿法(配合发声)。

5)体能:仰卧起坐、俯卧撑(男10个、女6个、儿童4个)。

6)跆拳道基本国际用语。

2. 黄带(八级)

1)礼仪。

2)基本动作:走步、弓步、下格挡、中内格挡、上格挡。

3)腿法:①前踢(配合发声);②左右前踢组合(配合发声)(抽查)。

4)体能:①俯卧撑(男10个、女6个、儿童4个);②仰卧起坐(男15个、女8个、儿童6个);③双腿踢膝(左右各10次)。

5)品势:太极一章必考。

3. 黄绿带(七级)

1)柔韧:横、左右竖叉(抽查)。

2）基本动作：行进间弓步上位正拳击。

3）腿法：①横踢（配合发声）；②下劈（配合发声）；③横踢＋高位横踢（左右各2次、配合发声）。

4）体能：①俯卧撑（男15个、女10个、儿童8个）；②两头起（男15个、女10个、儿童8个）；③背肌（男20个、女10个、儿童8个）；④每腿两次左右提膝（各10次）。

5）品势：太极二章必考、抽查一章。

4. 绿带（六级）

1）柔韧：横、左右竖叉（抽查）。

2）基本动作：行进间三七步手刀中位外格挡。

3）腿法：侧踢（配合发声）；前腿下劈（配合发声）；前腿横踢（配合发声）。

4）体能：①拳卧撑（男10个、女5个、儿童3个）；②两头起（男20个、女12个、儿童3个）；③立卧撑跳（男15个、女10个、儿童6个）。

5）品势：太极三章必考、太极一、二章中抽考一章。

6）跆拳道双节棍—白棍内容。

5. 绿蓝带（五级）

1）柔韧：横、左右竖叉。

2）基本动作：①弓步平手尖刺击（左右各2次）；②弓步燕子手刀颈部攻击（左右各2次）。

3）腿法：①前旋踢（配合发声）；②双飞（配合发声）；③横踢＋双飞（配合发声）。

4）体能：①抱膝跳（男15个、女10个、儿童8个）；②拳卧撑（男15个、女6个、儿童4个）；③快速转身左右横踢脚靶（左右各4次、配合发声）。

5）品势：太极四章必考，太极一至三章中抽考一章。

6）跆拳道双节棍—黄棍内容。

6. 蓝带（四级）

1）柔韧：横、左右竖叉。

2）基本动作：下格挡＋下锤拳（左右各2次）。

3）腿法：①后踢（配合发声）；②横踢＋后踢（配合发声）；③原地腾空后踢（左配合发声）。

4）体能：①拳卧撑夹臂（男15个、女8个、儿童6个）；②单腿快速横踢脚靶（男20个、女15个、儿童10个）。

5）品势：太极五章必考，太极一至四章中抽考一章。

6）跆拳道双节棍—黄绿棍内容。

7. 蓝红带（三级）

1）柔韧：横、左右竖叉。

2）基本动作：行进间单手刀上位斜外格挡（左右各2次）。

3）拳法：直拳击靶。

4）腿法：①360°横踢（配合发声）；②横踢＋360°横踢（配合发声）；③三飞（配合发声）。

5）体能：①立卧跳转体360°（男10个、女8个、儿童4个）；②双腿腾空左右分腿拍脚（男10个、女8个、儿童6个）。

6)品势:太极六章必考,太极一章至五章中抽考一章。

7)跆拳道双节棍—绿棍内容。

8. 红带(二级)

1)柔韧:横、左右竖叉。

2)基本动作:行进间虎步、单手掌中位内格挡(左右各2次)。

3)腿法:①后旋踢(配合发声);②任意组合腿法(男3种、女3种、儿童2种);③360°横踢+后旋踢(配合发声)(抽查);④横踢+后旋踢(配合发声)(抽查)。

4)体能:①俯卧撑击掌(男8个、女5个、儿童3个)。②双腿腾空向前双拍脚+分腿拍脚(男5组、女4组、儿童3组);③指卧撑(男8个、女4个、儿童2个)。

5)实战:2分钟一回合。

6)理论:裁判规则、技术理论答疑。(抽查)。

7)品势:太极七章必考,太极一至六章中抽考一章。

8)跆拳道双节棍—绿蓝棍内容。

9. 红黑带(一级)

1)基本动作:外山势隔挡(左右各4次)。

2)腿法:①横踢+360°横踢+后旋踢;②横踢+双飞+后踢;③腾空后旋踢。

3)击破:① 腾空二段前踢(男3块、女2块、儿童1块)(1 cm厚度跆拳道木板);②360°横踢(男3块、女2块、儿童1块)(1 cm厚度跆拳道木板)(抽查)。

4)实战:3分钟一回合。

5)理论:裁判规则、技术理论答疑(抽查)。

6)品势:太极八章必考,太极一至七章中抽考一章。

7)跆拳道双节棍—蓝棍内容。

10. 高级(综合训练)

1)白带加黑杠:综合训练加跆拳道双节棍—蓝红棍内容。

2)黄带加黑杠:综合训练加跆拳道双节棍—红棍内容。

3)绿带加黑杠:综合训练加跆拳道双节棍—红黑棍内容。

4)蓝带加黑杠:综合训练加跆拳道双节棍—黑棍内容。

5)红带加黑杠:综合训练加跆拳道双节棍—金棍内容。

项目三　瑜伽

【项目描述】

通过相关知识点的学习和实地实训,了解瑜伽的起源与发展。学习和掌握瑜伽体式课程、调息法,明确各种体式练习对身体的功效和作用;培养宁静、祥和与稳定的身心状态,增强肌体承受压力的能力,增进人体的稳健性、灵活性和适应性。

【项目要求】

学习和掌握瑜伽体式课程、调息法,明确各种体式练习对身体的功效和作用。

【技能目标】

掌握瑜伽体式课程、调息法。

【相关知识点】

一、瑜伽项目概述

“瑜伽”这个词，是从印度梵语“yug”或“yuj”而来，其含意为“一致”、“结合”或“和谐”。瑜伽是一个通过提升意识，帮助人们充分发挥潜能的哲学体系及其指导下的运动体系。瑜伽运用古老而易于掌握的方法，提高人们生理、心理、情感和精神方面的能力，是一种达到身体、心灵与精神和谐统一的运动形式。大约在公元前300年，印度的大圣哲瑜伽之祖帕坦伽利（patanjali）就创作了《瑜伽经》，印度瑜伽在其基础上才真正成形，瑜伽行法被正式定为完整的八支体系。

二、瑜伽项目的起源与发展

瑜伽起源于印度，距今有5 000多年的历史，被人们称为世界的瑰宝。瑜伽发源于印度北部的喜马拉雅山麓地带，古印度瑜伽修行者在大自然中修炼身心时，无意中发现各种动物与植物天生具有治疗、放松、睡眠或保持清醒的方法，患病时能不经任何治疗而自然痊愈。于是古印度瑜伽修行者观察、模仿并亲自体验动物的姿势，创立出一系列有益身心的锻炼系统，也就是体位法。瑜伽教给人们的治愈法，让世世代代的人从中获益。

瑜伽发展到了今天，已经成为世界广泛传播的一项身心锻炼修习法。从印度传至欧美、亚太、非洲等地，因为它对心理的减压以及对生理的保健等明显作用而备受推崇。同时不断演变出了各式各样的瑜伽方法，比如热瑜伽、哈他瑜伽、高温瑜伽、养生瑜伽，等等，以及一些瑜伽管理科学。在现代，也产生了一些具有广泛影响力的瑜伽人物，如艾扬格、斯瓦米·兰德福、张蕙兰等。不可否认，悠久的瑜伽将会更加受到各界人士的喜爱。由斯瓦米·兰德福担任首席大师的印度帕坦伽利瑜伽学院有限公司是当今世界上历史传承最悠久、最权威的瑜伽学院和瑜伽教师等级评定机构。

瑜伽经过几千年的发展演变，已经衍生出很多派别。正统的印度古典瑜伽包括智瑜伽、业瑜伽、信仰瑜伽、哈他瑜伽、王瑜伽、昆达理尼瑜伽六大体系。不同的瑜伽派别理论有很大差别。智瑜伽提倡培养知识理念；业瑜伽倡导内心修行，引导更加完善的行为；信仰瑜伽是将智瑜伽与业瑜伽综合并衍生发展而来的；哈他瑜伽包括精神体系和肌体体系；王瑜伽偏重于意念和调息；昆达理尼瑜伽被视为瑜伽、冥想的最高阶段。这些不同体系的瑜伽，对于修习者来说都是通往精神世界的工具。

1. 智瑜伽

智瑜伽提倡培养知识理念，从无明中解脱出来，达到神圣知识，以期待与梵合一。智瑜伽认为，知识有低等和高等之别。寻常人所说的知识仅仅局限于生命和物质的外在表现。这种低等知识可以通过直接或间接的途径获得。然而智瑜伽所寻求的知识，则要求瑜伽练习者转眼内向，透过一切外在事物的表象，去体验和理解创造万物之神——梵。通过朗读古老的、被认为是天启的经典，理解书中那些真正的奥义，获得神圣的真谛。瑜伽师凭借瑜伽实践提升生命之气，打开头顶的梵穴轮，让梵进入身体获得无上智慧。

2. 业瑜伽

业瑜伽是行为的意思。业瑜伽认为，行为是生命的第一表现，比如衣食、起居、言谈、举止，等等。业瑜伽倡导将精力集中于内心的世界，通过内性的精神活动，引导更加完善的行为。瑜伽师通常采取极度克制的苦行，历尽善行，崇神律己，执着苦行，净心寡欲。他们认为人最好的朋友和最坏的敌人都是自己本身，这全由自己的行为决定。只有完全地奉献和皈依，才能使自己的精神、情操、行为达到与梵合一的最终境界。

3. 哈他瑜伽

哈他瑜伽是自然高贵的意思，在哈他这个词中，“哈”的意思是太阳，“他”的意思是月亮。哈他代表男与女、日与夜、阴与阳、冷与热、柔与刚以及其他任何相辅相成的两个对立面的平衡。哈他瑜伽认为，人体包括两个体系，一为精神体系，二为肌体体系。人的平常思想活动大部分是无序骚乱的，是能力的浪费，如疲劳、兴奋、哀伤、激动等，人体只有一小部分用于维持生命。在通常情况下，如果这种失调现象不太严重，通过休息便可自然恢复平衡，但是如果不能主动地自我克制和调节，这种失调会日益加剧导致精神和肌体上的疾病。体位法可以打破原有的骚乱，消除肌体不安定的因素，停止恶性循环的运动，通过调息来清除体内神经系统的滞障，通过庞达控制身体的能量并加以利用。

4. 王瑜伽

如果说哈他瑜伽是打开瑜伽之门的钥匙，那王瑜伽就是通往精神世界的必由之路。哈他瑜伽重在体式和制气，王瑜伽则偏于意念和调息。王瑜伽通常使用莲花坐等一些体位法进行冥想，摒弃了大多数严格的体位法。王瑜伽积极提倡瑜伽的八支分法，即禁制、尊行、坐法、调息、制感、内醒、静虑、三摩地。瑜伽的冥想方法很多，但体位姿势大都采用莲花坐，练习冥想时通过意念来感受实体的运动，控制气脉在体内流通，产生不同的神通力。一点凝视法是瑜伽练习者喜爱的一种冥想练习，通常是在环境幽静的地方，或在山林湖海边将注意力集中在某一固定的实体上，如克里希那神像或是蜡烛、树叶、野花、瀑布、流水，等等，使自己的精神完全沉浸在无限深邃的寂静中。

5. 昆达理尼瑜伽

昆达理尼瑜伽又称为蛇王瑜伽。昆达理尼证明了人体周身存在 72 000 条气脉，七大梵穴轮，一根主通道和一条尚未唤醒而处在休眠状态的圣蛇。通过打通气脉，使生命之气唤醒那条蛇，使他穿过所有的梵穴轮而到达体外，一旦昆达理尼蛇冲出头顶的梵穴轮，即可获得出神入化的三摩地。现在练习昆达理尼瑜伽的人相当少，因为昆达理尼瑜伽对人的要求很高，经常练习数十年至久的瑜伽者并没有获得任何神通力或是达到三摩地境界。

6. 密宗瑜伽

密宗，又称密教，国外又称为怛特罗佛教，也称真言乘、持明乘、密乘、果乘、金刚乘，是公元 7 世纪到 12 世纪印度大乘佛教一部分派别与婆罗门教相结合的产物。8 世纪中后叶，著名的密宗大师莲花生来到西藏，帮助信佛的藏王赤松德赞（755—797 在位）“调伏众魔”，战胜了西藏本地的原始巫教——苯教，同时，莲花生将已含有密宗四部修法之最高阶段的无上瑜伽密的印度因陀罗部底系金刚乘密教传入西藏。公元 13 世纪初，佛教在印度泯灭后，唯有西藏佛教保留了密宗四部修习的完整形态，形成了藏密系统。密宗无上瑜伽“乐空双运”双修法的生理学根据便是三脉七轮及“军荼力蛇”学说。所谓“乐空双运”，即是密宗无上瑜伽密的教义及特别修行法。其理论根源于密宗《大日经》与《金刚顶经》。

7. 阿斯汤嘎瑜伽

在帕坦伽利的《瑜伽经》里，八分支法瑜伽也被称做阿斯汤嘎瑜伽，是最古老的瑜伽练习体系。阿斯汤嘎瑜伽是一项严格的练习，分为基础级、中级、高级三种级别。每种级别的动作编排是固定不变的，都以5遍太阳祈祷式A和B开始，中间有大量的体位姿势练习，最后以倒立和休息术作为结束。这样练习的目的在于消耗大量热量，以清洁身体，排出毒素。阿斯汤嘎瑜伽均衡地锻炼了身体的力量、柔韧度和耐力。欧美国家很多健身爱好者都热衷于此。在西方，这种瑜伽也被称做"力量瑜伽"。目前，国内一些瑜伽馆已经开设阿斯汤嘎瑜伽课程，受到年轻人的欢迎，但大多以初级为主。这种瑜伽对练习者体能素质要求很高，每个级别里的体位姿势固定不变，因此要求练习者身体健康，并且极有耐心。阿斯汤嘎瑜伽要求的呼吸方式以喉咙能轻微发出声音的喉呼吸为主。初学者、体弱多病的人、修习瑜伽时间不长的人不适合练习这种瑜伽。

8. 艾扬格瑜伽

艾扬格大师是艾扬格瑜伽的创立者。有人说，这一体系的瑜伽是初学者、病人、中老年人的福音。艾扬格从小体弱多病，最初练习哈他瑜伽是为了强身健体，并且一度达到很高的境界。60岁左右时，艾扬格经历了一场车祸，严重的伤害使他连最简单的体位姿势都不能做了。经过9年时间，凭借超乎常人的毅力和努力，艾扬格终于恢复了健康。艾扬格深刻体会到身有疾病的痛苦，以及瑜伽所带来的神奇恢复功效，由此创建了著名的、具有治疗效果的艾扬格瑜伽体系。艾扬格瑜伽被公认为最讲究体位的练习方法，它可以协调身体平衡，对疾病治疗效果很好。

9. 流瑜伽

流瑜伽又称为"流程瑜伽"，传自西方，是哈他瑜伽与阿斯汤嘎瑜伽的混合体。它的教义和难度介于两者之间。流瑜伽每个级别的初始动作也是从太阳祈祷式A和B开始，练习数次，而后进行单个动作练习，最后以倒立和休息术结束。流瑜伽适合健康的年轻人、想减肥排毒的人、修炼哈他瑜伽半年以上的人练习，不建议体弱多病者练习。流瑜伽的动作编排连绵而流畅，体力不好的人可以在中途做短暂休息，以保存体力。

10. 热瑜伽

印度人比克若姆在美国创立了热瑜伽体系，一经推出便轰动了整个瑜伽界。虽然这种练习方式被一些古典瑜伽师认为不符合传统观念和规范，但热瑜伽无疑拥有忠诚的追随者。热瑜伽对场地和温度的要求十分严格，练习者要在38 ℃以上的高温环境下练习26个基本姿势，基本上10分钟后就会大汗淋漓。热瑜伽对于减肥、排毒、雕塑身材都有很好的效果，是目前比较流行的瑜伽创新练习方法。热瑜伽适合身体健康、没有大病或者患病隐患的人，想减肥排毒的人，心脏病患者、高血压患者、严重眼耳疾病患者、糖尿病患者、大病初愈的人、产妇、亚健康的人不适合练习。

11. 双人瑜伽

在方兴未艾的瑜伽热潮中，双人瑜伽渐渐受到关注。和个人修习相比，双人瑜伽更重视分享、交流和互助，在增加了瑜伽乐趣的同时，练习者之间的爱、友情、信任、合作精神也随之提高。双人可以是夫妻、父母、朋友、情侣，甚至是想提高工作配合程度的同事或者想增加合作机会的生意伙伴等。但是由于双人瑜伽有很多的身体接触，所以在动作选择和课程设计上是要因人而异的。

二、瑜伽项目的基本动作

(一)瑜伽动作组合练习

现在通常应用的姿势有近百种,下面介绍一些最基本和常用的姿势。

第一式　站立深呼吸

作用:扩大肺活量,增强循环,为下面的练习作准备。

第二式　半月式

作用:振作精神,伸展脊柱,纠正错误姿态,加强腰部、臀部、大腿线条,增强肾功能。

第三式　笨拙式

作用:强壮大腿、小腿、臀部肌肉,伸展髋关节,对缓和下背部疼痛及椎间盘突出有一定的帮助。

第四式　鸟王式

作用:提高身体平衡、协调与专注能力;消除下肢多余脂肪,防止和消除小腿肌肉痉挛。

第五式　站立头触膝式

作用:提高注意力、耐心、决断力等能力,收紧腹部及大腿肌肉,有益坐骨神经,伸展跟腱和肩胛骨。

第六式　站立拉弓式

作用:促进血液循环,提高心肺功能,让血液充分流向内脏和腺体,促进身体健康；提高注意力、耐心、决断力等能力;强健腹部及大腿肌肉,收紧上臂、髋部及臀部肌肉；改善背部和全身大部分肌肉的柔韧性及力量。

第七式　战士第三式

作用:提高身体的平衡能力。

第八式　站立分腿伸展式

作用:伸展大腿后侧肌肉和跟腱的韧带。促进腹部脏器腺体的功能，改善便秘、坐骨神经痛等症状,使脊柱更灵活。

第九式　三角式

作用:这是一个加强髋关节和侧腰部伸展和力量的最重要的姿势,可缩减腰围，强壮三头 斜方肌、胸大肌。

第十式　站立分腿头触膝式

作用:减少腹、腰、髋、臀、大腿多余的脂肪。伸拉大腿后侧韧带。

第十一式　树式

作用:加强腿部、背部、胸部肌肉。提高平衡感和专注能力,纠正不良体态,预防疝气。

第十二式　趾尖式

作用:此式可使你更富有耐心。身体上可以治疗膝、踝、脚部的痛风、风湿病,对痔疮也有较好的效果。

第十三式　仰卧式

作用:使血液循环恢复正常,身体完全放松。接下来每个动作之后都要做这个姿势。

第十四式　除风式

作用:按摩腹部内脏,加强腹部肌肉,改善便秘症状,去除胃部胀气。

第十五式　仰卧起坐动态伸背式

作用:收紧腹部,伸拉腿部韧带和脊柱。

第十六式　眼镜蛇式

作用:使脊柱保持富有弹性的健康状态,改善各种背痛和比较轻微的脊柱损伤。该式对生殖器官也有好处,它还可调整月经失调及各种女性机能失调,强壮三角肌、斜方肌、肱二头肌。

第十七式　蝗虫式

作用:使更多的血液流向脊柱区域,滋养脊柱神经,加强下背部和腰部肌肉。对消化系统、膀胱和前列腺也有益。

第十八式　全蝗虫式

作用:和眼镜蛇式、弓式有相同的功效,强健腰部、腹部、上臂及大腿肌肉;全蝗虫式还可缓解甚至消除失眠症,对哮喘、支气管炎和肾功能失调也有很好的改善作用。

第十九式　弓式

作用:要强健全身肌肉,弓式是极佳姿势;它使背部、胸部、腹部肌肉得到加强,髋部、肩部以及关节得到放松,腿、臂、喉、颈、颌缘肌肉全部得到伸展,髋部、肩部以及关节得到放松和加强;背部肌肉的增强,可消除由于疲劳而产生的疼痛和僵硬。

第二十式　卧英雄式

作用:对坐骨神经痛、痛风、风湿病有一定的疗效,还能消除大腿多余脂肪,加强小腿肌肉,伸拉下背部、膝关节、脚踝。

第二十一式　半龟式

作用:让身体充分放松,改善消化不良症状,有益肺脏,让更多的血液流向大脑,使思维更加敏捷。

第二十二式　骆驼式

作用:有利于消化、排泄、生殖系统,伸展并强壮脊柱,能缓解、消除便秘症状和腰背痛,纠正驼背、双肩下垂等不良姿态,还可扩展胸腔,有益肺脏,减少腰、腹多余脂肪。

第二十三式　兔子式

作用:最大限度伸展脊柱,滋养脊柱神经,保持脊柱的灵活性及弹性,促进消化,治疗感冒。

第二十四　单腿及双腿头触膝式

作用:伸展坐骨神经、脚踝、膝关节、髋关节,促进肠胃的消化功能,增强肾脏功能。

第二十五式　脊柱扭动式

作用:伸展、放松脊柱;放松腰、背、肩、颈各个部位的肌肉群,预防腰、背部疼痛;促进肠蠕动,有利于排泄与吸收。

第二十六式　霹雳坐吸气式

作用:降低身体温度,伸展、放松腹部脏器,促进循环、强壮腹肌,缩减腰围。

三、居家空闲瑜伽

现在的生活节奏越来越快,很多都市人的身体都有不同的小毛病出现。在此为大家介绍几式使你全身放松的居家空闲瑜伽，让大家平日绷紧的神经放松下来，而且还能助你塑造玲珑曲线体态。

第1式：瘦手臂瑜伽

Step 1：首先把手屈曲成90°张开，手肘举到与胸部平衡，手掌心向外。

Step 2：以手肘向后画圈，重复10次。

注意：做此动作时，画圆圈的动作幅度宜较大，动作愈大，运动的范围就愈多，可帮助瘦手臂，还可助健胸。

第2式：丰胸瑜伽

Step 1：两臂移至胸前，两个手掌掌心合拢。

Step 2：吸气，两掌用力紧压，使两个胳膊肘最大限度地展开。

Step 3：贯串连接 Step 2 的姿势，一边吐气一边努力挺直上身。

注意：该瑜伽使胸部感受到有拉力，宛如上身的前后和胸部被拉伸卅的感觉，贯串连接10秒后放松身体。重复5次，丰胸效果很明显。

第3式：瘦腰瑜伽

Step 1：两脚打开，吸气时将双臂抬至水平，呼气，慢慢放松双肩，将掌心翻转向下。双眼要平视前方。

Step 2：深呼吸，在吐气时放松右腰上半身，上半身需要水平向右倒下。注意身体不要向前倾，也不要弓背，应感觉身体紧贴一面墙。

Step 3：两肩尽量向外打开，平面侧弯。慢慢会感受到左侧腰部得到拉伸。到达你舒适的位置即可。

注意：不要强求自己一开始就能达到教练的程度。保持15秒后，恢复初始姿势，反方向重复该动作即可。

第4式：瘦臀瑜伽

Step 1：仰卧，双臂置于体侧，调整呼吸，然后将身体抬起来，双手托住腰部，大臂支撑于地。

Step 2：呼气，将脚跟慢慢抬起，膝盖并拢，大腿内侧肌肉需要夹紧。

Step 3：先吸气，然后呼气，同时将左腿向上伸直，保持5～10秒，自然地呼吸。

Step 4：吸气，把左腿放下，支撑住，呼气，把右腿向上伸直，保持几秒，然后再自然地呼吸。

Step 5：左右腿做3次，然后放松可还原。

注意：该瑜伽可以强化腿部肌肉力量和脚踝的力量，美化臀部线条，收紧臀部肌肉。

第5式：瘦腿瑜伽

Step 1：两腿打开，左腿向上抬高离地面约10厘米，左脚脚尖踮起，使脚跟离开地面，把重心放在右腿上。

Step 2：双手抱在脑后，同时臀部往右方扭曲。

Step 3：上半身往左边下压。停留10秒后即可恢复 Step 1，左右边轮流重复5次。

注意：该动作有一定的难度，如果是初学者就先做好热身，舒展身体，以防伤至筋骨。

第6式：全身瑜伽

Step 1：站在与凳子约几步距离的前方，弯曲上半身，双手分开10厘米左右，臀部往天花板方向抬起。

Step 2:右手往凳子前方伸展,右腿跟着也向前方移动,直至膝盖放在凳子上方,左手与左脚做出同样的动作。

Step 3:做俯卧撑姿势,手肘弯曲,背部往下压。重复做 8 ~ 10 次。

注意:事先应该准备一张小凳子,该瑜伽能帮助全身塑形,可以配合以上任意部位练习。

项目四　武术

【项目描述】

通过相关知识点的学习,了解武术的起源与发展、武术的分类以及武术对身体健康的作用。掌握武术的基本功和基本套路划分及比赛规则。

【项目要求】

了解武术的起源与发展、武术的分类以及武术对身体健康的作用,掌握武术的基本功和基本套路划分及比赛规则。

【技能目标】

能正确掌握武术的基本功和基本套路划分及比赛规则。

【相关知识点】

一、武术项目概述

武术,是打拳和使用兵器的技术。武术又称国术或武艺,是中国传统体育项目。其内容是把踢、打、摔、拿、跌、击、劈、刺等动作按照一定规律组成徒手的和器械的各种攻防格斗功夫、套路和单势练习。武术具有极其广泛的群众基础,是中国人民在长期的社会实践中不断积累和丰富起来的一项宝贵的文化遗产。

二、武术的起源与发展

武术是中华民族在长期的历史演进过程中不断创造、逐渐形成的一个运动项目。武术的起源可以追溯到原始社会。那时候,人类同野兽进行斗争时,武术就开始萌芽了,一是为了自卫,二是为了猎取生活资料。人们在为生存而战斗,不仅靠拳打、脚踢、跳跃翻滚、躲闪等动作与野兽搏斗,还逐渐学会了制造和使用石制或木制的工具作为武器,并且产生了一些徒手的和使用器械的搏斗捕杀技能。这些原始的攻防技能便是武术技术形成的基础。后来人们为了互相争夺财富,进而制造了更具有杀伤力的武器。这样,人类通过战斗,不仅制造了兵器,而且逐渐积累了具有一定的攻防格斗意义的技能,这些原始生产工具和武器后来大部分成了武术器械的前身。原始社会末期部落战争的频繁发生进一步促进了武术的发展。商周时期,利用"武舞"来训练士兵,鼓舞士气。故认为武术可以以舞蹈形式演练。周代设"序",学校中也把射御、习舞列为教育内容之一。春秋战国时期,各诸侯国都很重视格斗技术在战场中的运用。齐桓公举行春秋两季的“角试”来选拔天下英雄。在这一时期，剑的制造及剑道都得到了空前的发展。秦汉时期，盛行角力、击剑，有宴乐兴舞的习俗，鸿门宴中即有项庄舞剑，其形式更接近于今天武术的套路。汉代枪的应用达到巅峰，各种枪法开始出现。据传华佗首创“五禽戏”，是中国武术的滥觞。人们都认为武术起源于战斗的需要。

古代的“武舞”为后来武术套路的形成奠定了基础。社会的战争实践向人们提出了军事技能的要求。于是人们不断地总结从战争实践中获得的攻防技能和经验，并代代相传。传说炎黄时代东方有个以野牛为族徽的蚩尤部落崇尚武技、勇猛善斗，特别善于徒搏角抵。他们头戴牛角或剑戟样的装束，当与人交斗时除用拳打、脚踢外，最善于抓扭对方用头顶触对方使之不敢接近，后人称其为“蚩尤戏”。蚩尤的角抵是一种徒手搏斗，包含踢、打、摔、抵、拿等多种方法，既可用于战场又可用于平时演练，对后世对抗性项目的发展有一定影响。古代战国时期士兵们在战争中掌握的一些搏击竞技技巧经过慢慢地发展与演化就形成了后来的中国武术。

2001 年在教育部颁发的《体育、体育与健康课程标准》中，武术再一次被列入中小学体育教育的重要内容。2004 年为了深入贯彻党的十六大精神，落实《中共中央国务院关于进一步加强和改进未成年人思想道德建设的若干意见》和《中小学开展弘扬和培育民族精神教育实施纲要》，武术教育就肩负起传承民族文化、弘扬民族精神的责任。近年来为了适应时代发展的需要，针对武术教育长期存在的问题，许多专家、学者呼吁武术教育必须大力改革。武术教育改革不仅关系到武术自身的发展，更关系到民族文化的传承、民族精神的弘扬，也是加强青少年思想道德建设的需要。武术是中华民族一项优秀的体育运动。由于武术的悠久历史，其发展过程中，汲取了许多中华民族优秀文化的精髓武术附载着以爱国主义为主体的尊师重教、仁爱宽厚、习礼守法、自强不息、尚武崇文的民族精神。而民族精神是一个民族的生命力、创造力和凝聚力的集中体现是一个民族赖以生存和发展的核心与灵魂。武术教育不能仅停留在物质层面，武术技术的传承更应该是人的精神层面的文化传播，因为只有体现在人的精神层面的文化才是最重要的。民族精神自古以来就是武术教育的一个重要内容。武术教育同样必须使习武之人从小就接受良好的传统文化、武术文化熏陶，并通过武术教育实现传统文化的传播和民族精神的弘扬。

三、武术的健身价值

武术运动是融知识、技能、身体训练和习惯养成为一体的多功能活动。通过武术套路运动的练习，有利于发展人体的速度、力量、灵敏和耐力等素质，培养勇猛、顽强、坚忍不拔的意志品质。经常从事武术锻炼，能提高人体的肌肉力量和伸展性，提高关节的运动幅度，有效增强身体的柔韧性，加上练习时在精、气、神的贯注和呼吸的配合下，使人体的呼吸、循环系统都得以锻炼，尤其是武术的许多功法都注重调息行气和意念活动，因此对调节体内环境的平衡，理脏腑、通经脉、调精神，改善人体机能，增强体质，有着其他体育活动无法比拟的作用。同时，大学生熟练掌握格斗技术、技能，对于保护他人和自身安全也有积极的意义。

四、武术的内容与分类

综观有记载的、较有代表性的中国武术分类方法，归纳起来有以下分类法，如地域分类法、名山大川分类法、姓氏分类法、技术特点分类法，等等。这些分类法从某一个侧面展现出武术的内容，但缺少整体性和系统性。另外，还有形式与类别分类法和功能分类法两种方法。形式与类别分类法是通过两种运动行式即套路运动和搏斗运动，内含一个类别即拳术、器械、对练、集体项目和攻防技术，把中国武术的基本内容进行了归纳。功能分类法是根据武术的教育功能和社会功能而分成竞技武术、健身武术（传统武术）和学校武术，由于篇幅有限，在此只介绍形式与类别分类法。

（一）套路运动

套路运动有规定套路、传统套路、普及性套路等类型，是以技击动作为素材，遵照攻守进退、动静疾徐、刚柔虚实等运动变化规律编成的整套练习形式。套路运动按照演练形式的不同分为单练、对练和集体演练三种类型。其中，单练又包括拳术和器械两类内容，对练包括徒手对练、器械对练、徒手与器械对练三类内容。

1. 拳术

徒手演练的套路运动称为拳术。拳术中又包含许多不同的种类，称为拳种。主要的拳种有长拳、太极拳、南拳、形意拳、八卦拳、通背拳、劈卦拳、翻子拳、地躺拳、象形拳等。

（1）长拳

长拳是以手法、手型、步型、步法、腿法、平衡以及蹿蹦跳跃、起伏转折等动作与技术组成的拳术。它的特点是姿势舒展大方，动作灵活快速，出手长，跳得高，蹦得远，刚柔并济，快慢相间，动迅静定，节奏分明。传统的长拳有查拳、华拳等，是全国武术表演和比赛项目之一。适合于青少年练习。

（2）太极拳

太极拳是一种武术项目，也是体育运动和健身项目，在中国有着悠久的历史。太极始于无极，分两仪，由两仪分三才，由三才显四象，演变八卦。依据“易经”阴阳之理，中医经络学，道家导引、吐纳综合地创造出一套有阴阳性质、符合人体结构、大自然运转规律的一种拳术。它是一种柔和、缓慢、连贯、圆活的拳术。以掤、捋、挤、按、采、挒、肘、靠、进、退、顾、盼、定为基本运动方法（亦称太极十三式）。太极拳在国内外广为流行，以健身修性为主。传统的太极拳有陈、杨、吴、孙、武等式。

2. 器械

器械是指手持器械进行练习的套路运动。器械又可分为长器械、短器械、双器械、软器械等。短器械主要有刀术（单刀、八卦刀等）、剑术（长穗剑、短穗剑、双手剑、醉剑等）等；长器械主要有棍术、猴棍、枪术、杨家枪等；双器械主要有双刀、双剑、双钩、双斧、双拐、双镗、双钺、峨嵋刺等；软器械主要有三节棍、九节鞭、绳标、流星锤等。目前最常见的器械是刀、剑、枪、棍，它们也是武术竞赛的主要项目。

3. 对练

对练是指在单练基础上，由两人或两人以上，在预定条件下进行的假设性攻防练习套路。其中包括徒手对练、器械对练、徒手与器械的对练等。

（1）徒手对练

三人对拳、形意拳对练、八卦掌对练、长拳对练、女子对拳、醉拳对长拳、醉汉擒猴等。

（2）器械对练

用大刀对枪、单刀对双枪、单刀进双枪、三节棍对棍、大锤对扁担等。

(3)徒手与器械的对练:空手夺枪、空手对刀枪、盾牌对枪和空手等。

4. 集体表演

集体表演是指6人以上徒手或手持器械同时进行练习的演练形式。练习时可变换队形,也可采用音乐伴奏,要求队形整齐,动作协调一致。如集体少林拳、集体岳家拳等。

(二)搏斗运动

搏斗运动是两人在一定条件下,按照一定的规则,根据双方的攻防实际情况,运用相应的攻防技法进行的实战练习形式。目前竞赛中正在开展的有散打、推手、短兵三项。

1. 散打

散打又称散手,古称手搏、白打等,由于徒手相搏相角的运动形式在台上进行,又称"打擂台"。现在的散打是两人按照一定的规则使用踢、打、摔、拿等方法制胜对方的竞赛项目。

2. 推手

推手是两人遵守一定的规则,使用掤、履、挤、按、踩列、肘靠等手法,双方粘连黏随,通过肌肉的感觉来判断双方的用劲,然后借劲发劲将对方推出,以此决定胜负的竞技项目。

3. 短兵

短兵是两人手持一种用藤、皮、棉制作的短棒似的器械,在直径为16尺的圆形场地内,按照一定的规则,使用劈、砍、刺、崩、点、斩等方法进行决胜负的竞技项目。

三、武术比赛规则

(一)比赛场地

1. 武术套路比赛场地

武术套路比赛场地为平地或其上铺地毯。场地长14 m,宽5 m,沿四周内沿标明5 cm宽的边线。在两条长边的中点,各画一条与长边垂直的长30 cm的线段,作中线标志,线宽5 cm。

2. 散打比赛场地

散打比赛场地为木(或铁)制平台。高0.6 m,呈正方形,边长8 m。台面铺软垫,软垫上盖帆布。台面中心画直径为1 m的阴阳鱼图案;边缘画5 cm宽的红色边线,向内90 cm处画有10 cm宽的黄色警戒线。台下四周铺高20~40 cm,宽2 m的保护软垫。

3. 太极推手比赛场地

太极推手比赛场地为铺有地毯的平地。场地长10 m,宽8 m,中央画一直径6 m(以线外沿为准)的圆,圆内画一直径50 cm的中心点。各线宽5 cm。

4. 长兵比赛场地

长兵比赛场地呈长方形,长14 m,宽8 m。从长边中点画一平行于短边的中线,在中线两边各画一条距中线2 m并平行于中线的准备线。

5. 短兵比赛场地

短兵比赛场地为铺有地毯的平地或铺帆布的软垫。圆形,直径9 m,中央画直径为20 cm的中心点。边线宽5 cm,场地范围以边线内沿为准。自边线向外2 m以内设保护垫。亦可采用散打比赛场地。

（二）主要兵器

1. 刀

刀是武术短器械。现代刀为钢制，由刀身、护手盘、刀柄、刀首等构成；刀身由刀面、刀刃、刀尖和刀背组成。手握的部位称“刀柄”。刀柄与刀身之间的圆盘称“护手盘”，亦称“刀盘”。刀柄尾端称“刀首”，顶端设一小环，用于博系刀彩。刀重（包括刀彩）：成年男子不轻于0.7 kg，成年女子不轻于0.6 kg，儿童、少年不受限制。刀彩不得超过刀的长度，且不许带有任何附加物品。刀尖触地、刀身垂直，不加外力自然弯曲时，刀尖以上20 cm处至地面垂直距离不小于10 cm。

2. 大刀

大刀亦称“春秋大刀”，是武术长器械、古代长兵器之一。大刀由刀尖、刀刃、刀背、刀穗、刀盘、刀柄、尾尖等构成。刀身比单刀短，刀柄比单刀长。古时大刀5 kg以上，轻重不等，现代演练用大刀为4 kg左右。

3. 朴刀

朴刀亦称“双子带”、“太平刀”，是武术长器械、古代长兵器之一。形似单刀，刀身比单刀长. 刀柄比大刀短。全长约1.3 m，重3 kg左右。刀身包括尖、背、刀、盘等。刀柄分为前、中、后三段，柄尾有铁环，称“响环”。

4. 双刀

双刀是武术双器械之一，属古代双兵器的一种。护手盘呈半圆形，两刀合拢插入鞘内，合拼成圆，其余结构同单刀。

5. 剑

剑是武术短器械、古代短兵器之一，由剑身和剑柄组成，剑身包括剑尖、剑刃、剑脊等；剑柄包括格、柄身、剑首等。剑首系短穗，用于短穗剑术；剑首系长穗，用于长穗剑术。剑重（包括剑穗）：成年男子不轻于0.6 kg，成年女子不轻于0.5 kg，儿童、少年的剑重不受限制。剑尖触地、剑身垂直，不加外力自然弯曲时，剑尖以上20 cm处至地面垂直距离不小于10 cm。

6. 双剑

双剑是武术双器械、古代双兵器之一。护手格有一边与剑身平齐。其余部位与单剑相同。

7. 匕首

匕首亦称“短剑”，是武术短器械、古代短兵器之一，由大、刃、脊、护手、柄、尾环等构成，长26～33 cm。尾环处常系彩绸，一般用于双匕首演练。

8. 峨嵋刺

峨嵋刺是武术双器械、古代双兵器之一，长约33 cm，中间粗，两头扁细且尖，呈菱形，一小圆环与刺身中部活动相连。练习时中指穿过圆环，用拇指拨动使其旋转，主要运动方法有刺、挑、穿、拨等。

9. 棍

棍是武术长器械、古代长兵器之一，用白蜡杆制成，大棍长约264 cm。齐眉棍长度与练习者眉平齐。分为前段、中段、后段，棍根粗于棍梢。棍中点以下任何部分的直径不得小于如下规定：成年男子2.30 cm，成年女子2.15 cm，少年男子2.15 cm，少年女子2.00 cm，儿童不受限制。棍中点以上任何部分的直径不得小于如下规定：成年男子 1.80 cm，成年女子 1.60 cm，少年男子 160 cm，少年女子 1.40 cm，儿童不受限制。

10. 梢子棍

梢子棍是武术软器械、古代软兵器之一，由一根长棍和一根短棍组成，分为大梢子棍和手梢子棍。大梢子棍的长棍相当于练习者的身高，短棍长 50 cm 左右，用铁环相连。手梢子棍较短小。

11. 三节棍

三节棍是武术软器械、古代软兵器之一，由三节长短相等、木质坚硬的棍组成，用铁环相连。每节棍长约 50 cm，全长约等于练习者的身高。

12. 拐

拐是武术器械之一。长柄拐属"长器械"，短柄拐属"短器械"。长拐亦称"单拐"，长约 133 cm。短拐多用于双器械练习，亦称"双拐"，长约 70 cm。在长木棍的 1/3 处装一垂直短木构成。单拐演练方法有劈、砸、滚、蹦、支、扑、拍、拿、勾、挂、截等；双拐演练方法有搂、盖、转、击等。除套路单练外，还可对练。

13. 锏

锏是武术器械之一。锏端无尖，锏柄呈圆柱体，锏身呈四棱状，锏体无节，长约 65 ~ 80 cm。锏体四面呈凹状，称"凹面锏"，多用于双器械练习。运动方法主要有上磨、中截、下扫、直劈、侧撩、绞压等 24 种。

14. 枪

枪是武术长器械、古代长兵器之一，由矛演变而成，有大枪、花枪、双头枪等。大枪和花枪均只一个枪头，双头枪的枪杆两端各一个枪头。枪由枪头、枪缨、枪杆组成。枪杆多用白蜡杆制成。枪杆中点以下任何部分的直径不得小于如下规定：成年男子 2.30 cm，成年女子和少年男子 2.15 cm，少年女子 2.00 cm，儿童不受限制。枪樱的长度不得短于 200 mm。

15. 大枪

大枪是武术长器械、古代长兵器之一，由枪头、枪缨、枪身组成，分为枪尖、枪座、库口、枪缨、枪身、底端六个部位。枪头呈三菱形，长约 39.6 cm，重 750 ~ 1 000 g。枪缨长 16 ~ 33 cm，枪身长约 3.5 m。枪杆较粗，手握枪杆时，拇指尖与食指尖相距三指宽。枪杆一般用白蜡杆或金属制成。

16. 双头枪

双头枪亦称"两头蛇"，是武术长器械、古代长兵器之一。在枪杆两端各装一枪头和枪缨。全长约等于本人身高，多用于双头双枪（双器械）练习。

17. 鞭

鞭是武术器械之一，分软鞭和硬鞭两类。软鞭由镖头、握把、若干铁节，用圆环联结构成，有七节、九节、十三节之分，通常作"九节鞭"，使用时可长可短。运动方法有轮法、扫法、挂法、缠法、抛法、舞花及地趟鞭等，可以单鞭或双鞭演练。硬鞭分"竹节钢鞭"和十三节"水磨钢鞭"。鞭身上有十余个方形或圆形疙瘩，鞭长约 100 cm，鞭头稍细且尖，亦作握柄。击法有挡、摔、掉、点、截、盘、扫等。

18. 九节鞭

九节鞭是武术软器械、古代软兵器之一，由几节长 9 ~ 13 cm 的细圆金属棒连接构成。

每节之间用数个小铁环连接。各节中间粗两头细，第一节为鞭头，末节为鞭把。鞭彩不超过 20 cm × 15 cm，且无任何附加物品。

19. 流星锤

流星锤亦称“飞锤”、“走线锤”，是武术软器械、古代外兵器之一。由绳索与弧形小锤通过几个小铁环相连构成，重约 1 kg。锤头与绳交接处缚有彩绸。流星锤分单流星与双流星两种。单流星绳索长约 4.95 m，双流星绳索长约 1.65 m。主要演练方法有缩、抛、抡等。练时巧妙地将绳索缠绕在练习者颈、胸背、肩肘、手腕、大腿、小腿、脚踝或腰上，抖身放锤，快如流星，软中见硬，因而得名。

20. 钩

钩是武术短器械之一，多用于双器械练习。钩包括钩端、钩尖、钩口、钩脊、钩自身刃、钩直身背刃、月牙刃、月牙背刃、月牙尖、钩寸（横梗）、钩柄、钩钻、钻尖 13 个部位。其演练方法有钩、楼、带、压、挑、刺、舞花等，既可单练，亦可对练。

21. 叉

叉是武术长器械、古代长兵器之一。叉头只有两股锋，形似牛角，称“二股叉”。双头有三股锋，形似“山”字，称“三股叉”，或“三头叉”、“三角叉”、“钢叉”、“马叉”。三股叉头的中锋比两边锋高 10 ~ 13 cm，柄长 231 ~ 264 cm，尾端是瓜锤形，全重 2.5 kg。在叉头和叉尾装有铁片，相击发声，柄稍短，称“飞叉”或“响叉”。练习方法主要有拦、横、扦挑、崩、滚、搬、捣、搓、掏、贯、拍等。

22. 戟

戟是武术长器械、古代长兵器之一。戟头由月牙刃、矛头和横寸组成。横寸长约 6.6 cm，用于连接月牙和矛头。矛头略高于月牙刃。截杆由杆身和尾尖组成、戟全长约 264 cm。若在矛头两侧装以同样大小的月牙刃和横寸，称“双面戟”；方天画戟的戟头长约 52 cm，柄长约 190 cm，全长约 244 cm。戟又分长柄单戟和短柄双戟。古代多为青铜制作，后为铁制。

23. 斧

斧亦称“戚”，是武术器械之一。短柄斧属短器械，长柄斧属长器械。刃宽阔并呈弧形者为“钺”。短柄斧多用于双器械练习。斧刃成扇形，斧背成长方形、正方形或凤尾形。斧背有孔，斧柄穿插其中。头长约 26 cm，刃宽约 13 cm。短柄斧柄长约 82 cm，长柄斧柄长过人，约 264 cm。招法有劈、刺、搂、抹、云、片等。

24. 钯

钯是武术长器械之一。把头有铁制或木身铁齿两种，形似“梳”，齿数 5、7、9 不等。每隔 6 cm 一齿，齿长约 16 cm。柄长约 165 cm，与钯头垂直相交。击法有推牵、扁身杀、倒头打、大斜压等；防法有对打对揭、直起磕、扁身中拦等。可单练亦可对练。

25. 锤

锤古称“椎”，是武术器械、古代兵器之一。多用于双器械练习。锤分长柄锤和短柄锤。锤形有圆球形、瓜形、人形、八棱形等。轻者 5 kg，重者数十斤。短柄长约 50 cm。练法有甩、曳、挂、砸、擂、冲、云、盖等。

26. 抓

抓亦称“挝”，是武术器械之一。由抓头和抓杆组成属长器械，若抓头和绳联结属软器械。抓头形状似手。手指伸翔，四指屈挠，木杆长 200 cm，抓头套接于木杆上。软器械爪头前有三指，后一指，指上有节，能屈伸，爪背有环，用约650 cm长的绳系于爪环。暗器中称“飞抓”。

26. 戈

戈是武术器械之一，有直向戈和曲内戈，依长度分长、中、短三种。长戈约314 cm，中戈约139 cm，短戈约91 cm，主要击法有勾挂、扎挑等。

27. 铲

铲是武术器械之一。凹部有刃，杆长300 cm，杆尾有锋。主要演练方法有推、压、拍、支、滚、铲、截、挑等。可单练亦可对练。

（三）主要装备

1. 武术服装

武术服装一般用绸料、缎料或其他布料制成。具有中华民族特色，有不同规格的沿边、布袢、绸腰带、板带、灯笼袖口、灯笼裤脚等。现代武术服装亦有西式裤、短袖上衣等式样，或镶有不同颜色的装饰品。

2. 散打裁判器材

（1）色别牌

由木质圆板和柄组成。圆板直径20 cm，柄长20 cm，共需18块。其中红色6块、黑色6块、红与黑各半6块。

（2）劝告牌

呈长方形，长15 cm，宽5 cm，黄色板面，上写“劝告”两字。

（3）警告牌

呈长方形，大小同劝告牌。板面写“警告”两字。

（4）放牌架

用于放置色别牌、劝告牌和警告牌。长30 cm，高10 cm。散打比赛需红色和黑色放牌架各一个。

3. 散打护具

散打运动员装备，用于保护身体关键部位的安全。

（1）护头

以软皮革、海绵等材料制成，有保护头部不受损伤和减轻震荡的作用。

（2）护胸。以软皮革、人造革、海绵和帆布等材料制成，保护躯干和抗击、减震。

（3）护齿

由乳胶或可塑性塑料制成。比赛或练习时含入口中，用上下牙齿咬住，使牙齿不摩擦或不被击伤。

（4）护裆

以合金铝、海绵、软皮革、橡皮筋等材料制成。用于防护裆部，一般穿入短裤内。

（5）护腿

以帆布、硬牛皮条、松紧布等材料制成，保护小腿胫骨。

（6）拳套

用柔韧细腻光滑的羊皮制成，内衬垫有弹性的羊毛、鬃毛或兔子毛。比赛时，65公斤以下级别运动员佩戴的拳套重量为8盎司（226.8 g），70公斤以上级别运动员佩戴的拳套重量为10盎司(283.5 g)。整套护具的颜色必须相同,一般为红、黑两色,以利于裁判员识别队员。

(四)竞赛通则

1.竞赛性质

武术套路竞赛一般分为个人赛、团体赛、个人及团体赛。另外,按年龄可分为成年赛、少年赛和儿童赛,按性别可分为男子赛和女子赛,按比赛成绩可分为甲级赛和乙级赛。竞赛性质由竞赛规程确定。

2.竞赛项目

国内武术套路竞赛项目分为:自选(或规定)项目、其他项目、对练项目和集体项目。

自选(或规定)项目包括:长拳、太极拳、南拳、剑术、刀术、枪术、棍术。

其他项目包括:①其他拳术,指除规则规定的自选拳术内容以外的拳术,共分为四类,即形意、八卦、八极类,通臂、劈挂、翻子类,地躺、象形类,查、花、炮、红、华、少林类;②其他器械,指除规则规定的自选器械内容以外的器械项目,共分为三类,即单器械、双器械、软器械。

对练项目包括:徒手对练、器械对练、徒手与器械对练。

集体项目包括:徒手、器械等。

3.名次评定

(1)个人单项名次

得分最多者为该项第一名,次多者为第二名,依此类推。如在一次比赛中有预、决赛,则以预、决赛得分总和最多者为该项第一名,次多者为第二名,依此类推。如果个人单项(含对练)得分相等时,按下列顺序决定名次:①套路中有创新难度动作者,名次列前;②动作完成分与演练水平分的低无效分之和高者列前;③动作完成分与演练水平分的高无效分之和低者列前;④演练水平分中有效分的平均值高者列前。如仍相等,名次并列。

(2)个人全能名次

按各单项得分总和的多少进行评定,得分多者为全能第一名,次多者为第二名,依此类推。如果个人全能得分相等时,以比赛获单项第一名多者列前;如仍相等,则以获得第二名多者列前,依此类推;如获得所有名次均相等,则并列。

(3)集体项目名次

得分最多者为该项的第一名,次多者为第二名,依此类推。集体项目得分相等时,名次并列。

(4)团体名次

根据竞赛规程关于团体名次的确定办法进行评定。团体总分相等时,以全队获得单项第一名多者列前;如仍相等,则以获得第二名多者列前,依此类推。如获得单项名次均相等,则并列。

4.比赛服饰

1)比赛时,运动员必须穿规定的比赛服装。

2)运动员必须穿武术鞋或运动鞋。

3)上场比赛时,不允许佩戴手表及耳环、项链、手镯等饰品。

4)比赛服装上的广告标志或队标只允许印在左袖外侧一处,大小不得超过8 cm × 5 cm。

5. 起势、收势、配乐与套路计时

1)运动员应在同侧场内完成同方向的起势和收势。集体项目必须在场内完成起势和收势，方向、位置不限。

2)运动员身体的任何部位开始动作时即为起势，开始计时。对练和集体项目在行进间开始动作者，须事先向裁判长申明。运动员完成整套动作后，须并步收势(计时结束)，再转向裁判长行注目礼，然后退场。

3)运动员听到上场比赛的点名和赛后示分时，应向裁判长行抱拳礼或持械礼。

4)除集体项目外，任何项目在比赛时均不得配乐。

(五)长拳、太极拳、南拳、剑、刀、枪、棍的评分方法与标准

1. 评分裁判员的组成

在裁判长的直接领导下，参加评分的裁判员有两组。第一组由评判动作完成的裁判员组成，人数为3~5人；第二组由评判演练水平的裁判员组成，人数为3~5人。

2. 评分标准

各项比赛的满分为10分，其中动作规格分值水平为6.8分，演练水平分值为3分，创新难度分值为0.2分。

(1)动作完成分的评判

裁判员根据运动员现场发挥的技术水平，按照各竞赛项目的动作规格要求，减去对该动作规格中出现的与规格要求轻微不符、显著不符、严重不符的错误扣分和其他错误扣分，即为运动员的动作完成分。

由裁判员扣分的其他错误包括运动员完成套路动作时出现遗忘、失去平衡、附加支撑、倒地，器械或服装影响动作，器械变形、折断、掉地等。

(2)演练水平分的评判

裁判员根据运动员现场表现的套路演练水平、按照各竞赛项目在功力(劲力、协调各占0.5分)、演练技巧(精神、节奏、风格各占0.5分)、编排(内容、结构、布局各占0.5分)等方面的评分标准，整体比较，确定扣分。从该类分值中减去应扣分数，即为运动员的演练水平分。

(3)裁判员的示分

裁判员所示分数可保留到小数点后两位数，小数点后第二位数必须是0或5。

(4)应得分数的确定

动作完成应得分与演练水平应得分之和即为运动员的应得分数。动作完成应得分与演练水平应得分的确定：如3个裁判员评分，取3个分数的平均值为运动员的应得分；如4或5个裁判员评分，去掉最高分和最低分，取中间2个或3个分数的平均值为运动员的应得分。运动员的应得分数只取到小数点后两位数。小数点后第三位数不做四舍五入。

(5)最后得分的确定

裁判长从运动员的应得分中减去“裁判长扣分”，再加上“创新难度动作”的加分，即为运动员的最后得分。

(六)指定动作和创新难度动作

(1)指定动作

武术竞赛既赛成绩，又交流技术，加之科学的发达，信息的流通，武术训练方法的不断科

学化，国内专业队武术竞技水平十分接近，竞争也十分激烈，为提高裁判员评分的准确性和区分度，国家武术运动管理中心于1996年不但修改了规则，而且还推出了自选套路竞赛指定动作。指定动作是国家武术运动管理中心组织专家，根据武术运动规律编排出来的技术新、难度大、要求高的单个或数个动作组合而成的武术技术动作。这些动作并非一成不变，而是由国家武术竞赛主管部门每年年底公布下一年比赛各自选套路指定动作的内容、规格、难度值，并配有动作图解和动作录像带等。

参赛运动员均应准确填写自选套路指定动作位置确定图表，由运动员本人和教练员签名，并在比赛前交裁判组。

(2)创新难度动作

创新难度动作是指必须符合武术运动的本质属性和运动规律，必须具备较高的专项素质与专项技能才能完成的，必须是由国家体育总局主办的全国正式比赛中从未出现过的动作。

创新难度动作的申报单位必须以书面形式（配有技术图解或录像带）在赛前30天上报国家体育总局武术运动主管部门。然后由主管部门组织有关专家5～7人，组成“全国武术技术鉴定委员会”，对申报的创新难度动作进行讨论、确认，并把加分分值、命名和鉴定结果，赛前以书面形式通知仲裁委员会和裁判组。

运动员若较好地完成申报的创新难度动作，则由裁判长按确认的分值给予加分；由于失败或与鉴定确认的动作不符，不予加分；若在完成创新难度动作过程中，出现其他错误，由裁判员按规则扣分。

（七）其他拳术、器械、对练、集体项目的评分方法与标准

1. 评分方法

(1)应得分数的确定

由5个裁判评分，取中间3个分数的平均值为运动员的应得分数。运动员的应得分只取到小数点后两位，小数点后第三位数不做四舍五入。

(2)最后得分的确定

裁判长从运动员应得分数中减去裁判长按规定执行的扣分，即为运动员的最后得分。

2. 评分标准

各项比赛的最高得分均为10分，具体标准如下。

(1)其他拳术、器械的评分标准

姿势正确、方法清楚的分值为4分；劲力顺达、动作协调的分值为3分；风格独特、内容充实的分值为2分；精神贯注、节奏分明的分值为1分。

(2)集体项目的评分标准

质量的评分：姿势正确、动静分明、精神贯注、技术熟练。此类分值为4分。

内容的评分：内容充实、武术的特点和风格突出，整套动作中应包括项目的基本动作和基本方法。此类分值为3分。

配合的评分：队形整齐，动作协调一致。此类分值为2分。

结构、布局的评分：结构恰当，布局匀称、攻防合理的分值为4分；动作熟练、配合严密的分值为3分；内容充实、结构紧凑的分值为2分；意识逼真、风格突出的分值为1分。

前两部分由评判动作规格的裁判员评定；后两部分由评判演练水平的裁判员评定。

(八)裁判长扣分以及对评分的调整

1. 武术套路比赛中裁判长的扣分范围

1)趋势、收势不符合规定或有意拖延时间。

2)重做。

3)出界。

4)平衡时间不足。

5)套路完成时间不足或超出规定时间。

6)器械、服装不符合规定。

7)动作组别不够。

8)规定套路的动作缺少或增加。

9)指定动作的扣分。

2. 当评分中出现明显不合理现象时

在出示运动员最后得分前,裁判长须报告总裁判长,经总裁判长同意,可召集场上裁判员协商或同个别有关裁判协商,改变分数,被指定改分的裁判员必须服从。

3. 当有效分数(最高或最低)之间出现不允许的差数时

在出示运动员的最后得分前,裁判长可召集场上裁判员协商或同个别有关裁判协商,改变分数。被指定改分的裁判员必须服从。

4. 总裁判长认为最后得分偏高或偏低时

在裁判组没有公开分前,可与裁判长协商,改变分数。被指定改分的裁判长必须服从。分数改变后,由总裁判长签名。

(九)套路比赛的有关规定

1. 完成套路的时间

1)长拳、南拳和刀、剑、枪、棍的自选套路,不得少于1分20秒。如按年龄分组比赛时,18周岁以上的成年组不少于1分20秒,12~17周岁的少年组不少于1分10秒,不满12周岁的儿童组不少于1分钟。

2)太极拳自选套路为3~4分钟(到3分钟时,裁判长鸣哨示意),太极拳规定套路为5~6分钟(到5分钟时,裁判长鸣哨示意)。

3)太极剑集体项目为3~4分钟(到3分钟时,裁判长鸣哨示意)。

4)其他项目单练不得少于1分钟。对练不得少于50秒。

2. 套路比赛场地与器械规格

(1)套路比赛在地毯上进行

单练和对练项目的场地为长14 m,宽8 m,四周内沿应标明5 cm宽的边线,其周围至少有2 m宽的安全区,在场地的两长边中间各做一条长30 cm、宽5 cm的中线标记。

集体项目的场地为长16 m,宽14 m,四周内沿应标明5 cm宽的边线,其周围至少有1 m宽的安全区。

(2)武术器械的长度、重量、硬度等规定

枪的全长必须等于本人直立直臂上举时从脚底到指端的长度,棍最短必须等于本人身高。枪杆和棍应由白蜡杆制成,粗细按不同年龄组均有规定。剑或刀的长度以运动员直臂垂肘反手持剑或直臂垂肘抱刀时，剑尖或刀尖不低于本人耳上端为准。剑、刀应由钢材料制成，对不同年龄组的器械重量均有规定。

子项目一　初级长拳第三路

【项目描述】

通过相关知识点的学习，了解初级长拳第三路的基本功和基本套路动作。培养动作的协调性和准确性，达到锻炼身体的目的。

【项目要求】

掌握初级长拳第三路的基本套路。

【技能目标】

掌握初级长拳第三路的基本功和基本套路，培养动作的协调性和准确性。

【相关知识点】

一、动作名称

预备姿势

1. 虚步亮掌　2. 并步冲拳

第一节

1. 弓步冲拳　2. 弹腿冲拳　3. 马步冲拳　4. 弓步冲拳　5. 弹腿冲拳　6. 大跃步前穿　7. 弓步击掌　8. 马步架掌

第二节

1. 虚步栽拳　2. 提膝穿掌　3. 仆步穿掌　4. 虚步挑掌　5. 马步击掌　6. 叉步双摆掌　7. 弓步击掌　8. 转身踢腿　马步盘肘

第三节

1. 歇步抡砸拳　2. 仆步亮掌　3. 弓步劈拳　4. 换跳步弓步冲拳　5. 马步冲拳　6. 弓步下冲拳　7. 叉步亮掌　侧踹腿　8. 虚步挑拳

第四节

1. 弓步顶肘　2. 转身左拍脚　3. 右拍脚　4. 腾空飞脚　5. 歇步下冲拳　6. 仆步抡劈拳　7. 提膝挑掌　8. 提膝劈掌　弓步冲拳

第五节

1. 虚步亮掌　2. 并步对拳　3. 还原结束动作

二、动作说明

1. 预备姿势

两脚并步站立，两臂垂于身体两侧，五指并拢贴靠腿外侧，眼向前平视，如图 3-13a 所示。

图 3-13

要点：头要端正，颏微收，挺胸、塌腰、收腹。

(1)虚步亮掌

1)右脚向右后方撤步成左弓步。右掌向右、向上、向前划弧，掌心向上；左臂屈肘，左掌提至腰侧，掌心向上，目视右掌，如图 3-13b 所示。

2)右腿微屈，重心后移。左掌经胸前从右臂上向前穿出伸直；右臂屈肘，右掌收至腰侧，掌心向上，目视左掌，如图 3-13c 所示。

3)重心继续后移，左脚稍向右移，脚尖点地，成左虚步。左臂内旋向左、向后划孤成勾手，勾尖向上；右手继续向后、向右、向前上划孤，屈肘抖腕，在头蔺上方成亮掌（横掌），掌心向前，掌指向左，目视左方，如图 3-13d 所示。

要点：三个动作必须连贯。成虚步时，重心落于右腿上，右大腿与地面平行。左腿微屈，脚尖点地。

(2)并步对拳

1)右腿蹬直，左腿提膝，脚尖里扣，上肢姿势不变，如图 3-14a 所示。

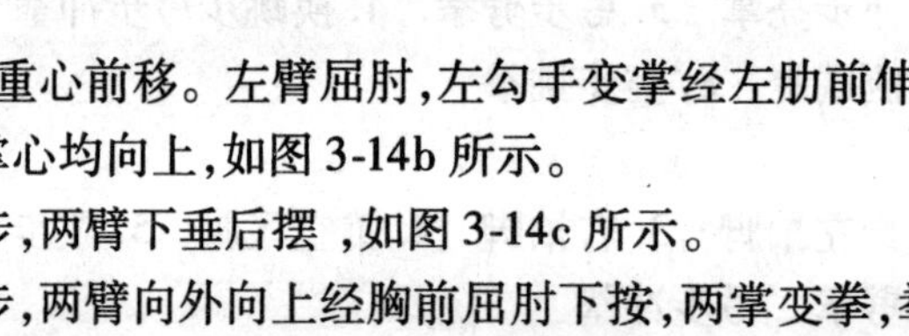

图 3-14

2)左脚向前落步，重心前移。左臂屈肘，左勾手变掌经左肋前伸；右臂外旋向前下落于左掌右侧，两掌同高，掌心均向上，如图 3-14b 所示。

3)右脚向前上一步，两臂下垂后摆，如图 3-14c 所示。

4)左脚向右脚并步，两臂向外向上经胸前屈肘下按，两掌变拳，拳心向下，停于小腹前。目视左侧，如图 3-14d 所示。

要点：并步后挺胸、塌腰。对拳、并步、转头要同时完成。

2. 第一节

(1)弓步冲拳

1)左脚向左上一步，脚尖向斜前方；右腿微屈，成半马步。左臂向上向左格打，拳眼向后，拳与肩同高；右拳收至腰侧，拳心向上；目视左拳，如图 3-15a 所示。

2)右腿蹬直成左弓步。左拳收至腰侧，拳心向上；右拳向前冲出，高与肩平，拳眼向上；

a　　b

图 3-15

目视右拳,如图 3-15B 所示。

要点:成弓步时,右腿充分蹬直,脚跟不要离地。冲拳时,尽量转腰顺肩。

(2)弹腿冲拳

重心前移至左腿,右腿屈膝提起,脚面绷直,猛力向前弹出伸直,高与腰平;右拳收至腰侧;左拳向前冲出,目视前方,如图 3-16 所示。

图 3-16

要点:支撑腿可微屈,弹出的腿要用爆发力,力点达于脚尖。

(3)马步冲拳

右脚向前落步,脚尖里扣,上体左转。左拳收至腰侧,两腿下蹲成马步;右拳向前冲出;目视右拳,如图 3-17 所示。

图 3-17

要点:成马步时,大腿要平,两脚平行,脚跟外蹬,挺胸、塌腰。

(4)弓步冲拳

1)上体右转 90°,右脚尖外撇向斜前方,成半马步;右臂屈肘向右格打,拳眼向后;目视右拳,如图 3-18a 所示。

a　　b

图 3-18

2)左腿蹬直成右弓步,右拳收至腰侧,左拳向前冲出,目视左拳,如图 3-18b 所示。

要点:与本节的弓步冲拳相同,唯左右相反。

(5)弹腿冲拳

重心前移至右腿,左腿屈膝提起,脚面绷直,猛力向前弹出伸直,高与腰平;左拳收至腰侧,右拳向前冲出,拳心向上;目视前方,如图 3-19 所示。

图 3-19

要点:与本节的弹腿冲拳相同,唯左右相反。

(6)大跃步前穿

1)左腿屈膝,右拳变掌内旋,以手背向下挂至左膝外侧,上体前倾,目视右手,如图 3-20a 所示。

图 3-20

2)左脚向前落步,两腿微屈;右掌继续向后挂,左拳变掌,向后向下伸直;目视右掌,如图 3-20b 所示。

3)右腿屈膝向前提起,左腿立即猛力蹬地向前跃出;两掌向前向上划孤摆起,目视左掌,如图 3-20c 所示。

4)右腿落地全蹲,左腿随即落地向前铲出成仆步;右掌变拳抱于腰侧,左掌由上向右向下划弧成立掌,停于右胸前;目视左脚,如图 3-20d 所示。

要点:跃步要远,落地要轻,落地后立即接做下一个动作。

(7)弓步击掌

右腿猛力蹬直成左弓步。左掌经左脚面后划弧至身后成勾手,左臂伸直,勾尖向上,如图 3-20d 所示;右拳由腰侧变掌向前推出,掌指向上,掌外侧向前,目视右掌,如图 3-21 所示。

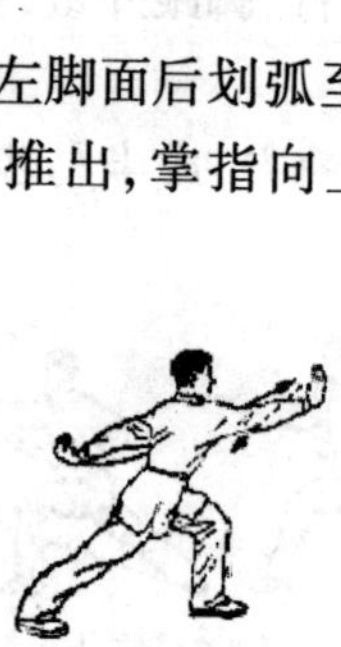

图 3-21

(8)马步架掌

1)重心移至两腿中间,左脚脚尖里扣成马步,上体右转。右臂向左侧平摆,稍屈肘;同时左勾手变掌由后经左腰侧从右臂内向前上穿出,掌心均朝上。目视左手,如图 3-22d 所示。

a　　b

图 3-22

2)右掌立于左胸前;左臂向左上屈肘抖腕亮掌于头部左上方,掌心向前;目右转视,如图 3-22b 所示。

要点:亮掌的抖腕动作和转头同时完成,发力要干脆,马步同前。

3. 第二节

(1)虚步栽拳

1)右脚蹬地,屈膝提起;左腿伸直,以前脚掌为轴向右后转体 180°。右掌由左胸前向下经右腿外侧向后划弧成勾手;左臂随体转动并外旋,使掌心朝右。目视右手,如图 3-23a 所示。

a　　b

图 3-23

2)右脚向右落地,重心移至右腿上,下蹲成左虚步。左掌变拳下落于左膝上,拳眼向里,拳心向后;右勾手变拳,屈肘向上架于头右上方,拳心向前。目视左方,如图 3-23b 所示。

(2)提膝穿掌

1)右腿稍伸直。右拳变掌收至腰侧、掌心向上,左拳变掌由下向左向上划弧盖压于头上方,掌心向前,如图 3-24a 所示。

a　　b

图 3-24

2)右腿蹬直,左腿屈膝提起,脚尖内扣。右掌从腰侧经左臂内向右前上方穿出,掌心向上,左掌收至右胸前成立掌。目视右掌 ,如图 3-24b 所示。

要点:支撑腿与右臂充分伸直。

(3)仆步穿掌

右腿全蹲,左腿向左后方铲出成左仆步。右臂不动,左掌由右胸前向下经左腿内侧,向左 脚面穿出。目随左掌转视 ,如图 3-25 所示。

图 3-25

(4)虚步挑掌

1)右腿蹬直,重心前移至左腿,成左弓步。右掌稍下降,左掌随重心前移向前挑起,如图 3-26a 所示。

a　b

图 3-26

2)右脚向左前方上步,左腿半蹲,成右虚步。身体随上步左转 180°。在右脚上步的同时,左掌由前向上向后划弧成立掌,右掌由后向下向前上挑起成立掌,指尖与眼平。目视右掌,如图 3-26b 所示。

要点:上步要快,虚步要稳。

(5)马步击掌

1)右脚落实,脚尖外撇,重心稍升高并右移,左掌变拳收至腰侧;右掌俯掌向外掳手,如下图 3-27a 所示。

2)左脚向前上一步,以右脚为轴向右后转体 180°,两腿下蹲成马步。左掌从右臂上成立掌向左侧击出;右掌变拳收至腰侧。目视左掌,如图 3-27b 所示。

a　b

图 3-27

要点:右手做掳手时,先使臂稍内旋、腕伸直,手掌向下向外转,接着臂外旋,掌心经下向上翻转,同时抓握成拳。收拳和击掌动作要同时进行。

(6)叉步双摆掌

1)重心稍右移,同时两掌向下向右摆,掌指均向上。目视右掌,如图 3-28a 所示。

a　　b

图 3-28

2)右脚向左腿后插步,前脚掌着地。两臂继续由右向上向左摆,停于身体左侧,均成立掌,右掌停于左肘窝处。目随双掌转视,如图 3-28b 所示。

要点:两臂要划立圆,幅度要大,摆掌与后插步配合一致。

(7)弓步击掌

1)两腿不动。左掌收至腰侧,掌心向上;右掌向上向右划孤,掌心向下,如图 3-29a 所示。

2)左腿后撤一步,成右弓步。右掌向下向后伸直摆动,成勾手,勾尖向上;左掌成立掌向前推出。目视左掌,如图 3-29b 所示。

a　　b

图 3-29

(8)转身踢腿马步盘肘

1)两脚以前脚掌为轴向左后转体 180°。在转体的同时,左臂向上向前划半立圆,右臂向下向后划半圆,如图 3-30a 所示。

2)上动不停,两脚不动,右臂由后向上向前划半立圆,左臂由前向下向后划半立圆,如图 3-30b 所示。

3)上动不停,右劈向下成反臂勾手,勾尖向上;左臂向上成亮掌,掌心向前上方。右腿伸直,脚尖勾起,向额前踢,如图 3-30c 所示。

4)右脚向前落地,脚尖里扣;右手不动,左臂屈肘下落至胸前,左掌心向下;目视左掌,如图 3-30d 所示。

5)上体左转 90°,两腿下蹲成马步。同时左掌向前向左平掳变拳收至腰侧,右勾手变拳,右臂伸直,由体后向右向前平摆,至体前时屈肘,肘尖向前,高与肩平,拳心向下。目视肘尖,如图 3-30e 所示。

要点:两臂抡动时要划立圆,动作连贯。盘肘时要快速有力,右肩前倾。

4. 第三节

(1)歇步抡砸拳

1)重心稍升高,右脚尖外撇。右臂由胸前向上向右抡直;左拳向下向左,使臂抡直;目

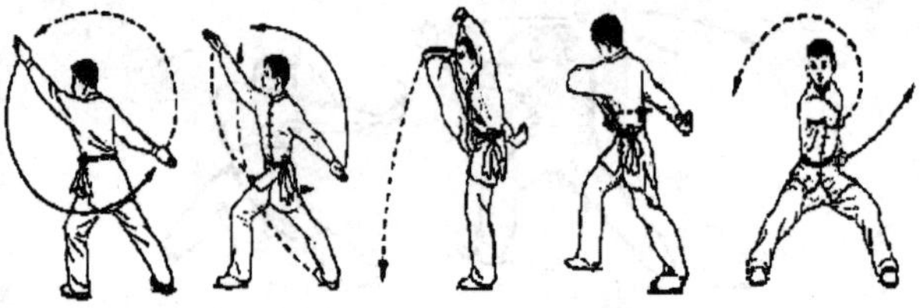

图 3-30

视右拳，如图 3-31a 所示。

图 3-31

2）上动不停，两脚以前脚掌为轴，向右后转体 180°。右臂向下向后抡摆，左臂向上向前随身体转动，如图 3-31b 所示。

3）紧接上动，两腿全蹲成歇步。左臂随身体下蹲向下平砸，拳心向上，臂部微屈；右臂伸直向上举起。目视左拳，如图 3-31c 所示。

要点：抡臂动作要连贯完成，划成立圆。歇步要两腿交叉全蹲，左腿大、小腿靠紧，臀部贴于左小腿外侧，膝关节在右小腿外侧，脚跟提起，右脚尖外撇，全脚着地。

（2）仆步亮拳

1）左脚由右腿后抽出前上一步，左腿蹬直，右腿半蹲，成右弓步，上体微向右转。左拳收至腰侧，右拳变掌向下经胸前向右横击掌。目视右掌，如图 3-32a 所示。

图 3-32

2）右脚蹬地屈膝提起，上体右转。左拳变掌从右掌上向前穿出，掌心向上，右掌平收至左肘下，如图 3-32b 所示。

3）右脚向右落步，屈膝全蹲，左腿伸直，成仆步。左掌向下向后划弧成勾手，勾尖向上，右掌向右向上划弧微屈，抖腕成亮掌，掌心向前。头随右手转动，至亮掌时，目视左方，如图 3-32c 所示。

要点:仆步时,左腿充分伸直,脚尖里扣,右腿全蹲,两脚脚掌全部着地。上体挺胸塌腰,稍左转。

(3)弓步劈拳

1)右腿蹬地立起,左腿收回并向左前方上步。右掌变拳收至腰侧,左勾手变掌由下向前上经胸前向左做掳手,如图 3-33a 所示。

2)右腿经左腿前方向左绕上一步,左腿蹬直成右弓步。左手向左平掳后再向前挥摆,虎口朝前,如图 3-33b 所示。

3)在左手平掳的同时,右拳向后平摆,然后再向前向上做抡劈拳,拳高与耳平,拳心向上,左掌外旋接扶右前臂。目视右拳,如图 3-33c 所示。

a　b　c

图 3-33

要点:左右脚上步稍带弧形。

(4)换跳步弓步冲拳

1)重心后移,右脚稍向后移动。右拳变掌,臂内旋,以掌背向下划弧挂至右膝内侧;左掌背贴靠右肘外侧,掌指向前。目视右掌,如图 3-34a 所示。

2)右腿自然上抬,上体稍向左扭转。右掌挂至体左侧,左掌伸向右腋下。目随右掌转视,如图 3-34b 所示。

3)右脚以全脚掌用力向下震跺,与此同时,左脚急速离地抬起。右手由左向上向前掳盖而后变拳收至腰侧,左掌伸直向下、向上、向前屈肘下按,掌心向下。上体右转,目视左掌,如图 3-34c 所示。

4)左脚向前落步,右腿蹬直成左弓步。右拳向前冲出,拳高与肩平;左掌藏于右腋下,掌背贴靠腋窝。目视右拳,如图 3-34d 所示。

a　b　c　d

图 3-34

要点:换跳步动作要连贯、协调。震脚时腿要弯曲,全脚掌着地,左脚离地不要高。

(5)马步冲拳

左脚蹬地,脚尖内扣,上体右转 90°,重心移至两腿中间,成马步。右拳收至腰侧,左掌变拳向左冲出,拳眼向上。目视左拳,如图 3-35 所示。

图 3-35

(6)弓步下冲拳

右脚蹬直,左腿弯曲,上体稍向左转,成左弓步。左拳变掌向下经体前向上架于头左上方,掌心向上,右拳自腰侧向左前斜下方冲出。目视右拳,如图 3-36 所示。

图 3-36

(7)叉步亮掌侧踹腿

1)上体稍右转。左掌由头上下落于右手碗上,右拳变掌,两手交叉成十字。目视双手,如图 3-37a 所示。

2)右脚蹬地并向左腿后插步,以前脚掌着地。左掌由体前向下向后划弧成勾手,勾尖向上,右掌由前向右向上划弧抖腕亮掌,掌心向前。目视左侧,如图 3-37b 所示。

3)重心移至右腿,左腿屈膝提起,向左上方猛力蹬出,脚尖勾紧。上肢姿势不变,目视左侧,如图 3-37c 所示。

a b c

图 3-37

要点:插步时上体稍向右倾斜,腿、臂的动作要一致。侧踹高度不能低于腰,大腿内旋,着力点在脚跟。

(8)虚步挑拳

1)左脚在左侧落地。右掌变拳稍后移,左勾手变拳由体后向左上挑,拳背向上,如图 3-

38a 所示。

2)上体左转 180°,微含胸前俯。左拳继续向前向上划弧上挑,右拳向下向前划孤挂至右膝外侧,同时右膝提起。目视右拳,如图 3-38b 所示。

3)右脚向左前方上步,脚尖点地,重心落于左脚,左腿下蹲成右虚步。左拳向后划弧收至腰侧,拳心向上,右拳向前屈臂挑出,拳眼斜向上,拳与肩同高。目视右拳,如图 3-38c 所示。

a　b　c

图 3-38

5. 第四节

(1)弓步顶肘

1)缩身下挂,重心升高,右脚踏实。右臂内旋向下,直臂划弧以拳背下挂至右膝内侧,左拳不变。目视前下方,如图 3-39a 所示。

2)左腿蹬直,右腿屈膝上抬。左拳变掌,右拳不变,两臂向前向上划弧摆起。目随右拳转视,如图 3-39b 所示。

3)左脚蹬地起跳,身体腾空,两臂继续划弧至头上方,如图 3-39c 所示。

4)右脚先落地,右腿屈膝,左脚向前落步,以前脚掌着地。同时两臂向右向下屈肘停于右胸前,右拳变掌,左掌变拳。右掌心贴靠左拳面,如图 3-39d 所示。

5)左脚向左上一步,左腿屈膝,右腿蹬直成左弓步。右掌推左拳,以左肘尖向左顶出,高与肩平。目视前方,如图 3-39e 所示。

a　b　c　d　e

图 3-39

要点:交换步时不要过高,但要快。两臂抡摆时要成圆弧。

(2)转身左拍脚

1)以两脚前脚掌为轴向右后转体 180°。随着转体,右臂向上、向右向下划弧抡摆,同时左拳变掌向下向后向前上抡摆,如图 3-40a 所示。

2)左腿伸直向前上踢起,脚面绷平。左掌变拳收至腰侧,右掌由体后向上向前拍击左脚面,如图 3-40b 所示。

a b

图 3-40

要点：右掌拍脚时手掌稍横过来，拍脚要准而响亮。

(3)右拍脚

1)左脚向前落地，左拳变掌向下向后摆，右掌变拳收至腰侧，如图 3-41a 所示。

2)右腿伸直向前上踢起，脚面绷平。左拳变掌由后向上向前拍击右脚面，如图 3-41b 所示。

a b

图 3-41

要点：与本节的转身左拍脚相同。

(4)腾空飞脚

1)右脚落地，如图 3-42a 所示。

2)左脚向前摆起，右脚猛力蹬地跳起，左腿屈膝继续前上摆。同时右拳变掌向前向上摆起，左掌先上摆而后下降拍击右掌背，如图 3-42b 所示。

3)右腿继续上摆，脚面绷平。右手拍击右脚面，左掌由体前向后上举，如图 3-42c 所示。

a b c

图 3-42

要点：蹬地要向上，不要太向前冲，左膝尽量上提。击响要在腾空时完成，右臂伸直成水平。

(5)歇步下冲拳

1)左、右脚先后相继落地。左掌变拳收至腰侧，如图 3-43a 所示。

2)身体右转 90°，两腿全蹲成歇步。右掌抓握、外旋变拳收至腰侧；左拳由腰侧向前下方冲出，拳心向下。目视左拳，如图 3-43b 所示。

a　　b

图 3-43

(6)仆步抡劈拳

1)重心升高,右臂由腰侧向体后伸直,左臂随身体重心升高向上摆起,如图 3-44a 所示。

2)以右脚前脚掌为轴,左腿屈膝提起,上体左转 270°。左拳由前向后下划立圆一周;右拳由后向下向前上划立圆一周,如下图 3-44b 所示。

3)左腿向后落一步,屈膝全蹲,右腿伸直,脚尖里扣成右仆步。右拳由上向下抡劈,拳眼向上;左拳后上举,拳眼向上。目视右拳,如图 3-44c 所示。

a　　b　　c

图 3-44

要点:抡臂时一定要划立圆。

(7)提膝挑掌

1)重心前移成右弓步。同时右拳变掌由下向上抡摆,左拳变掌稍下落,右掌心向左,左掌心向右,如图 3-45a 所示。

2)左、右臂在垂直面上由前向后各划立圆一周。右臂伸直停于头上,掌心向左,掌指向上,左臂伸直停于身后成反勾手。同时右腿屈膝提起,左腿挺膝伸直独立。目视前方,如图 3-45b 所示。

a　　b

图 3-45

要点:抡臂时要划立圆。

(8)提膝劈掌弓步冲拳

1)下肢不动。右掌由上向下猛劈伸直,停于右小腿内侧,用力点在小指一侧;左勾手变掌,屈臂向前停于右上臂内侧,掌心向左。目视右掌,如图 3-46a 所示。

2)右脚向右后落地,身体右转 90°。同时左掌变拳收至腰侧,右臂内旋向右划弧做劈掌,如图 3-46b 所示。

3)上动不停,左腿蹬直成右弓步。右手抓握变拳收至腰侧,左拳由腰侧向左前方冲出。目视左拳,如图 3-46c 所示。

a　b　c

图 3-46

6. 第五节

(1)虚步亮掌

1)右脚扣于左膝后,两拳变掌,两臂右上左下屈肘交叉于体左前。目视右掌,如图 3-47a 所示。

2)右脚向右后落步,重心后移,右腿半蹲,上体稍右转。同时右掌向上、向右、向下划弧停于左腋下;左掌向左、向上划弧停于右臂上与左胸前,两掌心左下右上。目视左掌,如图 3-47b 所示。

3)左脚尖稍向右移,右腿下蹲成左虚步。左臂伸直向左、向后划弧成反勾手;右臂伸直向下、向右、向上划弧抖腕亮掌,掌心向前。目视左方,如图 3-47c 所示。

a　b　c

图 3-47

(2)并步对拳

1)左腿后撤一步,同时两掌从两腰侧向前穿出伸直,掌心向上,如图 3-48a 所示。

2)右腿后撤一步,同时两臂分别向体后下摆,如图 3-48b 所示。

3)左脚后退半步向右脚并拢。两臂由后向上经体前屈臂下按,两掌变拳,停于腹前,拳心向下,拳面相对。目视左方,如图 3-48c 所示。

(3)还原结束动作

两臂自然下垂,目视正前方,如图 3-48d 所示。

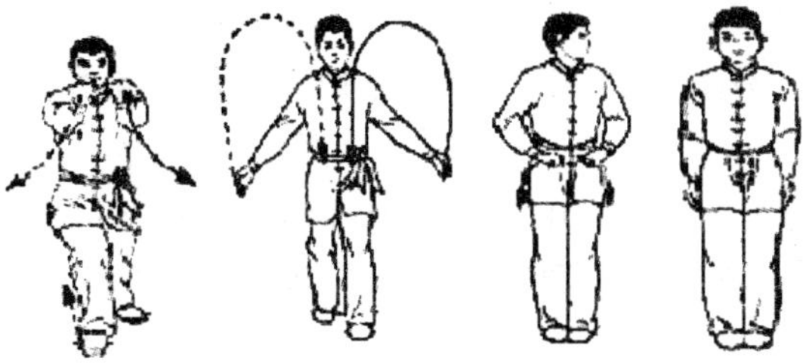

a　b　c　d

图 3-48

子项目二　二十四式简化太极拳

【项目描述】

通过相关知识点的学习,了解二十四式简化太极拳的基本功和基本套路动作。培养动作的协调性和准确性,达到锻炼身体的目的。

【项目要求】

掌握二十四式简化太极拳的基本套路。

【技能目标】

掌握二十四式简化太极拳的基本功和基本套路,培养动作的协调性和准确性。

【相关知识点】

一、太极拳项目概述

太极拳是一种武术项目,也是体育运动和健身项目,在中国有着悠久的历史。太极始于无极,分两仪,由两仪分三才,由三才显四象,演变八卦。依据“易经”阴阳之理、中医经络学、道家导引、吐纳综合地创造一套有阴阳性质、符合人体结构和大自然运转规律的一种拳术,古人称为“太极”。

中国六大太极拳流派中,河北邯郸杨氏太极拳、武氏太极拳是在河南焦作陈氏太极拳的基础上发展创编的,北京吴式太极拳是在杨氏太极拳基础上形成的,河北保定孙氏太极拳源于武氏太极拳。故多认为陈氏太极拳为中国太极拳的最早雏形。

2006 年,太极拳被列入首批国家非物质文化遗产名录。新派太极是中国国家体委武术研究院以杨式风格为主,并吸收了陈、吴、武、孙多家太极的特点,自 1957 年以来先后创编的多套新编太极套路。国家套路主要有:八式、十六式、二十四式、三十二式、四十二式、四十八式、八十八式太极拳。另外,针对不同的门派,又创编了杨氏四十式、陈氏五十六式、吴式四十五式、孙氏七十三式和武式四十六式太极拳。

太极拳与中国古代道教有着千丝万缕的联系。太极拳是中华民族辩证的理论思维与武术、艺术、引导术的完美结合,是高层次的人体文化。太极拳形架之源,与道教科仪踏罡步斗极其相似,其间“禹步”之术是中国古老的养生术,道教法术中的禹步,即为今天的八卦步、太极圆环步的雏形。太极拳理论直接来源于道教思想,道教继承和发展老庄道家思想,在重生贵生、尊道贵德宗旨的指导下,有一系列养生修身炼己、以求长生久视的锻炼功法,集中且精当地体现在太极拳功法拳理上。在太极拳中,借力打力,“四两拨千斤”,以柔克刚、以静制动,“柔弱胜刚强”都来源于老庄哲学,故太极拳被称为“国粹”。太极拳的运动特点是中正安舒、轻灵圆活、松柔慢匀、开合有序、刚柔相济,动如行云流水,连绵不断。这种运动既自然又高雅,可亲身体会到音乐的韵律、哲学的内涵、美的造型、诗的意境,在高级的享受中,使疾病消除,身心健康。

中华人民共和国成立后推行简易太极拳套路。为了便于在广大群众中推广太极拳,在杨式太极拳的基础上, 删去繁难和重复的动作,选取二十四式,编成简化太极拳。

二、太极拳动作特点

太极拳以“掤、捋、挤、按、采、挒、肘、靠、进、退、顾、盼、定”等为基础方法。动作徐缓舒畅,要求练拳时正腰、收颚、直背、垂肩,有飘然腾云之意境。太极拳很重视练气,就是修炼人体自身的精神力,这是太极拳作为内家功夫的特点之一。

三、二十四式太极拳动作名称

第一组:(一)起势　(二)左右野马分鬃　(三)白鹤亮翅

第二组:(四)左右搂膝拗步　(五)掌挥琵琶　(六)左右倒卷肱

第三组:(七)左揽雀尾　(八)右揽雀尾

第四组:(九)单鞭　(十)云掌　(十一)单鞭

第五组:(十二)高探马　(十三)右蹬脚　(十四)双峰贯耳　(十五)转身左蹬脚

第六组:(十六)左下势独立　(十七)右下势独立

第七组:(十八)左右穿梭　(十九)海底针　(二十)闪通臂

第八组:(二十一)转身搬拦捶　(二十二)如封似闭　(二十三)十字掌　(二十四)收势

四、二十四式太极拳动作说明

(一)起势

1)身体自然直立,两脚开立,与肩同宽,脚尖向前;两臂自然下垂,两掌放在大腿外侧,指尖向下;向前平视,如图 3-49a 所示。

2)两臂慢慢向前平举,两掌高与肩平,与肩同宽,掌心向下,如图 3-49b 所示。

3)上体保持正直,两腿屈膝下蹲;同时两掌轻轻下按,两肘下垂与两膝相对;眼平看前方。

要点:两肩下沉,两肘松垂,掌指自然微屈。屈膝松腰,臀部不可凸出,身体重心落于两腿中间。两臂下落和身体下蹲的动作要协调一致,如图 3-49c 所示。

a　b　c

图 3-49

(二)左右野马分鬃

1. 左野马分鬃

1)上体微向右转,身体重心移至右腿上;同时右臂收在胸前平屈,掌心向下,左掌经体前向右下划弧至右掌下,掌心向上,两掌心相对成抱球状;左脚随即收到右脚内侧,脚尖点地;眼看右掌,如图 3-50a 所示。

2)上体微向左转,左脚向左前方迈出,右脚跟后蹬,右腿自然伸直,成左弓步;同时上体继续向左转,左右掌随转体慢慢分别向左上、右下分开,左掌高与眼平(掌心斜向上),肘微屈;右掌落在右胯旁,肘微屈掌心向下,指尖向前;眼看左掌,如图 3-50b、c 所示。

a　b　c

图 3-50

2. 右野马分鬃

1)上体慢慢后坐,身体重心移至右腿,左脚尖翘起,微向外撇(45°～60°),如图 3-51a 所示。

2)左脚掌慢慢踏实,左腿慢慢前弓,身体左转,身体重心再移至左腿;同时左掌翻转向下,左臂收在胸前平屈,右掌向左上划弧至左掌下,两掌心相对成抱球状;右脚随即收到左脚内侧,脚尖点地;眼看左掌,如图 3-51b 所示。

3)右腿向右前方迈出,左腿自然伸直,成右弓步;同时上体右转,左右掌随转体分别慢慢向左下、右上分开,右掌高与眼平(掌心斜向上),肘微屈;左掌落在左胯旁,肘微屈,掌心向下,指尖向前,眼看右掌,如图 3-51c、d、e 所示。

a　b　c　d　e

图 3-51

3. 左野马分鬃

同右野马分鬃，唯左右动作方向相反，如图 3-52 所示。

图 3-52

3. 白鹤亮翅

1）上体微向左转，左掌翻掌向下，左臂平屈胸前，右掌向左上划弧，掌心转向上，与左掌成抱球状；眼看左掌，如图 3-53a 所示。

2）跟步后坐。右脚跟进半步，上体后坐，身体重心移至右腿，上体先向右转，面向右前方，眼看右掌，如图 3-53b 所示。

3）左脚稍向前移，脚尖点地，成左虚步，同时上体再微向左转，面向前方，两掌随转体慢慢向右上、左下分开，右掌上提停于右额前，掌心向左后方，左掌落于左胯前，掌心向下，指尖向前；平视前方，如图 3-53c 所示。

a b c

图 3-53

（四）左右搂膝拗步

1. 左搂膝拗步

1）右掌从体前下落，右下向后上访划至右肩外，掌与耳同高，掌心斜向上；左掌由左下向上、向右划弧至右胸前，掌心斜向下；同时上体先微向左再向右转；左脚收至右脚内侧，脚尖着地，眼看右掌，如图 3-54a、b、c 所示。

2）上体左转，左脚向前（偏左）迈出成弓步；同时右掌屈回由耳侧向前推出，高与鼻尖平，左掌向下由左膝前搂过落于左胯旁，指尖向前；眼看右掌掌指，如图 3-54d、e 所示。

3）右脚慢慢屈膝，上体后坐，身体重心移至右腿，左脚尖翘起微向外撇，随后脚掌慢慢踏实，右脚前弓，身体左转，身体重心移至左腿，右脚收到左脚内侧，脚尖着地；同时左掌向外翻掌由左后向上划弧至左肩外侧，肘委屈，掌与耳同高，掌心斜向上；右掌随转体向上、向下划弧落于左胸前，掌心斜向下；眼看左掌，如图 3-54f、g、h、i 所示。

图 3-54

2. 右搂膝拗步

同左搂膝拗步 2)，唯左右动作相反，如图 3-55 所示。

图 3-55

(五)掌挥琵琶

右脚跟进半步，上体后坐，身体重心转至右腿上，上体半面向右转，左脚略提起稍向前移，变成左虚步，脚跟着地，脚尖翘起，膝部微屈；同时左掌由左下向上挑举，高与鼻尖平，掌心向右，臂微屈；右掌收回放在左肘里侧，掌心向左；眼看左掌食指，如图 3-56 所示。

图 3-56

(六)左右倒卷肱

1. 左倒卷肱

1)上体右转，右掌翻掌掌心向上，经腹前由下向后上方划弧平举，臂微屈，左掌随即翻掌向上；眼的视线随着向右转体先向右看，再转向前方看左掌，如图 3-57a、b 所示。

2)右臂屈肘折向前，右掌由耳侧向前推出，掌心向前，左臂屈肘后撤，掌心向上，撤至左肋外侧；同时左腿轻轻提起向后(偏左)退一步，脚掌先着地，然后全脚慢慢踏实，身体重心移到左腿上，成右虚步，右脚随转体以脚掌为轴扭正；眼看右掌，如图 3-57c、d 所示。

图 3-57

2. 右倒卷肱

1)上体微向左转,同时左掌随转体向后上方划弧平举,掌心向上,右掌随即翻掌,掌心向上;眼随转体先向左看,再转向前方看右掌,如图 3-58 所示。

图 3-58

2)同左倒卷肱 2),唯左右动作方向相反,如图 3-59 所示。

图 3-59

(七)左揽雀尾

1)身体继续向右转,左掌自然下落逐渐翻掌经腹前划弧至左肋前,掌心向上;左臂屈肘,掌心转向下,收至右胸前,两掌相对成抱球状;同时身体重心落在右腿上,左脚收到右脚内侧,脚尖点地;眼看右掌,如图 3-60 所示。

图 3-60

2)上体微向左转,左脚向左前方迈出,上体继续向左转,右腿自然蹬直,左腿屈膝,成左弓步;同时左臂向左前方掤出(左臂平屈成弓形,用前臂外侧和掌背向前方推出),高与肩平,掌心向后;右掌向右下落于右胯旁,掌心向下,指尖向前;眼看左前臂,如图 3-61 所示。

图 3-61

要点：掤出时，两臂前后均保持弧形。分掌、松腰、弓腿三者必须协调一致。揽雀尾弓步时，两脚跟横向距离上超过 10 厘米。

3）身体微向左转，左掌随即前伸翻掌向下，右掌翻掌向上，经腹前向上向前伸至左前臂下方；然后两掌下捋，即上体向右转，两掌经腹前向右后上方划弧，直至右掌掌心向上，高与肩齐，左臂平屈于胸前，掌心向后；同时身体重心移至右腿；眼看右掌，如图 3-62 所示。

图 3-62

要点：下捋时，上体不可前倾，臀部不要凸出。两臂下捋须随腰旋转，仍走弧线。左脚全掌着地。

4）上体左转，右臂屈肘折回，右掌附于左掌腕里侧（相距约 5 厘米），上体继续向左转，双掌同时向前慢慢挤出，左掌心向右，右掌心向前，左前臂保持半圆；同时身体重心逐渐前移变成左弓步；眼看左掌腕部，如图 3-63a 所示。

要点：向前挤时，上体要正直。挤的动作要与松腰、弓腿相一致。

5）左掌翻掌，掌心向下，右掌经左腕上方向前、向右伸出，高与左掌齐，掌心向下，两掌左右分开，宽与肩同；然后右腿屈膝，上体慢慢后坐，身体重心移至右腿上，左脚尖翘起；同时两掌屈肘回收至腹前，掌心均向前下方；眼向前平看，如图 3-63b、c、d 所示。

a　b　c　d

图 3-63

6）上式不停，身体重心慢慢前移，同时两掌向前、向上按出，掌心向前；左腿前弓成左弓步；眼平看前方，如图 3-64 所示。

要点：向前按时，两掌须走曲线，腕部高与肩平，两肘微屈。

图 3-64

(八)右揽雀尾

1)上体后坐并向右转,身体重心移至右腿,左脚尖里扣;右掌向右平行划弧至右侧,掌心向前,眼看右掌,如图 3-65 所示。

2)右掌由右向下,经腹前、向左划弧至左肋前;左臂平屈胸前,左掌掌心向下与右掌成抱球状;同时身体重心再移至左腿上,右脚收至左脚内侧,脚尖点地;眼看左掌,如图 3-66 所示。

图 3-65

图 3-66

3)同左揽雀尾 2),唯左右相反,如图 3-67 所示。

图 3-67

4)同左揽雀尾 3)~6),唯左右相反,如图 3-68 所示。

图 3-68

(九)单鞭

1)上体后坐,身体重心逐渐移至左腿上,右脚尖里扣;同时上体左转,两掌(左高右低)

向左弧形运转，直至左臂平举，伸于身体左侧，掌心向左，右掌经腹前运至左肋前，掌心向后上方；眼看左掌，如图 3-69 所示。

图 3-69

2）身体重心再逐渐移至右腿上，上体右转，左脚向右脚靠拢，脚尖点地；同时右掌向右上方划弧（掌心由里转向外），至右侧方时变勾掌，臂与肩平；左掌向下经腹前向下划弧停于右肩前，掌心向里；眼看左掌，如图 3-70 所示。

图 3-70

3）上体微向左转，左脚向左前侧方迈出，右脚跟后蹬，成左弓步；在身体重心向左腿的同时，左掌随上体的继续左转慢慢翻转向前推出，掌心向前，掌指与眼齐平，臂微屈；眼看左掌，如图 3-71 所示。

图 3-71

要点：上体保持正直，松腰。完成式时，右肘稍下垂，左肘与左膝上下相对，两肩下沉。左掌向外翻掌前推时，要随转体边翻边推出，不要翻掌太快或最后突然翻掌。全部过渡动作，上下要协调一致。如面向南起势，单鞭的方向（左脚尖）应向东偏北（大约 15°）。

（十）云掌

1）身体重心移至右腿上，身体渐向右转，左脚尖里扣；左掌经腹前向右上划弧至右肩前，掌心斜向后，同时右掌变掌，掌心向右前；眼看左掌，如图 3-72 所示。

图 3-72

2)上体慢慢左转,身体重心随之逐渐左移;左掌由脸前向左侧运转,掌心渐渐转向左方;右掌由右下经腹前向左上划弧至左肩膀前,掌心斜向后;同时左脚靠近左脚,成小开立步(两脚距离10~20厘米);眼看右掌,如图3-73所示。

图3-73

3)上体再向右转,同时左掌经腹前向大踏步划弧至右肩前,掌心斜面向后;右掌右侧运转,掌心翻转向右;随之左腿向左横跨一步;眼看左掌,如图3-74所示。

图3-74

4)同2),如图3-75所示。

图3-75

5)同3),如图3-76所示。

6)同2),如图3-77所示。

图3-76

图3-77

要点:身体转动要以腰脊为轴,松腰、松胯,不可忽高忽低。两臂随腰的转动而运转,要自然圆活,速度要缓慢均匀。下肢移动时,身体重心要稳定,两脚掌先着地再踏实,脚尖向前。眼的视线随左右掌而移动。第三个"云掌"的右脚最后跟步时,脚尖微向里扣,便于接"单鞭"动作。

（十一）单鞭

1）上体向右转，右掌随之向右运转，至右侧方时变成勾掌；左掌经腹前向右上划弧至右肩前，掌心向内；身体重心落在右腿上，左脚尖点地；眼看左掌，如图 3-78 所示。

图 3-78

2）上体微向左转，左脚向左前侧方迈出，右脚跟后蹬，成左弓步；在身体重心移向左腿的同时，上体继续左转，左掌慢慢翻转向前推出，成“单鞭”式，如图 3-79 所示。

图 3-79

（十二）高探马

1）右脚跟进半步，身体重心逐渐后移至右腿上；右手变掌，两掌心翻转向上，两肘微屈；同时身体微向右转，左脚跟渐渐离地；眼看左前方，如图 3-80a 所示。

2）上体微向左转，面向前方；右掌经右耳旁向前推出，掌心向前，掌指与眼同高；左掌收至左侧腰前，掌心向上；同时左脚微向前移，脚尖点地，成左虚步；眼看右掌，如图 3-80b 所示。

a　　　b

图 3-80

要点：上体自然正直，双肩要下沉，右肘微下垂。跟步移换重心时，身体不要有起伏。

（十三）右蹬腿

1）上体微向右转、左掌掌心向上，前伸至右腕背面，两掌相互交叉，随即向两侧分开并向下划弧，掌心斜向下；同时左脚提起向左前侧方进步（脚尖略外撇）；身体重心前移，右腿自然蹬直，成左弓步；眼看前方，如图 3-81a、b、c 所示。

2）两掌由外圈向里圈划弧，两掌交叉合抱于胸前，右掌在外，掌心均向后；同时右脚向左脚向左脚靠拢，脚尖点地；眼平看右前方，如图 3-81d 所示。

3）两臂左右划弧分开平举，肘部微屈，掌心均向外；同时右腿屈膝担起，右脚向右前方慢慢蹬出；眼看右掌，如图3-81e、f所示。

a b c d e f

图3-81

要点：身体要稳定，不可前俯后仰。两掌分开时，腕部与肩齐平。蹬脚时，左腿微屈，右脚尖回勾，劲使在脚跟。分掌和蹬脚须协调一致。右臂和右腿上下相对。如面向南起势，蹬脚方向应为正东偏南（约30°）。

（十四）双峰贯耳

1）右腿收回，屈膝平举，左掌由后向上、向前下落至体前，两掌心均翻转向上，两掌同时向下划弧分落于右膝两侧；眼看前方，如图3-82所示。

图3-82

2）右脚向右前方落下，身体重心渐渐前移，成右弓步，面向右前方；同时两掌下落，慢慢变拳，分别从两侧向上、向前划弧至面部前方，成钳形状，两拳相对，高与耳齐，拳眼都斜向下（两拳中间距离约10～20厘米）；眼看右拳，如图3-83所示。

图3-83

要点：完成式时，头颈正直，松腰松胯，两拳松握，沉肩垂肘，两臂均保持弧形。双峰贯耳式的弓步和身体方向与右蹬脚方向相同。弓步的两脚跟横向距离同“揽雀尾”式。

（十五）转身左蹬脚

1）左腿屈膝后坐，身体重心移至左腿，上体左转，右脚尖里扣；同时两拳变掌，由上向左右划弧分开平举，掌心向前；眼看左掌，如图3-84a、b所示。

2）身体重心再移至右腿，左脚收到右脚内侧，脚尖点地；同时两掌由外圈向里圈划弧合抱于胸前，左掌在外，掌心均向后；眼平看左方，如图3-84c、d所示。

3）两臂左右划弧分开平举，肘部微屈，掌心均向外；同时左腿屈膝提起，左脚向左前方慢慢蹬出；眼看左掌。

要点：与左蹬脚式相同，只是左右相反。左蹬脚方向与右蹬脚成180°）（正西偏北，约

30°)，如图 3-84e、f 所示。

a　b　c　d　e　f

图 3-84

(十六)左下势独立

1)左腿收回平屈，上体右转；右掌变成勾掌，左掌向上、向右划弧下落，落于右肩前，掌心斜向后；眼看右掌，如图 3-85 所示。

图 3-85

2)右腿慢慢屈膝下蹲，左腿由里向左侧(偏后)伸出，成左仆步；左掌下落(掌心向外)向左下顺左腿内侧向前穿出；眼看左掌，如图 3-86 所示。

图 3-86

要点：右腿全蹲时，上体不可过于前倾。左腿伸直，左脚尖须向里扣，两脚脚掌全部着地。左脚尖与右脚跟踏在中轴线上。

3)身体重心前移，左脚跟为轴，脚尖尽量向外撇，左脚前弓，右腿后蹬，右脚尖里扣，上体微向左转并向前起身；同时左臂继续向前伸出(立掌)，掌心向右，右勾掌下落，勾尖向后；眼看左掌，如图 3-87a 所示。

4)右腿慢慢提起平屈，成左独立势；同时右掌变掌，并由后下方顺右腿外侧向前弧形摆出，屈臂立于右腿上方，肘与膝相对，掌心向左；左掌立于左胯旁，掌心向下，指尖向前；眼看右掌，如图 3-87b、c 所示。

a　b　c

图 3-87

要点：上体要正直，独立的腿要微屈，由腿提起时脚尖自然下垂。

(十七)右下势独立

1)右脚下落于左脚前,脚掌着地;然后左脚前掌为轴,脚跟转动,身体随之左转同时左掌向后平举变成勾掌,右掌随着转体向左侧划弧,立于左肩前,掌心斜向后,眼看左掌,如图3-88a、b所示。

2)同左下势独立2),唯左右相反,如图3-88c、d所示。

3)同左下独立势3),唯左右相反,如图3-88e所示。

4)同左下独立势4),唯左右相反,如图3-88f、g所示。

a b c d e f g

图3-88

要点:右脚尖触地后必须稍微提起,然后再向下仆腿,其他均与左下势独立相同,唯左右相反。

(十八)左右穿梭

1.左穿梭

1)身体微向左转,左脚向前落地,脚尖外撇,右脚跟离地,两腿屈膝成半坐盘式;同时两掌在左胸前成抱球状(左上右下);然后右脚收到左脚的内侧,脚尖点地;眼看左前臂,如图3-89所示。

2)身体右转,右脚向右前方迈出,屈膝弓腿,成右弓步;同时右掌由脸前向上举并翻掌停在右额前,掌心斜向上;左掌先向左下再经体前向前推出,高与鼻尖平,掌心向前,眼看左掌,如图3-90所示。

图3-89

图3-90

2.右穿梭

1)身体重心略向后移,右脚尖稍向外撇,随即身体重心再移至右腿,左脚跟进,停于右脚内侧,脚尖点地;同时两掌在右胸前成抱球状(右上左下);眼看右前臂,如图3-91所示。

2)同左穿梭2),唯左右相反,如图3-92所示。

要点:完成姿势面向斜前方(如面向南起势,左右穿梭方向分别为正本偏北和正偏南,均约30°)。掌推出后,上体不可前俯。掌向上举时,防止引肩上耸。一掌上举一掌前推要与弓腿松腰上下协调一致。做弓步时,两脚跟的距离同搂膝拗步式,保持在30厘米左右。

图 3-91

图 3-92

（十九）海底针

1）右脚向前跟进半步，身体重心移至右腿，左脚稍向前移，脚尖点地，成左虚步；同时身体稍向右转，右掌下落经体前向后、向上提抽至肩上耳旁，如图 3-93 所示。

2）再随身体左转，由右耳旁斜向前下方插出，掌心向左，指尖斜向下；与此同时，左掌向前、向下划弧落于左胯旁，掌心向下，指尖向前；眼看前下方，如图 3-94 所示。

要点：身体要先向右转，再向左转。完成姿势，面向正西。上体不可太前倾。避免低头和臀部外凸。左腿要微屈。

图 3-93

图 3-94

（二十）闪通臂

上体稍向右转，左脚向前迈出，屈膝弓腿成左弓步；同时右掌由体前上提，屈臂上举，停于右额前上方，掌心翻转斜向上，拇指朝下。左掌上起经胸前向前推出，高与鼻尖平，掌心向前，眼看左掌，如图 3-95 所示。

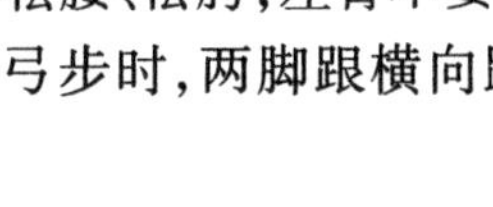

图 3-95

要点：完成姿势上体自然正直，松腰、松胯；左臂不要完全伸直，背部肌肉要伸展开。推掌、举掌和弓腿动作要协调一致。弓步时，两脚跟横向距离同“揽雀尾”式（不超过 10 厘米）。

（二十一）转身搬拦捶

1）上体后坐，身体重心移至右腿上，左脚尖里扣，身体向后转，然后身体重心再移至左腿上；与此同时，右掌随着转体和右、向下（变拳）经腹前划弧至左肋旁，拳心向下；左掌上举于头前，掌心斜向上；眼看前方，如图 3-96 所示。

2）向右转体，右拳经胸前向前翻转撇出，拳心向上；左掌落于胯旁，掌心向下，指尖向前；同时右脚收回后（不要停顿或脚尖点地）即向前迈出，脚尖外撇；眼看右拳，如图 3-97 所示。

图 3-96

图 3-97

3）身体重心移至右腿上，左脚向前迈一步；左掌上起经左侧向前上划弧拦出，掌心向前下方；同时右拳向右划弧收到右腰旁，拳心向上；眼看左掌，如图 3-98a、b 所示。

4）左腿前弓成左弓步，同时右拳向前打出，拳眼向上，高与胸平，左掌附于右前臂里侧；眼看右拳，如图 3-98c 所示。

a b c

图 3-98

要点：右拳不要握得太紧。右拳回收时，前臂要慢慢内旋划弧，然后再外旋停于右腰旁，拳心向上。向前打拳时，右肩随拳略向前引伸，沉肩垂肘，右臂要微屈。弓步时，两脚横向距离同"揽雀尾"式。

（二十二）如封似闭

1）左掌由右腕下向前伸出，右拳变掌，两掌掌心逐渐翻转向上并慢慢分开回收；同时身体后坐，左脚尖翘起，身体重心移至右腿；平视前方，如图 3-99 所示。

2）两掌在胸前翻掌，向下经腹前再向上、向前推出，腕部与肩平，掌心向前；同时左腿前弓成左弓步；眼看前方，如图 3-100 所示。

图 3-99

图 3-100

要点：身体后坐时，避免后仰臀部不可凸出。两臂随身体回收时，肩、肘部略向处松开，不要直着抽回。两掌推出宽度不要超过两肩。

（二十三）十字掌

1）屈膝后坐，身体重心移向左腿，左脚尖里扣，向右转体；右掌随着转体动作向右平摆划弧，与左掌成两臂侧平举，掌心向前，肘部微屈；同时右脚尖随着转体稍向外撇，成右侧弓步；眼看右掌，如图 3-101 所示。

图 3-101

2）身体重心慢慢移至左腿，右脚尖里扣，随即向左收回，两脚距离与肩同宽，两腿逐渐蹬直，成开立步；同时两掌向下经腹前向上划弧交叉合抱于胸前，两臂撑圆，腕高与肩平，右掌在外，成十字掌，掌心均向后；眼看前方，如图 3-102 所示。

图 3-102

要点：两掌分开和合抱时，上体不要前俯。站起后，身体自然正直，头要微向上顶，下颌稍向后收。两臂环抱时须圆满舒适，沉肩垂肘。

（二十四）收势

两掌向外翻掌，掌心向下，两臂慢慢下落，停于身体两侧；平视前方，如图 3-103 所示。

图 3-103

要点：两掌左右分开下落时，要注意全身放松，同时气也徐徐下沉（呼气略加长）。呼吸平稳后，把左脚收到右脚旁，再走动休息。

项目五　轮滑

【项目描述】

通过相关知识点的学习和实地实训，掌握轮滑项目的基本技术、分类和规则。

【项目要求】

正确掌握轮滑项目的基本技术、分类和规则。

【技能目标】

(1)掌握轮滑项目的基本技术。
(2)掌握轮滑项目的分类。
(3)掌握轮滑项目的规则。

【材料用具】

轮滑鞋。

【相关知识点】

一、轮滑运动的起源和发展

轮滑运动是从滑冰运动过渡而来的,据有关资料记载,轮滑在18世纪由不知名的荷兰人发明。他为了在不结冰的季节继续进行训练,尝试把木线轴安在皮鞋下,在平坦的地面上滑行。从此,轮滑运动在欧洲诞生、兴起并得到了较快的发展。

现代轮滑是由美国的詹姆斯·普利姆普顿于1863年发明的。他用金属轮子代替木质轮子,推动了各国轮滑运动的发展。1892年,国际轮滑联盟在瑞士成立,轮滑运动进一步向正规化、国际化方向发展。以后,轮滑运动逐渐演化为花样轮滑、速度轮滑和轮滑球三种不同形式的运动项目。

1936年在德国斯图加特举行了首届世界轮滑球锦标赛。1937年,在意大利蒙扎正式举办了首届世界速度轮滑锦标赛。1942年,第一届世界花样轮滑和花样舞蹈锦标赛在美国华盛顿举行。1940年在罗马举行的第43届国际奥林匹克委员会会议上正式承认了轮滑项目的国际联合会,这使轮滑运动很快地从欧洲传到北美、南美、非洲、大洋洲等地,各洲也相继开展了轮滑锦标赛。在经过第二次世界大战的停顿后,于1947年又恢复了轮滑运动的世界锦标赛,并由战前的三年一届改为每年一届。目前,美国、德国、意大利是世界轮滑运动的强国。

我国轮滑运动开展较晚。轮滑运动19世纪传入中国,当时仅限于沿海个别城市,只作为娱乐活动。直到20世纪80年代初期我国才有正式比赛出现。现在,轮滑运动已经成为我国青少年最喜爱的运动项目之一。

二、轮滑运动的分类

轮滑运动可以分为速度轮滑、花样轮滑和轮滑球。

(一)速度轮滑

速度轮滑比赛分为两种:一种是在一个椭圆形、弯道呈盘子形状的场地上进行的比赛,称为场地速度轮滑比赛;另一种是在公路上进行的比赛,称为公路速度轮滑比赛。

场地和公路速度轮滑正式比赛距离为:300 米、500 米、1 000 米、1 500 米、2 000 米、3 000 米、5 000 米、10 000 米、15 000 米、20 000 米、21 000 米、30 000 米、42 000 米、50 000 米。

全国场地速度轮滑锦标赛比赛项目有:男子 300 米、500 米、1 500 米、5 000 米、10 000 米,女子 300 米、500 米、1 500 米、3 000 米、5 000 米、10 000 米。

全国公路速度轮滑锦标赛项目有:男子 300 米、500 米、1 500 米、2 000 米和 42 千米马拉松,女子 300 米、500 米、1 500 米、2 000 米和 21 千米马拉松。

比赛方法一般以 300 米和 500 米为短距离,均采用单人滑跑,用秒表计时来决定名次;其他项目一般采用分组集体滑跑,淘汰部分以后再分组滑跑的预赛、复赛、决赛方式。公路比赛一般采用群体滑跑,人太多时则以年龄分组进行群体滑跑。

(二)花样轮滑

花样轮滑分男子单人滑、女子单人滑和双人滑(一男一女)。规定图形有 19 类,共 61 种滑法。根据运动员所做动作的准确性、难度、造型优美的程度来评分。

花样轮滑有以下特点:

1)花样轮滑是技巧性的项目,它与速滑、冰球、田径等机能性项目的训练有本质上的差别,而与体操、跳水和花样滑冰却有相同的性质,尤其与花样滑冰比较,除使用的滑行器材和场地有不同之处外,其他的几乎完全一致。

在这个项目中,正确的技术和动作重复的数量是获得成功的唯一道路,技术和数量是训练的重要指标。

2)平衡是花样轮滑的基础。运动员穿着轮滑鞋在地面上滑动,在滑动的基础上完成跳跃、旋转、步法和各种图形,因此,掌握滑动中的平衡是完成各类动作的基础,任何动作都是在平衡的条件下完成的。

3)旋转是精髓。无论陆地上的旋转还是空中的旋转,花样轮滑均贯穿一个“转”字。花样轮滑技巧的核心也就是旋转技术,各类动作均离不开旋转,因此以旋转的技巧作为技术训练的核心是科学的,是迅速取得成绩的保证。

4)花样轮滑是体育和艺术相结合的项目。这项运动不但要有高度的技巧,也必须有高度的艺术表现力和创造力。

(三)轮滑球

比赛规则、打法、裁判法及使用的器材与冰球类似。比赛双方各 5 人上场竞技。所不同的是,全场共分两局进行,各 20 分钟,两局中间双方交换场地。轮滑球运动量大,场面精彩火暴,很受年轻人的喜爱。

三、轮滑的基本技术

轮滑分为速度轮滑、花样轮滑和轮滑球,种类的不同,其基本技术也不同,现就速度轮滑和花样轮滑做一简单介绍。

(一)入门技术

初学时,应采取多种练习方法提高移动重心的灵活性和控制身体平衡的能力。轮滑鞋的轮子是前后移动的,只有通过侧蹬地面,才能找到向前滑行的着力点,因此,初学者必须克服在陆上走或跑时后蹬用力的习惯,建立向侧用力的习惯。可以利用栏杆、墙和同伴的帮助进行练习。初学者还应学会摔跤时的自我保护,当向前或向侧倒时,要主动屈膝下蹲,用双手撑地缓冲;向后倒时,也要屈膝下蹲,尽量让臀部先坐下(但应注意保护尾椎骨),同时低头团身,避免头向后仰碰地。应尽量避免直臂单手撑地,以免手腕受伤。

(二)站立方法

1.八字站立

按要求穿好轮滑鞋后慢慢地站直身体,两脚跟靠近,脚尖自然分开。上体稍前倾,两膝自然弯曲,两臂自然下垂,身体重心落在两脚之间。

2.丁字站立

在八字脚站立的基础上,一脚向前移动,用脚跟贴在不动脚的脚弓处。上体稍微前倾,两膝自然弯曲,身体重心稍偏不动脚上。然后换另一脚前移成丁字站立。

3.平行站立

在丁字脚站立的基础上,前脚向侧移,两脚平行站立与肩同宽。上体稍微前倾,两腿自然弯曲,两臂自然下垂,身体重心落在两只脚上。

(三)原地移动重心练习

这是学习滑行前非常重要的一个练习步骤。

1.原地左右移动重心

两脚平行站立,上体向一侧移动,并逐步将重心都移到这侧支撑脚上,站平稳后再向另一侧移动,反复练习。这是滑行中横向移动重心的重要基础。以上练习可延伸到支撑时间为10~15秒后,再转移重心,这是向前滑进中单腿支撑平衡的基础。

2.原地抬腿练习

八字站立,一腿微屈上抬,离地5~10厘米,落地后再抬另一腿,反复进行。这是向前迈步的基础。在这个练习上可逐渐抬高大腿与地面平行。

(四)迈步移动重心练习

正确的移动身体重心和迈步是掌握正确滑行的基础。

1.向前八字走

两脚丁字步站立或八字站立,一脚稍抬起向前迈出一小步,脚尖向外落地,同时重心迅速跟上,然后另一脚迈出,交替进行。

2.横向迈步移动

两脚平行站立,一脚横迈一步,重心迅速跟上,另一脚收回靠拢着地。稳定后,向相反方向重复动作。这是在滑行中横向移重心的基础。

3.横向交叉步移动

基本动作同横向迈步移动一样,不同的是脚收回时不是靠拢,而是从支撑脚上方越过,成交叉步向侧移动重心变为支撑脚，原来的支撑脚再继续横向迈步。这是弯道压步时交叉压步的重要基础动作。两个方向都应练习，以适应花样轮滑、轮滑球、自由滑行的需要。

(五)初步滑行练习

1. 走步双滑练习

向前八字走几步，然后两脚平行并拢，借助惯性向前滑行。反复进行，体会滑行的感觉。

2. 单蹬双滑练习

两脚八字站立，两脚同时向两侧蹬地形成两脚同时前滑，重心移向左，左腿成支撑腿，右脚再多做一点蹬地动作后迅速收回向左脚靠拢，脚尖稍偏外侧，落地自然成八字步，同时重心向右脚上移，左脚开始侧蹬地，重复右脚蹬地后的动作。两脚交替蹬地5～6步后，两脚平行并拢，借惯性向前滑行一定距离。

3. 高姿势滑行

两脚成八字步站立，膝、踝关节微屈，上体直立。两脚同时侧蹬地，双脚同时前滑，重心移向左脚，左脚成支撑脚，右脚侧蹬地后迅速收回向左脚靠拢，脚尖向外落地成八字步，同时重心跟上成支撑脚，左脚开始侧蹬地，重复右脚蹬地后的动作，两脚交替蹬地向前滑行。

4. 前滑压步转弯

左转弯时，左脚支撑滑行，身体左倾，右脚向侧蹬地后，摆腿越过左脚。在左脚的左前方落地并承接重心滑行，左脚在右脚后侧蹬地，蹬地后前移至左侧落地支撑滑行。右转弯与左转弯动作相同，方向相反。

5. 后滑

(1)葫芦形后滑(双脚后滑)

两腿弯曲，重心下降并有点后坐，两脚尖靠拢成内八字开立。两脚用内轮向侧前方蹬地开始滑行，当两脚滑到略宽于肩时两腿和两脚跟用力内收靠拢。两腿一开一合向后滑行。

(2)蛇形后滑(双脚交替后滑)

上体正直，两腿微曲，两脚成内八字开立。右脚向侧前蹬地，重心移到左脚支撑向后滑行，右脚蹬地后脚跟(后轮)稍抬起收回到左脚内侧，此时，重心(臀部)开始向右侧摆移，左脚蹬地，同时右脚支撑向后滑行。两脚交替蹬地向后滑行。

6. 后滑压步转弯

如向左压步转弯时，左脚支撑向后滑行，身体左倾，右脚蹬地后从左脚前方移到左侧支撑重心，然后左脚蹬地从右脚后边收回支撑向后滑行，这样连续向左压步转弯。

7. 双脚前滑转体变后滑

两脚平行前滑，左转时，左脚后轮支撑，前轮离地，右脚前轮支撑，后轮离地，身体左转180°接后滑。右转同左转方法相同，但动作方向相反。

8. 双脚后滑转体变前滑

两脚同时后滑，向左转体时，重心移右脚，左脚提起，随身体向左转180°落地支撑重心，同时右脚蹬转接前滑。向右转体时，动作方向相反。

(六)停止方法

1. 转弯减速法

动作方法是用做惯性转弯的动作来消耗掉滑行的速度惯性，逐渐减速直至最后停止。

2. 丁字停止法

当左脚支撑滑行时,右脚横放在左脚后面,使右脚的轮子横向与地面摩擦至停止,这个方法停止速度较慢,动作简单,适宜初学和滑速较慢时使用。如想急停,重量应多压在后脚上。

3. 倒滑停止法

这种方法适用于装有前制动胶的轮滑鞋。方法是:在倒滑中将两脚变为前后开立,把重心移到前脚的前方,同时将两脚后跟提起,后轮离地,使脚前部的制动胶着地与地面摩擦而停止。此时是前腿弓、后腿直,上体稍前倾的姿势。

4. 平行停止法(侧向停止法)

这是一种难度较大的停止法,地面不平和技术不高的人慎用。方法是:在滑行中,双脚和上体突然向左转体90°,上体向左倾斜,两腿弯曲缓冲,使滑轮横向摩擦急停下来。

子项目一 速度轮滑

【项目描述】

通过相关知识点的学习和实地实训,掌握速度轮滑项目的基本技术和规则。

【项目要求】

正确掌握轮滑项目的基本技术、技巧和规则。

【技能目标】

(1)掌握速度轮滑项目的基本技术。
(2)掌握速度轮滑项目的基本技巧。
(3)掌握速度轮滑项目的规则。

【材料用具】

轮滑鞋。

【相关知识点】

一、速度轮滑项目的基本技术

速度轮滑由直道滑行、弯道滑行、起跑、冲刺四个环节组成。

(一)直道滑行

滑行姿势是:上体前倾,肩稍高于臀部,背部自然放松。大腿与小腿成110°左右的夹角,小腿与地面成60°左右的夹角。头部自然抬起,两眼注视前方10米左右的地面。如果右脚支撑前滑,左脚在左后侧蹬地,左脚蹬地后,屈腿后摆再前收,靠右脚后落地支撑滑行,接着右脚在右后侧蹬地,交替滑行。摆臂方法是:如左脚蹬地时,左臂向右前上方摆,而右臂向右后上方摆。以肩为轴,协调配合腿部动作。

(二)弯道滑行

从直道进入弯道时,滑跑姿势比直道低些。由于离心力的存在,上体必须向左倾斜,倾度的大小,必须与滑行速度和弯道圆弧的半径相适应。如左脚滑行时,右脚在右后侧蹬地之后,右大腿带动小腿落在左前侧支撑滑行,重心移到右脚;同时左脚在右后侧蹬地收回支撑滑行。如此交替压步转弯至直道滑行。摆臂方法有别于直道滑行,右臂摆动较大,以肩为轴,大臂带动小臂前后摆动,可略高于肩。左臂却是贴身摆动,幅度相对小些。

(三)起跑

起跑由预备姿势、起动和疾跑组成。

1. 预备姿势

目前有多种预备姿势,如丁字形、平行、八字形和前点地预备姿势等,比较而言,前点地预备姿势更优越一些。

前点地预备姿势:面对起跑方向,两脚分开距35～55厘米,两脚间开角为50°～70°。前脚与起跑线成65°～70°角,后脚与起跑线成10°～15°角。上体前倾,两臂自然下垂。重心在两脚中间或偏前一些。蹲屈程度可根据腿部力量而定。

2. 起动

听到起跑信号后,迅速抬起前脚,后脚用力蹬地伸直,上体前倾,髋关节前送,两臂用力摆动,整个身体迅速向前冲出。由于预备姿势的不同,第一步起动也有所不同。

3. 疾跑

起动后,疾跑五六步进入滑行,疾跑时姿势较高,频率快,蹬地有力。

(四)冲刺

冲刺是在全程滑跑的最后一段距离进行。冲刺距离长短,取决于滑跑的项目和运动员的训练水平。项目距离越长,运动员训练水平越高,冲刺距离就越长。长距离一般在最后400～800米时冲刺。短距离在最后100～200米时冲刺。

二、速度轮滑竞赛规则

第一章　总则

第一条　竞赛项目

场地、公路速度轮滑正式比赛距离为:300米、500米、1 000米、1 500米、2 000米、3 000米、5 000米、10 000米、15 000米、20 000米、21 000米、30 000米、42 000米、50 000米。

全国场地速度轮滑锦标赛比赛项目:男子300米、500米、1 500米、5 000米、10 000米、20 000米等,女子300米、500米、1 500米、3 000米、5 000米、10 000米等。

全国公路速度轮滑锦标(公开)赛比赛项目:男子300米、500米、1 500米、5 000米、10 000米、20 000米和42公里马拉松,女子300米、500米、1 500米、3 000米、5 000米、10 000米和21公里马拉松。

第二条　竞赛类型

1. 计时赛

在场地或公路上进行。一定数量的队数或人数在固定的滑跑距离上进行的竞速计时性比赛。

2. 淘汰赛

在场地或公路上进行,比赛过程中在一个或多个固定地点直接淘汰一个或多个运动员,具体淘汰办法赛前由裁判长决定。

3. 群滑赛

在场地或公路上进行。参赛人数不限,一次性集体出发的比赛。如果参赛人数太多,比赛跑道受限,可分预赛和决赛。

4. 定时赛

在场地或公路上进行。比赛限定滑跑时间,运动员的名次根据在限定的时间内所滑距离的长短决定。

5. 计分赛

可在场地或公路上进行。赛前确定运动员或队的得分标准,在比赛路线上固定计分地点,比赛时运动员通过此地点时计取分数,运动员到达终点,以获得分数的多少决定名次,获得最高分数的运动员或队为优胜。

6. 接力比赛

在场地或公路上进行。每队由两名以上运动员组成,比赛途中在固定的地点可随时换人,换人时必须接触到本队同伴,最后一次换人必须在倒数第一圈以前完成。

7. 分段赛

只在公路上进行。这是根据一定的规则,长、中、短距离混合排列在一起,总名次根据运动员在各个固定的距离所得成绩和分数决定。每一分段的成绩,根据分段时间,其分配方法可事先商定。如果几名运动员成绩相等,根据每段比赛所得最好成绩决定名次。

8. 追逐赛

比赛可在场地或"封闭环形式"公路跑道上进行。两名运动员或两个队在等距离的地点出发,在规定的距离上互相追逐,如其中一名运动员或一个队超过对手时,比赛即告结束。每个队有 3~4 名运动员的团体赛中,由倒数第二名运动员决定该队名次。

第三条 竞赛组别

(1)甲组:年龄在 16 周岁以上(以出生日为准)。

(2)乙组:年龄在 12~15 周岁(以出生日为准)。

第四条 竞赛程序

(1)男、女短距离。

(2)男、女中距离。

(3)男、女长距离。

(4)每项比赛后公布成绩,公布正式名次 15 分钟以后举行发奖仪式。

第五条 起点出发

(1)所有比赛的起跑均为站立式,用发令枪或哨子发出起跑信号。

(2)发令员在起点召集运动员时,如运动员未到,1 分钟后重新召集,仍不到者立即取消比赛资格。

(3)起跑信号应在运动员站在起跑线后面,相互间距 50 厘米,身体稳定后才能发出。运动员所站的位置由抽签决定。

(4)集体出发的起跑,运动员在起跑线后按抽签顺序依次站好,保持 50 厘米间距。第一次信号“预备”,第二次信号为鸣枪,遇有下列情况,发令员指出后起跑重新进行。

1)在计时比赛中,运动员由于器材发生意外故障而非本人责任摔倒。

2)集体起跑时,在 130 米以内有一名运动员摔倒而引起其他运动员连续摔倒。

3)发令员在发出起动信号前运动员起动均为抢跑。第一次抢跑给予警告,三次抢跑取消比赛资格。

(5)300 米计时比赛起跑,运动员两脚轮子不得移动,但身体可以摆动。预备线距起跑线 50 厘米,运动员其中一脚轮子必须在两线之间。运动员的起动有 10 秒的限定时间,如果在 10 秒内不起动,发令员宣布该运动员退出比赛。

第六条　途中滑跑

无论场地比赛或公路比赛,运动员从起点出发后一直到抵达终点,其滑跑途中必须严格遵守如下规则,否则取消比赛资格。

(1)运动员在各项距离的滑跑途中,严禁得到任何方式的外界帮助,除非轮滑鞋出现故障。

(2)每项比赛的滑跑途中,运动员应沿一条设想中的直线滑行至终点,不得以曲线或横向滑行影响其他运动员的正常滑跑。

(3)在弯道滑跑时,除非沿内侧有足够的空间可以通过,否则只能从外侧超越其他运动员。

(4)任何情况下,不得故意强行阻挡他人的超越滑行,严禁撞人、推人、拉人、挡人、踢人、绊人等有意阻碍他人滑跑的行为发生。

(5)在场地跑道或在“封闭环形式”公路跑道比赛时,严禁领先的运动员阻挡后者的超越,或者帮助正在被超越的运动员。

(6)禁止运动员的轮滑鞋触及或踏出跑道线。

(7)只要不妨碍比赛的进行,运动员可以修理出故障的轮滑鞋,必要时可接受新鞋更换已损坏的轮滑鞋,但必须独立完成而不得接受外界帮助。

(8)运动员在滑跑途中摔倒时,可以自己起来继续比赛,不得由他人协助,否则取消比赛资格。

(9)任何项目的比赛途中,参赛运动员的态度要积极、热情,奋力拼搏,有竞争精神,那些态度消极、情绪低落、落后无能力竞争者应及时淘汰。

(10)在公路“开放式”跑道或公路“封闭环形式”跑道上集体出发的比赛,参赛运动员除应遵守上述规则外,还应做到始终靠公路赛道的右侧滑行,在任何情况下不得越过公路跑道的中央线,同时还要严格执行组织者的指示。

(11)退出比赛的运动员,要到终点通知裁判员,以便确定名次。

第七条　比赛中断和继续

(1)比赛一旦开始后,有关跑道上的安全由现场工作的裁判员负责。

(2)当地面、天气条件阻碍比赛正常进行或使比赛不能继续时,裁判长有权决定将比赛中断一定时间或取消比赛。在预赛阶段,如比赛可在中断后24小时内结束,路面条件一旦许可时,比赛应开始或继续进行。

(3)一度中断的比赛再次恢复时,不得更换运动员。退出比赛和取消比赛资格的运动员不能继续参加比赛。

(4)如比赛跑道太滑,一些运动员提出要求使用防滑物加以覆盖时,由裁判长决定是否使用。

第八条　比赛滑行方向

在"封闭环形式"公路跑道或场地跑道上,比赛按逆时针方向进行。

第九条　抵达终点与终点名次

(1)计时性比赛和集体出发的比赛(淘汰赛、计分赛、接力赛以及其他集体出发的比赛),要根据运动员的轮子触及终点线的先后顺序决定运动员的终点名次。先通过终点线的前脚轮子必须接触地面,否则以后脚轮子通过终点的时刻为到达终点。

(2)在自由换人的接力比赛中,以各队最后一名运动员的轮子首先通过终点线的队为优胜。

(3)在定时比赛中,如规定时间已到,则运动员所滑到的地点即为终点。

(4)终点电动计时器的高度,最多也不能超过地面10厘米。

(5)在场地或在"封闭环形式"公路跑道上集体出发时,已被超越或即将被超越的运动员应及时淘汰。被超越运动员的名次顺序为被淘汰的逆顺序。运动员通过最后一圈时摇铃示意,但只给第一名运动员摇铃。

(6)在集体出发的比赛中,有数名运动员一起抵达终点,无法确切地区分他们的名次顺序,此时可认定他们的名次相同,其顺序可按其姓氏笔画排列。运动员扣圈或被扣圈都应报剩余圈数,第一名运动员滑最后一圈时摇铃。

(7)如果有两名或有更多运动员到达终点的时间相同,则要重新组织一次确定名次顺序的计时对抗赛,每个运动员的比赛成绩,在到达终点后立即宣布。

(8)运动员到达终点时最后的一个直线跑道上,领先的运动员要保持直线滑行,切不可以任何方式妨碍紧跟其后的运动员的正常滑行。假如违背,则领先运动员的名次列为受影响运动员的名次之后。

(9)公路比赛最长时间的限制是第一名运动员所用时间加上25%(大众参与的公路赛最长时间可以为第一名运动员所用时间加上50%~100%)。

第十条　团体名次与计分办法

全国轮滑锦标赛速度轮滑项目,每个参赛单位均有四个团体总分名次。

(1)甲组男子团体总分名次。

(2)乙组男子团体总分名次。

(3)甲组女子团体总分名次。

(4)乙组女子团体总分名次。

全国锦标赛速度轮滑团体总分名次根据各项比赛得分总和来确定,得分最高者为优胜。团体总分具体核分方法为:

每项比赛第一名运动员的得分应与其参加该项比赛的运动员人数相等,第二名运动员的得分比第一名运动员少一分,第三名运动员的得分比第一名运动员少二分……依此类推,直至最后一名运动员。最后一名运动员只得一分。被取消比赛资格的运动员不得分。

第十一条　惩罚

对不遵守规则、竞赛规程体育道德原则的运动员采取的纪律惩罚措施有警告、降低比赛名次、取消比赛资格、取消所有项目的比赛资格、取消以后所有比赛的资格(包括已经列入计划之内的比赛)。

1.警告

除在规则中明确地规定以外,对轻微犯规可给予警告。一般说,在取消比赛资格之前给予警告处分(很严重的情况除外);各种警告累积在一起,即便不严重,也要取消该运动员的比赛资格。警告处分可由监道裁判员负责,但要立即报告裁判长。

2.降低比赛名次

(1)比赛中,特别在比赛后半程时,如运动员对其对手有不良行为,造成损害,就要根据裁判长的裁决,降低其比赛名次。

(2)严重违反规则者要立即取消比赛资格。

3.取消比赛资格

(1)取消比赛资格的理由如下:

1)各种警告加在一起三次。

2)严重违反规则。

3)极严重违反规则者,可取消其所有项目的比赛资格。

4)运动员使用兴奋剂。

5)仲裁委员会的决定将是最后的裁决。

(2)以上第1)、2)条有关处分由裁判长决定,并正式公布。

第十二条　抗议

在全国锦标赛及重大国际比赛期间,对于裁判员的裁决、大会的决定,每个协会、每个参赛队都有权提出申诉。

1.有关参赛资格的抗议申诉

(1)凡属以下情况可提出有关参赛资格的抗议申诉。

1)某协会代表认为他的运动员符合参加比赛资格,但未能批准。

2)认为另一协会不合格的运动员参加比赛而影响本队比赛时。

(2)所提出的抗议申诉要由正式代表签署,以书面形式在比赛开始前半小时提交裁判长。如裁判长认为手头有足够材料可接受某运动员参加比赛,但该运动员又遭到抗议时,裁判长以罚金为条件可接受他参赛,并提交中国轮滑协会作最后决定。

(3)所作出的决定要通知各队代表

2. 对裁判员裁决的抗议申诉

对于裁判员裁决有异议的抗议申诉，在比赛结束后的60分钟内向裁判长提出，如包含名次问题则须在最后一名公布15分钟内提出。

对所提出的抗议经裁判长审查后，如不接受，可在此决定后的15分钟内再次上诉至仲裁委员会，仲裁委员会的裁决是最终的裁决。

3. 抗议申诉费

在比赛期间无论何种抗议申诉，均要向仲裁委员会交纳申诉费人民币500元。如裁决抗议有效，抗议申诉费原数退还，如抗议无效则抗议申诉费由中国轮滑协会收回。

第十三条 违禁药物检查与处分

使用违禁药物是不道德的，对运动员的身体有极大害处，应严格查处。

(1)发现参与或非法倒卖违禁药品者，将受到法律制裁。

(2)对使用违禁药物者处罚。

1)第一次使用取消比赛资格。

2)第二次使用停赛二年。

3)第三次使用停止一切比赛。

(3)在全国锦标赛期间进行不定期的检测。

第二章 比赛器材、场地的规定

第十四条 比赛器材

运动员的器材须适合轮滑运动的特点。参赛运动员要戴保护头盔、护膝、护腕、护肘；轮滑鞋轮轴不得超出轮子以外，不得使用制动器。鼓励使用单排轮轮滑器材（具体要求按竞赛规程执行）。

第十五条 比赛场地

(1)比赛路线分为场地跑道和公路跑道。公路比赛路线有起点和终点不衔接的直线开放式以及起点和终点相衔接的封闭环形式两种。

(2)测量场地的跑道或公路上比赛路线应距跑道或公路边界线内侧30厘米为准。此测量线称为“边界绳索”。

(3)每条比赛路线在弯道处应有清楚易见的自然界线或设有可移动的标志。这些标志不要放在内侧，以免运动员发生危险。

(4)公路比赛路线沿左右方向均可设有弯道。

(5)场地跑道。

1)比赛场地的跑道是指设在露天的或有覆盖设施的比赛路线，它有两条长度相等的直线跑道段和两个对称的具有相同直径的弯道相连接的竞赛跑道。

2)比赛场地跑道的标准长度为200米，宽度为6米以上（但根据情况，长度最短不少于125米，最长不超过400米，宽度最短不少于5米）。

3)比赛场地跑道的地面可用任何材料铺成，但要求完全平坦，有一定的光滑度，不易摔倒，适合举办轮滑竞赛。

4)场地要求完全平坦，但弯道可有一定的倾斜度。有倾斜度的部分要从内侧边缘逐渐均匀平稳地升高，直到外侧边缘。直线跑道为了与弯道倾斜跑道相衔接，也可以有向内侧倾斜的衔接部分，但直线赛道的平坦部分不应少于跑道总长的33%。

5）终点要用白色线标出，宽为5厘米，一直标到跑道外侧边线。终点线不能设在弯道处（一般设在直道中线前伸10米处为宜）。

6）跑道外缘应设有保护设施。

（6）公路跑道。

1）在“开放式”公路比赛路线进行的比赛，其终点和起点不衔接。封闭式公路比赛路线其终点和起点相衔接，它有两条对称路线，运动员必须根据比赛的距离在此路线上滑行一圈或几圈。

2）封闭式环形公路，路线最短不少于250米，最长不超过1 000米。

3）公路的宽度全程不得少于5米。

4）公路的路面应平坦而光滑，没有断裂。路面不平坦部分不应超过其宽度的3%。

5）公路跑道斜坡部分不得超过5%，即使在特殊情况下，其倾斜部分也不得超过全部路线的25%。

6）终点线与起点线均应以5厘米宽的白色线标出，起终点线不能设在弯道处，除非无法避开时，起点线应设在距离弯道50米以外的地方，终点线应设在距最后一个弯道的直弯道分界线前50米处。

（7）速度轮滑比赛200米跑道场地平面图。

第十六条　组织竞赛的一般要求

在比赛路线上所需设备、器材和提供的服务应根据不同的比赛种类而定。

1. 封闭式公路与场地比赛

（1）扩音器。

（2）登记圈数的牌子。

（3）向运动员提示最后一圈使用的铃或其他信号器。

（4）设备齐全的急救站。

（5）男女运动员、裁判员分别使用的更衣室。

（6）供裁判员专用的房间、桌椅及物品。

（7）运动员和领队所需要的场所。

（8）新闻媒体所用的场所及所需物品。

（9）供夜间比赛使用的足够的照明设备。

（10）起点光电设备、终点电动计时器。

2. 开放式公路比赛

（1）在终点处要写上“终点”字样，而且还要写在终点线前的路面上。

（2）比赛路线的最后500米处要设有标记。

（3）设有显示障碍物和交通信号的标记。

（4）超过20公里的比赛要设有休息处，位置要设在比赛路线约一半的路程处。

（5）有易辨认标记的交通工具，以便裁判员指挥比赛。

(6)要备有供负伤运动员退出比赛时使用的交通工具。车辆上要有急救设施,还要有一名医生和一名裁判员。医生要携带急救物品,裁判员要记下所有退出比赛运动员的名次顺序。

(7)路边要有阻挡观众的栏杆。

(8)要有交通、公安部门的协助。

(9)在裁判员认为危险的地方备有安全设备。

(10)准备起点光电设备、终点电动计时器。

第三章　裁判人员的职责和权利

第十七条　裁判委员会的组成

(1)裁判长1人,副裁判长2人。

(2)记录裁判员2人。

(3)监道裁判员2人。

(4)终点裁判员4人。

(5)计时裁判员6人。

(6)发令裁判员2人。

(7)计圈裁判员2人。

(8)检录裁判员2人。

裁判人数可根据比赛规模适当增减。

第十八条　裁判长

(1)保证参加比赛的运动员遵守规则和规程,并对比赛中出现的技术问题和现行规则中未涉及的问题作出决定。

(2)分配裁判员在比赛中所负责的工作。

(3)对裁判员的工作进行监督、管理,遇有不同意见时,裁判长将协调各方面意见并作决定,然后归纳各方面的意见,向中国轮滑协会技术委员会提出报告。

(4)根据规则和规程对参加比赛各协会的教练和领队在比赛中的不妥行为采取惩罚措施。

(5)命令不符合规定的预赛重新举行。

(6)签署比赛成绩记录,并同比赛中所出现问题的处理意见一同上报中国轮滑协会。

(7)组织各项距离的比赛抽签。

(8)检查发令员发出信号前,裁判员是否各就各位,计时员是否作好准备。

(9)保证被取消资格的运动员立即离开跑道。

(10)立即取消不服从裁判警告的运动员的比赛资格。

(11)对不服从裁判员的运动员予以警告。

(12)调整撤换不能胜任裁判职责的裁判员。

(13)比赛结束,向中国轮滑协会提交竞赛总结报告。

第十九条　副裁判长

协助裁判长处理一切有关事宜,并完成裁判长指定的工作。

第二十条　记录裁判员

(1)负责编排比赛日程,确定项目顺序。

(2)填写参加决赛人员名单。

(3)审查运动员比赛成绩,排列个人和团体名次。

(4)公布比赛成绩。

(5)编写比赛成绩册。

(6)参加各项距离的抽签工作。

第二十一条　监道裁判员

1. 监道裁判员的任务

(1)在自己负责的区域内监督比赛的进行。

(2)将比赛所出现的犯规问题立即报告给裁判长。

(3)记下被超越和退出比赛的运动员的号码,并及时通知裁判长。

(4)对犯规者提出警告。

2. 监道裁判员根据其位置

直线裁判、弯道裁判、接力裁判(接力比赛)。

第二十二条　终点裁判员

(1)终点裁判员要准确判定运动员抵达终点的先后名次顺序。

(2)终点裁判员至少3人,根据需要人数可以增加,但是一般要为单数,以便发生意见分歧时,根据多数意见作出决定。在有录像设备时,无论任何情况,以录像为准。

第二十三条　计时裁判员

(1)无终点摄影设备时,计时员要记下每个运动员的成绩,并列入记录。由计时长将记录提交裁判长。

(2)为确保准确计时,计时办法如下。

1)每位计时裁判员须独立工作,不得互相对表。

2)比赛使用的秒表必须是赛会主管机构批准的经检验、鉴定后的秒表。

3)每3人为一计时小组,3个计时表所记时间相同,此时间为正式成绩,如3个计时表有所不同,以平均成绩为准;如3个计时表中只有两个表显示成绩时,以较劣的成绩为准。

4)计时员开表以看到发令枪烟升起的瞬间为准,停表以轮子触及终点线为准。计时每秒计取到1/100以下。

第二十四条　发令裁判员

(1)在各项比赛发令前,召集参加该项比赛的运动员,并向他们做最后指示,检查他们的服装和号码。在信号发出时,未到指定位置的运动员,将被取消比赛资格。

(2)检查运动员的轮滑鞋是否超过起点线。

(3)每单元的比赛,必须在收到裁判长的信号后才能发令。

(4)发令员发出“预备——”信号待运动员作好准备后,可鸣枪出发。

(5)有起跑犯规现象或由于某运动员摔倒而绊倒或拉倒其他运动员时,可发第二枪或鸣哨,让运动员回到原位,对犯规者提出警告后,重新组织起跑。

第二十五条　计圈裁判员

(1)记下已通过的圈数。

(2)利用其所用的设备,发出所余圈数的信号。

(3)记下领先运动员。

(4)记录被超越运动员的号码。

(5)每次领先运动员通过后,要减去一圈的数字。

(6)当剩下最后一圈时要用铃声或其他信号通知运动员。

(7)通知圈数的记数牌子要设在距离终点线3米远的地方,如可能,设在跑道内侧。

第二十六条　检录裁判员

(1)比赛前检验参赛运动员的号码、头盔、轮滑鞋是否符合规定,不符者取消参赛资格。

(2)负责点名召集各组参赛运动员,并负责把运动员带入起点,已检录的运动员未经允许不得进入比赛跑道。

(3)对三次检录不到的运动员将取消比赛资格。

(4)按时检录后,将参赛运动员带入起点,并与发令员协调配合。

子项目二　花样轮滑

【项目描述】

通过相关知识点的学习和实地实训,掌握花样轮滑项目的基本技术和规则。

【项目要求】

正确掌握花样轮滑项目的基本技术、技巧和规则。

【技能目标】

(1)掌握花样轮滑项目的基本技术。

(2)掌握花样轮滑项目规则。

【材料用具】

轮滑鞋。

【相关知识点】

一、花样轮滑项目的基本技术

(一)前外弧线

以左脚开始,右脚内刃蹬地,用左脚外刃滑出,身体稍向左倾斜,左臂在前,右臂在后,右腿蹬地后直腿后举。身体缓慢左转。右腿前移靠近左腿,两臂侧平举。在滑过弧线一半时,右臂向前,左臂向后,交换右脚向前落地滑行,左脚内刃蹬地,其他动作同前,只是左右互换,两脚交替滑行。

（二）前内弧线

以左脚开始，用右脚内刃蹬地，左脚内刃滑出，右臂在前，左臂在体侧，右脚蹬地后直腿后举。滑过弧线一半时，两臂交换位置，右脚移至左脚前面落地以内刃滑行，左脚蹬地后的动作同前，只是左右互换。两脚交替滑行。

（三）后外弧线

以右脚滑后外弧线，可先向右做后压步。左脚用内刃蹬地后，用右脚外刃落地向后滑弧线。头从右肩上向后看，右臂在后，左臂在前，身体向右倾，右腿微屈膝。当滑过弧线一半时，头仍向右看，两臂随身体左转互换位置，右腿逐渐伸直，同时，左脚放到体后。当滑速减慢时，再做后压步，然后再进行右后外弧线滑行。

（四）后内弧线

以右脚内刃做向后弧线滑行。先做向左的后压步，左脚蹬地后，右脚内刃着地向后滑弧线时，右臂在前，左臂在后，身体稍向左倾，头左转向后看。滑过弧线一半时，左脚移至右脚的侧前方，上体姿势不变。滑速减慢时，再做向左后压步，继续做右后内弧线滑行。

（五）"3"字跳

这是一个用前外刃起跳，在空中转体 180°，用后外刃落地的半周跳。从右后外弧线滑接左前外弧线滑行。左腿屈膝，右浮腿伸直在后，两臂后摆，接着左脚蹬地跳起，同时两臂和右浮腿配合向左前上方摆动，并逆时针转体 180°，然后右腿屈膝缓冲落地，成后外刃滑行。左腿伸直后摆，右臂侧平举，左臂前平举。

（六）双足原地旋转

两脚平行站立，两臂先向左摆，接着右臂向右快速平摆身体同时右转。用左脚的后轮和右脚的前轮支撑旋转。两臂放于体侧或抱在胸前，可加速旋转。

二、花样轮滑项目规则

第一章　总则

第一条　竞赛项目

1. 单人滑（男子、女子）

（1）规定图形。

（2）自由滑：短节目、长节目。

2. 双人滑

短节目、长节目。

3. 舞蹈

规定舞、创编舞、自由舞。

第二条　竞赛组别

比赛根据年龄分为甲、乙组（以出生日为准）。

甲组：经过系统训练，年龄不小于 16 周岁。

乙组：经过系统训练，年龄小于16周岁。

各级比赛可根据情况设丙组（指未经过系统训练），年龄一般应小于18周岁。

第二章　滑行与裁判标准

第三条　评分等级

0.0——未滑。

0.1～0.9——特劣。

1.0～1.9——很劣。

2.0～2.9——劣。

3.0～3.9——（合格）一般。

4.0～4.9——良好。

5.0～5.9——优秀。

6.0——完美无缺。

注：评分允许保留小数点后一位数。

第四条　规定图形的正确概念与要求

运动员应以优美、舒展的姿势，均匀适宜的速度和连贯的动作，沿地面上所画的图形准确地描滑。

第五条　规定图形竞赛内容

从下列四组图形中抽出一组，作为全国和地方的竞赛 组另以地方性比赛也可以规定更简单的图形。

第一组　图号20：前外内勾形37，后外单足双3字形38，前外单足结环形41，后外单足括弧形。

第二组　图号21：前内内勾形36，前外单足双3字形39，后外单足结环形40，前外单足括弧形。

第三组　图号22：前外外勾形37，后外单足双3字形38，前外单足结环形41，后外单足括弧形。

第四组　图号23：前内外勾形36，前外单足双3字形39，未后外单足结环形40，前外单足括弧形。

规定图形除结环形的圆的直径为2.4米外，其余所有圆形的直径均为6米（地方比赛可采用5米），圆的弧线宽度不得大于3厘米。

第六条　图形的正确起滑与完成

（1）运动员站在图形纵、横轴交叉点的稍后方，滑轮的四轮中心落在交叉点上。从静止开始，用一次蹬地起滑，不允许有任何准备步法和身体扭动。

（2）运动员未经裁判长允许，不得起滑。

（3）每一图形每只脚必须交替滑行3次，单足图形每只脚滑行2次，结环形（包括单足环形）必须每只脚滑3次。

（4）裁判长必须通知运动员3次（或2次）滑行结束。

（5）违反起滑要求或用错误脚起滑，裁判长必须予以纠正，允许运动员重新起滑。重新起滑只允许1次，而不予处罚；如第二次起滑仍不正确，裁判员给予扣分。在圆的前1/3失败，运动员有权提出重滑，而不处罚，这种重新起滑只准1次。

(6)从一只脚换为另一只脚时不得停顿，放下浮足，用滑行足做1次蹬地；不准用制动器。

(7)图形滑完时，运动员不得停在纵轴上，必须继续换脚，沿横轴的直线方向滑离图形。

第七条　规定图形的正确姿势、流畅性、动作与速度

1. 正确姿势

(1)头部正直，轻松而自然。

(2)上体正直而不僵硬，既不前倾也不后仰。

(3)两臂保持优美，两手在腰高左右，手掌向下与地面平行，手指自然伸展。

(4)滑行腿自然微屈，浮足保持在滑线上，不要太靠近滑足。当浮足在前时，脚尖向下并向外。

2. 流畅性

滑行自始至终要保持平稳、流畅。

3. 动作

动作应优美、舒展、稳定，不应有过分的动作，更不应有跳动、甩打和带棱角的动作。

4. 速度

要用均匀适当的速度完成图形。

第八条　规定图形的评分

(1)规定图形只评一次分。

(2)裁判员首先考虑的是正确的起滑、姿势、合理的速度和动作。

(3)观察四轮沿线痕滑行的准确性。与图形主要错误相联系的错误是严重错误，完成图形的主要部分后，紧接着失去了控制，这也是严重错误。滑离线痕距离小可算轻微 错误，但在一脚图形中多次滑离或滑离过远则构成严重错误。

(4)运动员在图形中跌倒或浮足接触地面而致失败，裁判员不能当做没有滑行来评分，对其成功部分必须按比例计分，不能给0分。每脚按减分法和比较法评分。跌倒、转尖部分失败或在圆形主要部分浮足触地，可扣1.0分(起 滑、转体为圆形主要部分)，在图形的次要部分，浮足触地扣0.5分。所用这类处罚由裁判长决定。

第三章　单人自由滑和双人滑

第九条　自由滑的正确概念

自由滑是运动员在自选音乐的伴奏下，在规定的时间完成一套优美、均衡的自选动作，其内容包括跳跃、旋转、步法、联合动作和其他优美的轮滑动作。

第十条　短节目和长节目的评分内容

短节目和长节目的评分包括：技术分和表演艺术分。

1. 技术分

包括各种跳跃、旋转、步法的难度及多样化和整套动作的均衡性。

2. 表演艺术分

包括节目的编排，与音乐的配合，音乐主题的表述，艺术表达能力，跳跃、旋转、步法完成

的质量，即动作的完美性、协调性、独创性和场地的使用。

第十一条 短节目和长节目的评分要求

(1)跳跃的起跳、空中、落地阶段清晰，旋转中心控制得好，结束动作完美。

(2)重复动作在技术分中不额外评分，联合动作必须给分。

(3)非必要的长时间双足滑行扣分。

(4)一个动作跌倒或双足落地时，不能给分。身体不由地触地面，必须按其严重程度在评分中有所体现，跌倒了并不妨碍取胜。如果是运动员自己过失跌倒，必须在技术分中有所体现，如果这一跌倒妨碍了内容的协调性，则在表演艺术分中必须有所体现。

(5)音乐自选，不得用声乐。

(6)创新动作可加分，跌倒从轻处理。

第十二条 短节目规定动作(男、女)

(1)一周半、两周半或三周半。

(2)点地跳(一、二、三周)。

(3)联跳，包括3~5个跳，其中一个必须为两周跳或三周跳。

(4)一个A级转：反燕式转、足跟燕式转、仰燕式转、跳接燕式转、跳接蹲转。

(5)两或三种姿势的联合旋转，每种姿势至少三圈，开始和结束任选，不换足。

(6)连续步：超过场地对角线的3/4。

说明：①在联合动作中的跳跃和旋转，可以在单跳和 转中使用；②动作次序任选；③不得有附加动作；④不得重复；⑤附加动作在第二个分中扣0.5分，每跌倒一次在第二个动作中扣0.3分。

第十三条 双人滑短节目和长节目的概念

双人滑短节目和长节目是由均衡的内容组成，配合自选的音乐在规定的时间内滑完一套自编自选的内容。其内容包括单人滑动作、双人滑动作和典型的双人动作，如双人旋转、螺旋线、托举、同伴协助的跳跃等，由协调的步法和其他动作联系起来。

第十四条 双人滑的一般规则

(1)双人滑为一男一女共同表演，相互间的动作协调一致，身材比例合适。

(2)两人不需要总是表演相同的动作，他们有时可以分开，但必须给人一种协调一致的印象。

(3)同伴协助的跳跃必须由连贯的托起和落下的旋转动作组成。

(4)托举不过肩不予给分。

(5)评分要求见单人自由滑的评分要求，但在表演艺术分中要考虑协调一致的问题。

(6)短节目中的托举不得超过8圈。

第四章 竞赛

第十五条 抽签

(1)在正式练习开始前一天进行各组图形的抽签，同时举行第一个图形的起滑脚的抽签。"A"代表右脚，"B"代表左脚，在一组图形中，完成图形的起滑脚要左右轮换。

(2)抽签要在裁判组的监督下，从规定的四组图形中抽出一组，男子组、女子组分别抽签。

第十六条　竞赛程序及安排

(1)首先滑规定图形,短节目在规定图形之后,长节目最后滑行。一般不得在同一天比赛。

(2)男子、女子分别进行比赛。

(3)双人滑短节目必须在长节目之前滑行,但不得在同一天。

(4)短节目滑行次序的抽签方法同规定图形,长节目滑行次序按短节目名次排列的反顺序进行分组,名次好者,分在最后一组,在组内进行滑行次序的抽签。

(5)短节目和长节目由一个裁判组承担,男子组、女子组分开,双人滑由一个裁判组承担或由男子组、女子组的裁判组兼任。每个裁判组举分裁判员为5人、7人或9人。

(6)滑行时间:

短节目:单人2分±5秒,双人2分30秒±5秒。

长节目:单人4分±10秒,双人4分30秒±10秒。

创编舞:1分50秒~2分40秒。

自由舞:3分30秒±10秒。

(7)从运动员开始做动作或滑行时开始计时。

(8)单人和双人短节目得分占25%,长节目占75%,长节目得分必须乘以3。

(9)规定图形按图号次序进行比赛。

(10)在规定图形比赛中:

1)第一个图形按其抽签的顺序由第一组运动员首先滑行,然后由第二组运动员滑行,第二个图形由第二组运动员首先滑行,然后由第三组滑行,以此类推。

2)当仅有两个运动员时,本条例是允许的,但必须两人一致同意。

第十七条　场内要求

(1)在规定图形比赛期间,裁判长、副裁判长、裁判员。替补裁判员和不超过两名的其他工作人员可以留在场地上。

(2)在裁判规定图形时,必须让裁判员优先选择位置。

(3)裁判员在裁判图形时,除裁判长和副裁判长之外,任何人不允许与他们谈话。

第十八条　准备活动

(1)规定图形不得超过1名运动员,第一个运动员的准备活动时间为6分钟。

(2)单人短节目和长节目6分钟,最多8人。

(3)双人短节目和长节目6分钟,最多5对。

(4)规定舞2分钟,最多6对。

(5)创编舞和自由舞6分钟,最多6对。

(6)准备活动后立即进行比赛。

第十九条　检录

每项比赛之前,必须在场地或更衣室里清晰地呼叫即将参加比赛的运动员。每一运动员在点名之后不能迟于2分钟开始其图形的滑行,否则该图形即作为没有滑予以评分。这同样适用于短节目和长节目。

第二十条 允许重新起滑

(1)在规定图形比赛中,运动员不是因为自己的过失而中断,允许重新滑此图形。如果运动员是由于自己的过失而中断,必须接着滑其图形。

(2)在短节目和长节目中,如果音乐停止或周围环境对运动员的安全有所危害,或由于运动员的服装、装备出现意外而妨碍其滑行时,裁判长必须发出停止滑行的信号。事故排除后,允许运动员自由选择,可由中断地点继续滑行或从头开始,如果由于音乐的节拍或质量不好,在起滑后30秒钟运动员再向裁判请求重新起滑是不允许的。

(3)如果裁判长已发出停止滑行信号,裁判员停止评分,如果运动员重新起滑,则重新滑的内容必须给予评分,而不应考虑重滑前的内容。

(4)所有这样的重新起滑,必须在全部运动员滑完之后,如果是最后一名运动员,则在重新起滑前允许5分钟间歇。

第二十一条 评分

(1)在全国比赛中,采用公开评分,每一裁判员的评分必须向裁判长及报分员公开示分。可用手示分牌或电子示分牌。

(2)第一名运动员规定图形结束后,裁判员立即记下分数,裁判长必须事先记下每一个裁判员的评分,并通知所有裁判员所评的平均分,裁判员们则因此调整他们的分数,使其在与平均分相差0.2分之内。

(3)每一图形结束后,由裁判长给予信号,所有裁判员必须同时示分。

(4)由裁判员展示的分数必须由一名正式报分员高声地、清晰地宣读,并且由记分员登记在评分卡上。

(5)所有的分数登记之后,裁判员必须按照裁判长给的统一信号,将记分牌收回,同时叫下一名运动员上场。

(6)在短节目或长节目的表演之后,裁判长或副裁判长将每一裁判员的表格收集起来,表上记有运动员的号码、裁判员的名字以及裁判员评给的技术分和表演艺术分。展示技术分之后,随即根据裁判长的信号,展示表演艺术分,如有出入,则以表格内的分数为准。

(7)裁判员可以在运动员练习时对其进行观察,但不能事先评分。

(8)裁判长可对裁判员的评分提出质疑,但不得授意改变分数,如特别不一致,可允许裁判员自己改变分数。

第二十二条 惩罚(参照速度轮滑竞赛规则第十一条)

第二十三条 争议(参照速度轮滑竞赛规则第十二条)

第二十四条 违禁药物检查与处分(参照速度轮滑竞赛规则第十三条)

第二十五条 成绩计算

(1)为每名运动员准备两张计分卡,由两名计分员分另记录并计算。

(2)四个规定图形(三个规定舞)分数相加,所得总分即为规定图形(规定舞)总分。

(3)技术分和表演艺术分相加,即为短节目(创编舞)、长节目(自由舞)总分。

(4)短节目得分和长节目得分×3,两项得分之和即为单人自由滑或双人滑总分。

(5)规定图形总分/2 和自由滑总分相加,所得总分即为单人滑全能总分。

(6)三个规定舞得分,创编舞得分除以 2,自由舞得分乘以 2,三项得分之和即为舞蹈全能总分。

第二十六条　确定名次

(1)每一部分结束后,必须确定每名运动员的名次。

(2)每名运动员的胜负,是根据每名裁判员给予每一运动员的总分确定。总分高者,可从裁判员处得 1 分,负者得 0 分,平者得 0.5 分。

(3)从裁判员处得分超过裁判员总数一半者,则可获优胜,得 1 分,低于一半者得 0 分对目等者各得 1 分。总得胜分最高者名次为 1,依次为 2,等等。

(4)如果总得胜分相等,则根据他们从一名裁判员处获得的分别得胜分确定名次,分别得胜分如果还相等,则将所有裁判员的得胜分全部相加,其总分多者名次在前,如果还相等,则名次相等。

第五章　舞蹈

第二十七条　运动员的组成

每对舞蹈运动员必须由一男一女组成。

第二十八条　规定舞

(1)规定舞分组(见表 3-1)。

表 3-1　规定舞分组

	舞蹈类型	速度	音乐	重复次数
第一组	快步舞	112	进行曲	4
	维也纳华尔兹	138	华尔兹	3
	阿根廷探戈	96	探戈	3
第二组	星光华尔兹	168	华尔兹	3
	意大利狐步	96	狐步	3
	冰岛探戈	100	探戈	3
第三组	帕索道布勒	112	进行曲	3
	威斯特敏斯特华尔兹	138	华尔兹	3
	布鲁斯	88	布鲁斯	3

(2)从上述各组中提前一年抽出一组舞蹈进行比赛,两年内不得滑行同一组舞蹈。抽舞蹈组别的同时,也要抽出规定舞的滑行次序。

(3)规定舞的评分应考虑:①必须严格遵守每步的拍数,动作与音乐的节奏相协调,两人的动作一致;②滑行图案的正确性,重复滑行时重合图案的准确性,充分利用场地;③用轮的准确性,滑行的流畅性与平稳性,两人的姿势与握法正确;④表达音乐的特点;⑤每个规定舞的引入步不得超过 7 步,超过扣 0.5 分。

(4)规定舞评一次分。

(5)规定滑的次序和分组见单人滑的规定图形滑行次序和分组方法。

(6)准备活动:无音乐滑行1分钟,然后播放规定舞音乐3分钟。由大会准备音乐。

第二十九条　创编图案舞

(1)创编图案舞分组(见表3-2)。

表3-2　创编图案舞分组

分组	现代舞	拉丁舞
a	布鲁斯	恰恰
b	狐步	帕索道布勒
c	探戈	波尔卡
d	华尔兹	伦巴
e	查尔斯顿	桑巴

(2)在上述两组中交替抽签,在同一类别的创编图案舞中抽出一个舞蹈,作为比赛的创编图案舞。

(3)创编图案舞在规定舞之后滑行,不得在同一天进行。滑行次序按规定舞名次的反顺序进行分组,在组内抽滑行次序,名次好者在最后一组滑行。

(4)创编图案舞一定不能是自由舞。每对运动员必须自己选择音乐,编排一套舞蹈。滑行时间为:1分55秒~2分40秒,不允许声乐,选择错误的音乐节奏,每名裁判员将评给0分;允许包括为表达特别典型的民间音乐的配乐;只有恒定的和速度有规律的音乐方可使用。

舞蹈必须连续绕场地重复2次,少一次扣1分;不允许顺时针方向完成一套舞蹈;除了在场地一端可通过纵轴之外,在其他部分不得越过纵轴。

运动员所选择的步法、连接步、转体和旋转必须符合规则,舞蹈的自始至终每名运动员至少有一只轮鞋留在地面上:除变换握法之外,两人不得分开,任何握法的变换不得超过音乐的一小节时间;为表达音乐,对舞蹈手的握法、臂的动作或拍手等不限。

(5)引入步不得超过7步,超过扣0.5分。

(6)舞蹈必须表达音乐并包括难度动作。

(7)服装应符合音乐特点,但不能太特殊,不得使用任何道具。

(8)创编图案舞评分包括技术分和表演艺术分。

技术分包括:独创性、难度、多样性、握法、图案、舞蹈的速度。

表演艺术分包括:舞蹈的拍节与音乐一致,两人的动作与音乐节奏吻合,滑行动作与音乐特点协调,两人的姿势利落,稳定、一致。两个分相加除以2,即为创编舞得分,其分值与一个规定舞相同。

第三十条　自由舞

(1)自由舞与规定舞相反,它不要求步法的连续。自由舞是运动员按规定时间,在自选音乐的配合下,滑行非规定的舞蹈步法和动作。

（2）自由舞必须是：①将新的或已知的舞蹈动作的非重复联合内容编入自由舞，使其表达舞伴们的个人构思和编排意图；②编排内容以竞赛舞蹈内容为主，不应有双人滑的特点；③自由舞的滑行时间为 3 分 30 秒 ±10 秒，当运动员起滑或移动时开始计时。

（3）服装：男、女的服装应与音乐特点相协调，符合比赛特点。

（4）音乐：自由舞的音乐由每对运动员自选。

所选的音乐必须是：适合于轮滑的音乐；速度、节奏和特点适合于舞蹈；不需要均匀的速度，可以从快到慢或从慢到快；有节拍；不含有声乐，但允许有为表达特别典型的民间音乐的配乐。

下列音乐可作舞蹈音乐：

1）所有典型的舞蹈音乐，包括古典、芭蕾、民间和现代音乐。

2）只有录制成舞蹈音乐节奏的古典音乐，如交响乐、奏鸣曲、协奏曲。

3）爵士和舞厅音乐节奏的基础上录制或创编的歌剧和芭蕾舞音乐。

（5）自由舞的技术内容。

1）所有的步法、转体和姿势变换都是允许的。

2）适合于舞蹈特点及音乐节奏的自由滑动作也是允许的。

3）步法必须有难度和独创性。

4）不允许以力量和技巧的绝技表达体能。

5）下列动作是不允许的：站、坐或躺在同伴的鞋上；握同伴的鞋或轮；坐或躺在同伴的腿上，双足离开地面而躺在地上过多。

（6）有关定义。

1）托举：托举是将女伴托至较高的高度的支起和放下动作，托举的动力主要来自站在地面上的男伴。完成托举时女伴的腰不得高于男伴的肩，被举起的同伴必须得到在地面上的同伴的支持。所有的托举可用两臂和两手协助，托起时不可用身体作主要支撑，因此坐在或躺在同伴的肩上是单纯力量的表现，这是不允许的。

2）支撑托举：超过了所允许的音乐小节数量的托举。

3）助跳：在同伴非支撑的作用下协助完成的跳跃，是一个连续升起和落下动作。

（7）对技术内容的限制。

转体、阿拉贝斯、规尺、托举、两人分开等自由滑动作都是允许的，同时做如下限制。

1）在自由舞中为完成更复杂步法而分开是允许的，但不得超过 5 次，每次时间不得超过 5 秒，在自由舞的开始和结束两人分开是允许的，但两人之间的距离和分开时间不得超过 5 米和 10 秒。

2）阿拉贝斯和规尺是允许的，其总数不得超过 3 个，每次时间不得超过华尔兹 4 小节（3/4 拍）或其他音乐 2 小节（如 4/4、6/8 等）。

3）旋转是允许的，但不得超过 3 圈。

4）为提高自由舞的表演效果，舞蹈托举是允许的，但最多一圈半，女伴的腰不得超过男伴的肩。

5）为了换足和方向，舞蹈小跳是允许的，但两人的总数不得超过 5 个及两臂远的距离，不得超过半周,点地跳包括在所允许的总数之中,两人可同时跳。仅由一人完成的较重要的舞蹈跳是允许的,但两人完成的总数不得超过5个,可分开做,也可拉手,圈数不得超过一圈,不得托举和抛跳。

6)只有在突出和强调音乐特点时,短臂的扭摆动作是允许的。

7)站在地面上静止地表演身体动作、碾动的舞姿等都是允许的,但时间不超过音乐的2小节。

(8)自由舞的评分包括技术分和表演风格分。

技术分包括:动作和步法的难度、多样性和创造性、用轮的稳定性;内容编排协调一致并充分利用场地。

表演艺术分包括:各种节奏的表达、步法干净利落、步法的拍节与音乐吻合、一致性、姿势。

(9)自由舞在创编之后滑行,不得在同一天进行,滑行次序按规定舞和创编舞名次排列的反顺序进行分组,名次好者分在最后一组,在组内进行滑行次序的抽签。

(10)有关竞赛办法及成绩见单人滑。自由舞的评分必须乘以2,使分值与规定舞和创编舞的分值相同。

第六章　裁判人员及其职责

第三十一条　裁判委员会组成

裁判长1人,副裁判长1人,裁判员5人、7人或9人,替补裁判员1人,检录员2人,计时报分员1人,联络员1人。

总记录组应包括总记录长1人和总记录员4人。

第三十二条　裁判委员会职责

1.裁判长的职责

(1)裁判长必须经验丰富,精通业务,工作作风正派。

(2)组织全体裁判员学习,检查各项竞赛准备工作。

(3)召开教练员、运动员会议,传达裁判组的决定时讲解有关规则及评分问题,但无权修改规则。

(4)主持抽签工作。

(5)监督分数核算,审查各项成绩,签字后及时予以公布。

(6)决定运动员是否重新起滑。

(7)运动员有违反规则的行为时,有权取消其竞赛资格。

(8)当裁判员示分后,如发现某裁判员评分与其他裁判员有很大差异时,应立即询问,并请该裁判员作出解释,但无权命令裁判员改变分数。

(9)根据场地、气候和其他特殊情况,与大会有关方面研究竞赛的终止、改期或调换场地等问题。在不违反规则的情况下,可变更竞赛次序。

(10)进行裁判工作总结,并写成书面材料,送交竞赛主办单位。

2.副裁判长的职责

(1)协助裁判长进行工作。

（2）当裁判长缺席时，可代行其职责。

3. 裁判员的职责

（1）裁判员必须钻研裁判业务，努力做到精通裁判法及竞赛规则。在执行裁判工作中，应努力做到严肃、认真、公正、准确。

（2）为了胜任其职责，裁判员应身体健康，并有良好的视力和听力。

（3）在竞赛评分中，应不受任何干扰，各自独立地工作，并仅对运动员的当场表演的真实价值给予评分。

（4）每一裁判员在评分时，必须将自己的评分依据记好，并保留，以备总结会上答辩或裁判长询问时使用。

（5）如果裁判员失职或不称职，裁判长可调换此裁判员，由替补裁判员接替。对裁判员在评分中表现出不公正或偏见，协会可作出警告或停职一段时间的处罚。

（6）竞赛结束时，裁判员参加裁判工作总结会。

（7）裁判员不能是教练员，他们不得在比赛期间给运动员帮助和指导。

4. 总记录长的职责

（1）领导总记录审查报名单，整理有关分组名单，确定出场次序。

（2）准备并分发、保存竞赛用的各种表格及有关记录等资料。

（3）领导总记录审查每个运动员的分数、名次，核对后送交裁判长审查签字。及时公布成绩，向各有关方面分发成绩单。

5. 记录员的职责

（1）召集运动员点名。

（2）引导运动员入场和退场。

（3）公布比赛内容。

6. 计时报分员的职责

（1）裁判长发出示分信号后，按裁判员的号位，依次宣读每个裁判员所示分数。

（2）在短节目和长节目比赛时，负责计时报分工作。

7. 联络员的职责

（1）在裁判长领导下，与大会有关部门及时取得联系。

（2）负责联系场地、器材、广播等事宜。

第七章 比赛场地、器材的规定

第三十三条　比赛场地

（1）比赛场地面积最低要求：50 米 ×25 米。

（2）规定图形比赛一般应在白天举行，如在晚间进行，须有足够的照明灯光。

（3）地面要平滑，图形的线痕规整、标准。大型竞赛应有两个同样大小的场地，以便有一个场地专供运动员练习使用。

（4）花样轮滑竞赛场地一般应避免和速滑及轮滑球竞赛场地在一起，以免互相干扰。

（5）大会应准备能够调速的音响设备和稳压装置。

（6）为每一裁判员准备一套记分牌，其中一组以从 0 ~ 6 的黑色数字表示整数，另一组由0~9红色数字表示小数。每一记分牌的手柄处必须标出相同的数字,以方便裁判员使用。

第三十四条 比赛器材

运动员所使用器材应适合花样轮滑运动的特点。轮滑鞋采用双排四轮式。

第三十五条 比赛服装

男运动员穿轻便美观的运动服,女运动员穿短连衣裙。

第八章 规定图形表注解

略。

参考文献

[1] 苏欣. 体育与健康[M]. 北京:中央民族大学出版社,2010.

[2] 傅兰英,杨晓林. 大学体育与健康教程[M]. 北京:高等教育出版社,2009.

[3] 姚鑫,杨柳. 大学体育与健康教程[M]. 北京:北京师范大学出版社,2009.

[4] 任波. 大学体育健康教程[M]. 天津:天津大学出版社,2009.

[5] 谭劲松. 大学体育选项教学教程[M]. 北京:中国人民大学出版社,2009.

[6] 刘成华,李金生,任运国. 大学生体育健康教程[M]. 北京:北京大学出版社,2009.

[7] 张美江. 形体美训练教程[M]. 北京:华东师范大学出版社,2009.

[8] 张先松. 健身健美运动[M]. 武汉:华中科技大学出版社,2009.

[9] 吴亚娟. 大学健美操教程[M]. 西安:西北工业大学出版社,2009.

[10] 徐晓斌. 高职实用体育教程[M]. 北京:国防工业出版社,2008.

[11] 郑厚成. 现代体育与健康文化导论[M]. 北京:高等教育出版社,2006.

[12] 虞锡芳. 实用体育教程[M]. 南京:南京师范大学出版社,2005.

[13] 李刚,张梅. 体育与健康实践教程. [M]. 天津:天津教育出版社,2002.

[14] 吴仕贵. 体育与健康 [M]. 北京:北京师范大学出版社, 2006.

[15] 潘绍伟. 大学体育与健康 [M]. 北京:人民教育出版社,2003.

[16] 张先松. 健身健美运动[M]. 北京:高等教育出版社,2005.

[17] 高等学校新世纪体育教材编写委员会. 足球. [M]. 北京:高等教育出版社,2006.

[18] 高等学校新世纪体育教材编写委员会. 排球. [M]. 北京:高等教育出版社,2006.

[19] 高等学校新世纪体育教材编写委员会. 篮球. [M]. 北京:高等教育出版社,2006.

[20] 高等学校新世纪体育教材编写委员会. 网球. [M]. 北京:高等教育出版社,2006.

参考文献